死者たちの中世

勝田　至

吉川弘文館

まえがき

葬送のしかたや墓のありかたについては、現代の日本でもさまざまな議論がなされている。それは臓器移植における脳死の議論が、死と死体の処置について改めて自分の問題として考えるきっかけを生んだということかもしれないし、また伝統的な葬送や墓制を支えてきた社会基盤が変化していることのあらわれかもしれない。

本書はそういうアクチュアルな関心に答えることを必ずしも意図するものではなく、今日の目からみて異様に思われる、死者を路傍や河原や野に放置することが普通に行われた時代の人びとの、死や死体に対する態度をおもな対象にしている。平安時代末期から鎌倉時代の初めにかけては、平安京の路傍に死体があることが日常的な光景であった。

そのような葬法も時代とともに減っていき、今日のわれわれが「伝統的な葬式」として知るものが各地で発達してくるのだが、本書では葬法についての価値判断は控えて、それが多かった当時の社会的事情から理解しようとしている。

死体の放置が多かったことや、それが次第に減少するであろうことはこれまでも知られていたが、本書の目新しい点は、平安京ではそれがある時期に急減することを文献史料によって示したことであろうか。史料探索の結果このような現象がわかってきたので、そこからまた種々の問題が派生し、中世の社会状況と関連づけた説明を考えなくてはならなくなった。その「謎解き」がこの本のテーマで、それと関連づけながら当時の葬墓制のさまざまな様相のサーベイを行っている。

本書は十二世紀から十三世紀のことにほぼ記述の対象を絞っているが、それは私がその時代を専門にするからではない。葬制の問題でこの時代を特に取りあげたのは、今日とは明確に異なる習俗がみられ、しかもそれに関する史料が比較的豊富であるからである。

数十年前には各地で行われた伝統的な葬式もいまでは葬儀社と公営火葬場での葬儀にかわったところが多いが、その伝統的葬式もこのころはまだ成立していなかったのである。本書では貴族の葬儀についてもかなり詳しく説明しているが、そのやり方も今日の伝統的な葬式の直接の先祖とはいいがたい面がある。そして一方では山野や路傍に放置される死体が日常的にみられた時代であるから、死者のあつかいは今日よりはるかに広いスペクトルを持っていた。本書ではそれらを広範囲に、またできるだけ詳細に解明することに意を注いでいる。もっともグロテスクな描写は好まないので、そちらの方に詳細なわけではないことは断っておきたいのであるが、あたかも民俗調査に基づいて伝統的な葬送儀礼を詳しく記述するような気持ちで書いたのである。今日のように葬儀のあり方がいろいろ問われている時代には、今日と著しく異なる他の時代の習慣を知ることには意味があると信じている。

（付記）女性名についてはすべて音読みした。

死者たちの中世

目次

第1章　死骸都市・平安京

1　死体放置の状況

高陽院にて

①康和四年（一一〇二）十二月五日、二十五歳の摂関家《せっかんけ》当主、藤原忠実《ただざね》は自邸の高陽院《かやのいん》で固い物忌《ものい》みをしていた。この年の十月十三日にこの屋敷に引っ越したところだった。昼ごろ彼は修理のため、板敷《いたじき》（床板）を取り外させた。するとその下には子供のものと思われるちぎれた足があった。犬がくわえて縁の下に持ち込んだのだろうか。検非違使《けびいし》の中原資清《すけきよ》を呼んで、穢《けがれ》になるかどうか尋ねると、これは五体不具穢《ごたいふぐえ》になるという。そこで門前に札《ふだ》を立てて、この屋敷に穢が出たことを世間に警告した（『殿暦《でんりやく》』康和四年十二月五日条）。

②三年後の長治二年（一一〇五）十二月八日、参議《さんぎ》藤原宗忠《むねただ》は藤原忠実から呼び出しを受けた。駆けつけると忠実は言った。「きのうの早朝私は参内《さんだい》した。臨時祭の日なので束帯《そくたい》を着ようと思ったが、平緒《ひらお》（儀礼用の太刀につける緒）をどこかに取り落としてしまった。そこで家来を家まで取りに走らせた。

勾当《こうとう》（摂関家侍所の職員）の盛経が小侍一人を連れて高陽院の蔵に行き、平緒を蔵から出そうとしたが、そのとき蔵の前に死人の頭があるのを発見した。しかし奴はそのことを言わずに、黙って平緒を内裏《だいり》の私のところに届けてしまった。そこで私はその平緒をつけて臨時祭に出席した。昨夜私が高陽院に帰ったとき、盛経ははじめてこのことを言った。これではどうしようもない（すでに穢れてしまった）。隠すのなら最後まで隠せ。また言うのなら平緒を届けたりしないで申し出なくてはいけない。まったく盛経のしたことは愚の骨頂だ。しかしどうすべきか。まず明法博士《みょうぼうはかせ》の中原資清を呼んで聞いてみたが、彼はその頭が白骨だったら忌みはまったくないと言った。そこで頭のようすを聞いてみたが、もう昨夜のうちに棄《す》ててしまったという。棄てた場所を見させたが、頭はなくなっていた。盛経は白骨だというのだが、もう一人の小侍は生の頭だったという。どっちが本当かわからぬ」（『中右記《ちゅうゆうき》』長治二年十二月八日条）。

③天永二年（一一一一）三月六日、また高陽院に穢が発生した。鳶《とび》が子供の足をくわえて飛んで来て、それをいったん地上に落とし、またくわえて飛び去ったという。明法博士三善信貞《みよしのぶさだ》に聞いたら五体不具穢だということになり、札を立てた。しかし事情は不明だがこの穢は白河院御所にまで伝染し、院は丁穢《ていえ》ではあったが、念のため賀茂《かも》詣でを延期することになった（『殿暦』天永二年三月六日・八日条。『中右記』『永昌記《えいしょうき》』『長秋記《ちょうしゅうき》』にも同記事）。

摂関家の邸宅、高陽院で十二世紀はじめに起きた三件の事件である。高陽院は現在の京都市中京区堀川丸太町《ほりかわまるたまち》の北東に四町を占め、当時の貴族の邸宅中でも最大規模を誇る名邸で、しばしば里内裏《さとだいり》としても使われていた。しかし貴族の優雅な生活のイメージとはうらはらに、このような事件が頻発していた。

これは高陽院だけのことではない。平安京中心部の他の邸宅でもこのようなことはしばしばあった。それは巻末の年表を見れば一目瞭然である。

五体不具穢

①と③では「五体不具穢」という言葉が使われているが、この三件はいずれも五体不具穢である。この語は今日いう「五体不具」とは関係がない。死体の遺存状況によって穢の日数が異なるという考え方で、もしある場所に全身がそろった死体があれば穢は三十日だが、体の一部しかない場合は七日の穢になるのである。この「体の一部しかない場合」を五体不具穢という。この穢は、律令《りつりょう》の施行細則でその後も長く規範になった十世紀初頭の『延喜式《えんぎしき》』には見えないのだが、そのあとで現れてきた。十世紀後半の儀式書『西宮記《さいきゅうき》』が引く諸例をみると、延長五年（九二七）六月四日に内蔵寮《くらりょう》に足二本のついた小児の下半身を犬がくわえてきた。このときの議論では、貞観十九年（八七七）四月にも同じことがあったが、そのときは穢とせず、いろいろな祭も行ったので、今後こういうものは穢とすべきではない、とされた。しかしこの種の死体がこのあとには五体不具穢とされるようになる。承平五年（九三五）四月一日には、参議藤原伊衡《これひら》宅に小児の死体があったが、頭以下腹以上の胴部で、

四肢はなかった。これは「五体不具」で七日の忌みだとされたが、先例を検討すると、延喜十年（九一〇）六月一日に内蔵寮でこの穢があったときは、三十日の忌みになっていた。そこで先の答申は誤りだとされた。

『西宮記』の例をみると、延長ころまではまだ五体不具穢という範疇《はんちゅう》がなく、三十日の穢か無か、という判断がされていたようである。そこで後世なら五体不具穢となる下半身だけの死体が穢なしとされたり、逆に胴体だけのものが三十日の穢になったりしていた。承平五年の例が五体不具穢の初例であろうか。なお、死体のどの程度の部分が残っていれば三十日の穢なのか、というのはこのあとも議論が絶えなかった。

穢の様相

平安時代以後の貴族が気にしていた制度上の「穢」については、山本幸司《やまもとこうじ》氏の研究（『穢と大祓』）などによって、近年かなりよくわかってきている。制度上の穢とは端的には神が嫌うもの、といえるだろう。死穢《しえ》、産穢《さんえ》、肉食穢《にくしょくえ》などが規定されているが、神域が穢に触れると、怒った神の祟《たた》りで災害が発生したりすると考えられていたため、神域に穢が及ばないようにするための煩瑣《はんさ》な規定が作られていった。穢の発生源とは別の家に住む人もそこを訪問すれば穢が伝染するという甲乙丙丁《こうおつへいてい》の展転《てんてん》ということもその一つである。②③で神事《しんじ》や社参《しゃさん》が問題になっているのは神域に穢を近づけないことが中心的な課題だったからである。

穢は垣根などで囲まれた空間で感染するもので、道路や荒野など開放空間に穢物《えぶつ》があっても、それで天下が穢れるということはない。ある家に死体などの穢物があるとき、そこに行って着座すると穢に触れるが、立ったままなら伝染しない。死者の出た家を弔問した人が立ったまま話をするということが古典文学や古記録に見えるのはこれによるものである。十二世紀前半の『今昔物語集《こんじゃくものがたりしゅう》』巻三十一第二十九話では、蔵人《くろうど》の藤原貞高《さだたか》が殿上《てんじょう》でいきなり倒れたとき、それを見た同席の貴族たちが慌てて席を立つ場面があり、平安貴族が穢を恐怖していた例としてよくあげられるが、これは感覚的な恐怖にかられたというより、貞高が死ぬ前に座を立てば穢に感染しないという判断によるものと考えられる。

③で鳶が穢物を地面に落としたことが問題になっているのは、くわえたままで飛び去れば穢は伝染しないと考えられていたことによる。犬でも同様の例は多い。

穢は他者にも感染するので、穢が出た家では札を立てて他人に警告し、外出を控える。

このように穢というのは厄介なものであるが、それにもかかわらず特に平安時代には、穢物が邸宅や神社の境内にまで侵入することが多かった。たいていの場合は犬などの動物が人間の死体の一部をくわえて入ってくるのだが、それは犬の行動範囲の中に放置死体があることを意味する。

死穢を忌むことの背後には死に対する恐怖や死体の腐敗に対する嫌悪があるのは確かであるが、古記録の穢の記事で穢物の状態を検討したり、伝染するかどうかを調べたりする貴族はおおむね冷静な態度にみえる。日記を書く貴族本人は穢物を自分で調べる必要もない身分だということもあるだろうが、彼らが死を忌んでいたのは確かだとしても、反面、現代人より死体を目にするのに慣れていたことも事実であろう。本章では穢そのものというより、なぜこのように平安京に死体が多かったのかを検討してみたいのだが、そのために五体不具穢の記録は役に立つ。穢は公的行事にも影響を与えるので、よく記録に残されるからである。死体やその一部があったために穢れた、という記録を集めれば、京都における死骸の「分布」が明らかになるであろう。

死体遺棄年表

巻末に掲げたのは、いささか刺激的な題ではあるが、「中世京都死体遺棄年表」というものである。これは活字になっている古記録をめくって、五体不具穢など死体がどこかに放置されていることを示す記事を拾い出したものである。十二世紀と十三世紀の分を掲出しているが、これはこの間に大きな変化があったとみられるので、比較対照のためである。十一世紀についてもデータは持っているが、年表には出していないのは、十一世紀後半の古記録が少ないことと、十二世紀と傾向が似ているので、同じような死骸の記事をえんえんと並べる必要もないと考えたことによる。

検索作業をして驚いたのは、まず十二世紀には毎年のように五体不具穢などの記事が出てくることである。二〇〇二年夏までに活字になっていない古記録は調べていないから、網羅的なものではないが、これほど頻繁に出てくるとは予想していなかった。

ただ私はかつて説話などをおもな素材として「中世民衆の葬制と死穢——特に死体遺棄について——」

という論文を書いていたので、このような状況はある程度予測がついたことも事実である。私にとってより大きな驚きだったのは、死体放置が十三世紀前半に急減することである。

鎌倉時代の古記録は院政期《いんせい》ほどは残っていない感があるが、それでも調べた刊本の冊数自体はそう少ないものではない。めくった感触でも、確かに出現が減っているようである。見落としもおそらく多々あるだろうが、同じ人間が調べているのだから、鎌倉時代の古記録だけ見落としが多くなることも考えにくい。

死体放置の急減

年表を見ると、建保二年（一二一四）までは毎年のように五体不具穢などが続いているが、そのあとは出現が途絶える。承久三年（一二二一）の承久の乱のあたりは、やむをえない事情とは思うが京都の貴族の日記は欠落している。しばらくして現れる嘉禄元年（一二二五）の『明月記《めいげつき》』の記事は、蓮台野《れんだいの》に送られる死人が多いという参考的な意味で出した記事で死体の放置ではないし、次の嘉禄二年（一二二六）も殺された死体だから、普通の死体放置とはやや状況が異なると考えられる。翌安貞元年（一二二七）は疫病《えきびょう》、寛喜三年（一二三一）は寛喜の大飢饉《だいききん》で、このときは放置死体が多いが、これはそれなりの事情がある。そのあとは散発的に五体不具穢が見られるが、それらも疫病流行の年が少なくないようだ。一二八〇年代には比較的多いが、それも疫病が一因と思われる。

一方、一二一〇年代以前の「多発期」では毎年のように五体不具穢や三十日の穢があり、しかも状況が明確なものが多い。それらすべてが疫病や飢饉などの災害によるものとは考えられない。年表のページ数を比べれば、鎌倉時代における減少は明らかである。

この年表に掲げた事例の解釈については「祇園社《ぎおんしゃ》で小童の死穢があった」などとしか書かれていないため、遺棄《いき》されたのか境内で死んだのかよくわからないものもいくつか含まれている。院政期にもそういう記事があるが、十三世紀には特にそのような状況がはっきりしない簡単な記事が多い。境内で人が死ねばもちろん穢にはなるわけだが、本書では人の死後に死体を埋めたり焼いたりしないで地上に放置する習慣について調べるのが目的なので、境内で人が死んだというだけではそれには該当しないことになる。ただ、あとで述べるように、状況がはっきりしている事例だけを取り出しても、減少は明らかに認められる。

減少が事実であるとしても、減った原因については慎重に検討する必要がある。まず、穢のカテゴリーが変化するようなことがあれば、死体の放置状況が変わらなくても記録が減る可能性があるが、これは考えなくてよいだろう。五体不具穢などの穢の種類は変わっていないし、それが貴族の行動に及ぼす影響にも変化が見られない。五体不具穢は少なくなったとはいうものの、なくなっていないし、犬死穢や犬産穢は、年表には出していないがよく起きている。

穢が日記に書き留められるのは次のようなときだと考えられる。まず穢が日記を書いている貴族本人の家で発生した場合は、伝染を防ぐため外出を控える必要があるので、日記に書き残されるはずである。年表に記された五体不具穢もそのケースが少なくない。

内裏や院御所《いんのごしょ》で穢が発生したときも、公的行事に影響することが多いので、記録に残る可能性が高い。ただし、記主が病気などで知らないでいるうちに穢の期間が満了した場合は書き留められないことも考えられる。

第三者、つまり記主にとって同僚の他の貴族の家に発生した穢は、その貴族が行事の担当者で交代を余儀なくされるなどのことがない限り、記録に残されないとみられる。公事《くじ》については多くの日記が詳細に書いているが、不参者は誰々と書いてあっても、不参の理由まで詮索《せんさく》しないのが普通である。その中には五体不具穢で不参というのもあっただろう。まして、京中の庶民の家に犬が死体をくわえて入ってきたなどのことは記録に残らないから、実際の発生件数は年表に出したものの数十倍にものぼることだろう。

穢が記録される要件は右記のようなものだが、これらは十二世紀でも十三世紀でも貴族にとっては同じであったと考えられるから、穢の発生頻度が同様であれば、同様に記録されたはずである。下って南北朝時代になっても五体不具穢などは起きてはいるが、十四世紀なかごろ、仙洞《せんとう》御所の門に犬が子供の死体を食い入れたのが「珍事なり」と書かれている（『園太暦《えんたいりゃく》』観応元年〈一三五〇〉十月三日条）ように、このころにはすでに稀な出来事になっていた。

年表に出した穢の中には「三十日の穢」とだけ書かれているものがあるが、このようなものは前述のように状況がわかりにくい。放置死体があった場合は、五体がそろっている死体は三十日の穢、体の一部だけなら七日の穢と決められているが、三十日は通常の死穢の期間でもある。したがって、たとえばある官庁の職員が勤務中に急死したようなケースでも三十日の穢が生ずるが、これは死体遺棄とは関係ない状況である。貴族の観点からは穢の日数が重要なので、具体的な状況を書かずにただ「三十日の穢」とだけ日記に書いてあることが往々にしてある。この年表では、他の記録から頓死《とんし》と判明するものは除いているが、はっきりしないものは入れている。また餓死《がし》も入っているが、これは死体放置の原因となる飢饉が生じていた可能性がそれによって示されるからである。これらは、「死体を放置する行為があった」ことを必ずしも意味しないことに注意する必要がある。

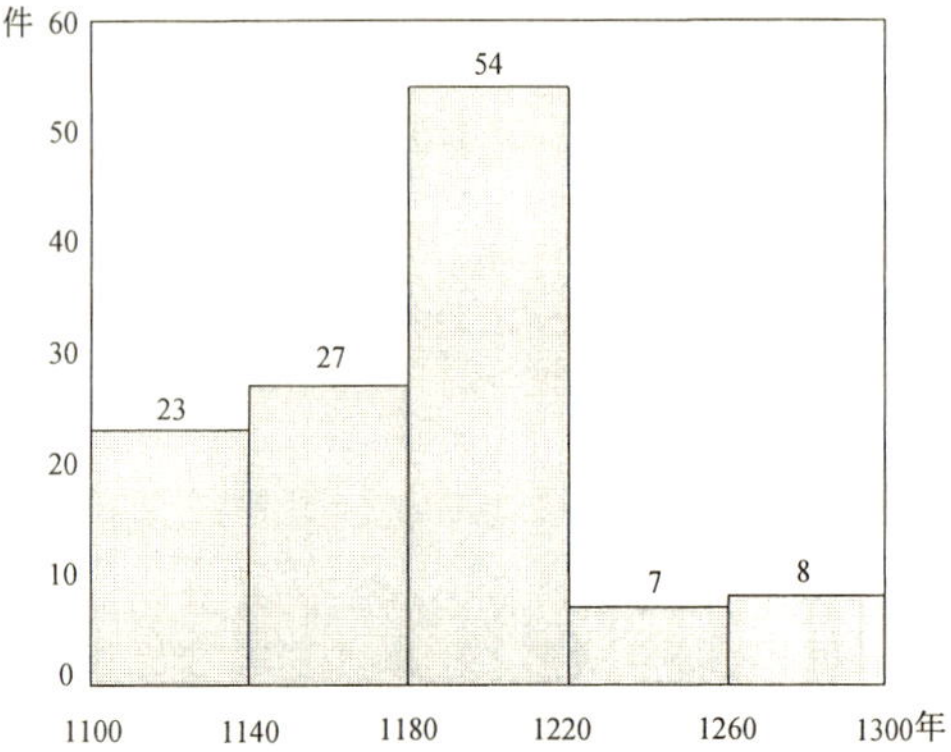

グラフ　五体不具穢などの経年変化

「三十日の穢」にはこのような不明確な点があるが、「七日の穢」とだけ書かれている穢はほとんどの場合、五体不具穢と考えてよいと思われる。日数が七日間の穢としては他に産穢と失火穢があるが、前者は臨月になったらあらかじめ退下して出産するのが普通だから、内裏などの公的機関で突然に産穢が生ずる可能性は小さいし、また後者は火事と書かれるだろうからである。肉食の穢は『延喜式』では三日だが、院政期には七日とする説もあった。しかしこれも普通は外部を汚染しない配慮が可能だから、古記録にも肉食の穢が生じたと書かれるのはあまり見かけない。

これらの曖昧さを排除するために、「もともとその場になかった死体またはその一部が、犬などによってそこに持ち込まれたために五体不具穢または三十日の穢が生じた」という事例のみを選んで、四十年ごとに集計したのがグラフである。区切りを四十年ごとにしたのは、一二二〇年代以後に穢が急減するという傾向をはっきり出すためである。この数には餓死者や行き倒れの疑いがあるものや、数や場所が不明確なものは含めていないが、大内裏《だいだいり》（平安宮）の諸門で生じた穢は含めている。これは死ぬ前に門に放置された病人がそこで死んだケースが多いとみられるからである。「七日の穢」は五体不具穢と判断し、数に含めた。また同一場所で複数の穢物が発見された場合はそれぞれ別に数えている（康和五年〈一一〇三〉の例は別の穢物かどうか不明確なので、一つに数えた）。このグラフを見ると一一八一年から一二二〇年までの間は特に件数が多いが、これは次節で述べるように、藤原兼実《かねざね》らが居住した九条《くじょう》の穢が多く記録されていることが一因である。一二二〇年代以後に穢が急減していることは一見して明らかであろう。

2　死体の分布

郊外と京内

次に、穢の発生が記録されている場が京内かどうかであるが、これは院政期と鎌倉時代とで状況に変化があるのは事実である。あとで詳しくみるように、五体不具穢の原因になる死体の放置は、風葬《ふうそう》が多かったことに原因の一つがあるが、もし葬地が郊外であれば、郊外に住む人が特に穢に見舞われるということになるだろう。

まず十二世紀には、大内裏の門などで穢が発生することが多い。大内裏は行事の場としては使われ続けているが、天皇は里内裏《さとだいり》に住むことが多く、殿舎の中には荒廃したものもあったらしい。また右京は平安時代前期から衰退がみられ、院政期ともなると事実上京外のような状況だったと思われるので、大内裏自体が京の辺境のような位置になった。

大内裏は鎌倉時代の嘉禄三年（一二二七）再建途中に火災にあい、以後は放棄される。神祇官《じんぎかん》や真《しん》言院《ごんいん》、園韓神社《そのからかみしゃ》など一部の施設は引き続き大内裏の旧地にあったようだが、年表ではこの地域の穢は寛喜三年（一二三一）の神祇官北庁の餓死者の記事が最後である。

賀茂《かも》の斎院《さいいん》は京の北辺に住んでいた。現在の上京区の櫟谷七野《いちいだにななの》神社が斎院跡とされているが（角田《つのだ》文衞《ぶんえい》「紫野斎院の所在地」）、神社は船岡山《ふなおかやま》から三〇〇《メートル》あまりの距離である。船岡山周辺は葬地として古来使われてきた。斎院で起きた穢もいくつか年表に入れているが、斎院は最後の礼子内親王が病気で退下した建暦二年（一二一二）で廃絶したので、この穢もそのあとは記録に残されることがない。

院御所も院政期には白河殿《しらかわどの》、鳥羽殿《とばどの》、法住寺殿《ほうじゅうじどの》など京外にあるものが多いが、これも鎌倉時代には京内の邸第《ていだい》に移った。

記主自身が辺鄙な場所に住んでいることもある。平安末〜鎌倉初期は『玉葉《ぎょくよう》』から検出した穢の事例が多いが、記主の藤原（九条）兼実《かねざね》は京の南端の九条に住んでいた時期が長いし、姉の皇嘉門院《こうかもんいん》や娘の中宮任子《にんし》、嫡子良通《よしみち》らも近くにいて、多いときは一年に何度も五体不具穢に遭遇していた。また『明月記』の藤原定家《さだいえ》も若いころは九条家の家司《けいし》だったので、九条で起きた穢のことを書き残している。九条で五体不具穢が多いのは異常とも思えるほどで、兼実邸・九条堂（証真如院《しょうしんにょいん》）・宜秋門院《ぎしゅうもんいん》（任子）御所・良通邸・皇嘉門院御所・定家の九条の家を合計すると、九条での五体不具穢や三十日の穢は二十三件にのぼっている。この近くに葬地があったものと思われるが、明らかでない。鴨川の河原から二百数十メートルの距離であることと関係があるかもしれない。一方、鎌倉時代の日記の記主の多くは京内に暮らしていた。

このように、多発期には郊外の事例が多いのは事実であるが、それだけでは説明できない。高陽院の例を三つ冒頭に掲げたが、閑院《かんいん》や堀河院《ほりかわいん》など、京の中心部の邸第でも頻々と五体不具穢が起きているのである。たとえば閑院内裏では治承三年（一一七九）から建仁三年（一二〇三）までの間に六回の五体不具穢が生じている。閑院はこのあとも正元元年（一二五九）までは、中断期間はあるが主要な里内裏として使われている（橋本義彦《はしもとよしひこ》「里内裏沿革考」）にもかかわらず、五体不具穢は調査の範囲では建長五年（一二五三）の一回しか記録されていない。

上皇はいくつも御所を持っていて、しばしば居を移しているし、里内裏も移っているが、この年表では日記の記主の居住地も含め、できるだけ発生場所を調べて邸第名を記入している。

死体分布地図

年表に掲げた事例のうち、穢の発生した場所が判明するものを簡単な地図に落としたのが図1〜4である。すべて同一の図にすると見づらいので、便宜上四十年ずつに区切っているが、一一二一年から一三〇〇年までは事例が少ないため一つの図にまとめた。なお行き倒れと思われるものなど、必ずしも死体放置ではないかもしれない例も若干含んでいる。

＊　図に示した邸第はそれぞれ史料的根拠にもとづいて記入しているが、中には位置がはっきりしないものがあり、たとえば図1の12藤原宗忠邸は「中御門富小路《なかみかどとみのこうじ》」(『中右記』長治二年〈一一〇五〉二月二十八日条)、図4の5勘《か》解由小路《でのこうじ》経光《つねみつ》・兼仲《かねなか》父子の家は「勘解由小路万里小路《までのこうじ》」(『民経記《みんけいき》』寛喜三年〈一二三一〉九月十六日条)にあったというが、これらは交差点の四方のどの側なのかは不明である。このようなものも交差点に◆印を置くことはせず、いずれかの隅に配置しているので、正確さに欠ける。なお宗忠邸については、康和五年（一一〇三）十一月に五条烏丸《からすま》の本邸が焼失したのち一時住んでいた「五条東」の家は、五条烏丸より東にあったことは確実だが、正確な位置はわからない。図1の20でこれを富小路付近に置いたのは便宜的な措置である。また図4の6、三条実躬《さねみ》邸については、家の位置を示す記事を見つけられなかったが、『実躬卿記』永仁三年（一二九五）二月十七日条に、「中御門富小路」で火事があり、近火だったので自分も慌てたし見舞も多く来たと書かれているので、その近くに置いた。実躬の家については今後訂正できることを望んでいる。

この地図を見ると、院政期には平安京の中枢といえる左京北半部でも五体不具穢が頻発していることがわかる。大内裏の穢も多いが、一一二〇〜三〇年代ころの成立と考えられる『今昔物語集』巻十六第二十九話で、八省院《はっしょういん》付近の「内野《うちの》」の死人を放免《ほうめん》が棄てさせる話があるので、かなり早くから

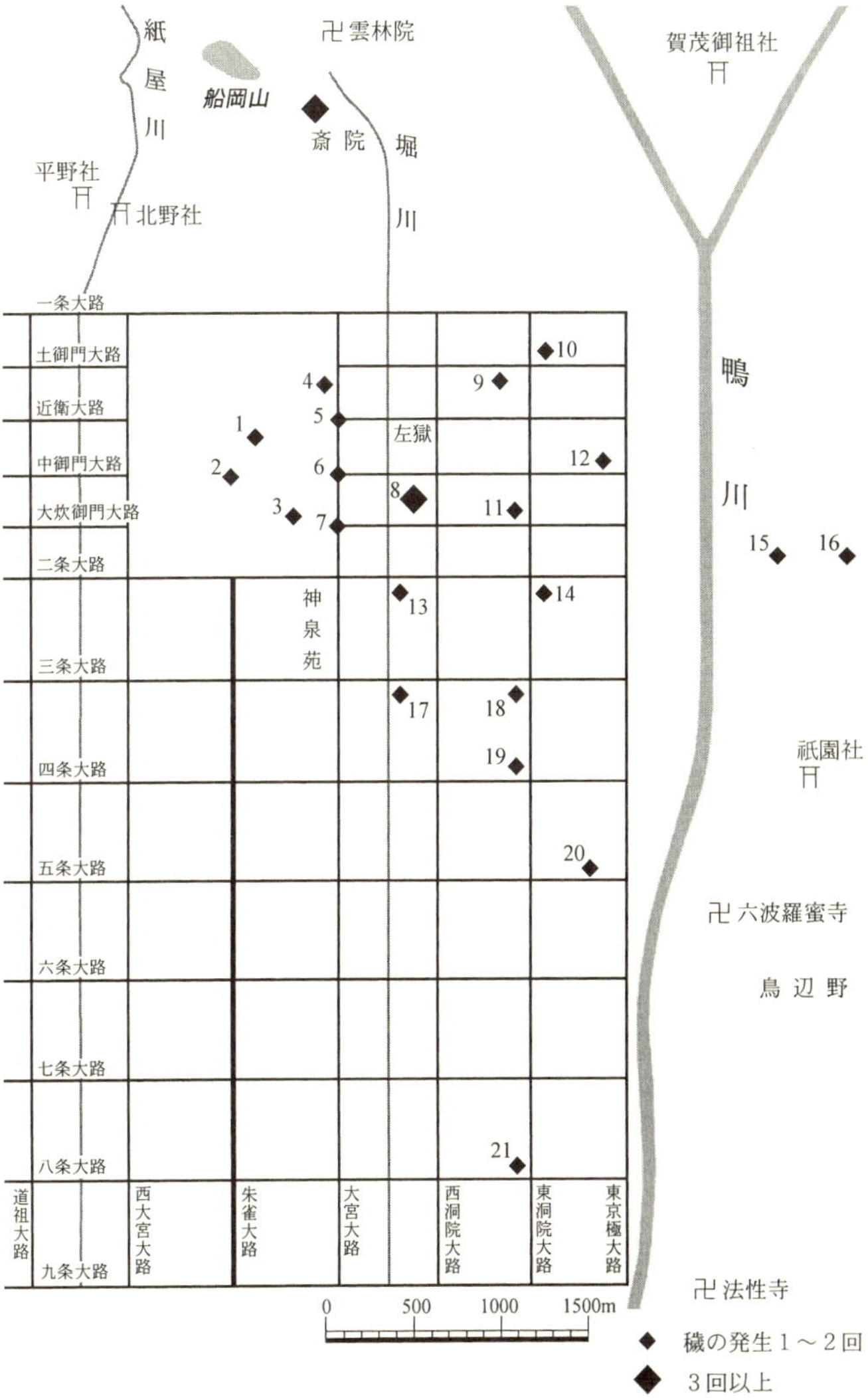

図1　死体放置の状況（1101～1140年）

1内裏，2小安殿，3宮内省，4左近衛府，5陽明門，6待賢門，7郁芳門，8高陽院，9土御門烏丸内裏，10土御門亭，11大炊殿，12藤原宗忠邸（中御門富小路。宗能邸はこの北），13堀河院，14二条殿，15白河南殿（白河泉殿），16尊勝寺，17源俊房邸（三条堀川），18六角堂，19藤原忠教邸，20藤原宗忠邸（五条東の家，推定），21藤原長実邸

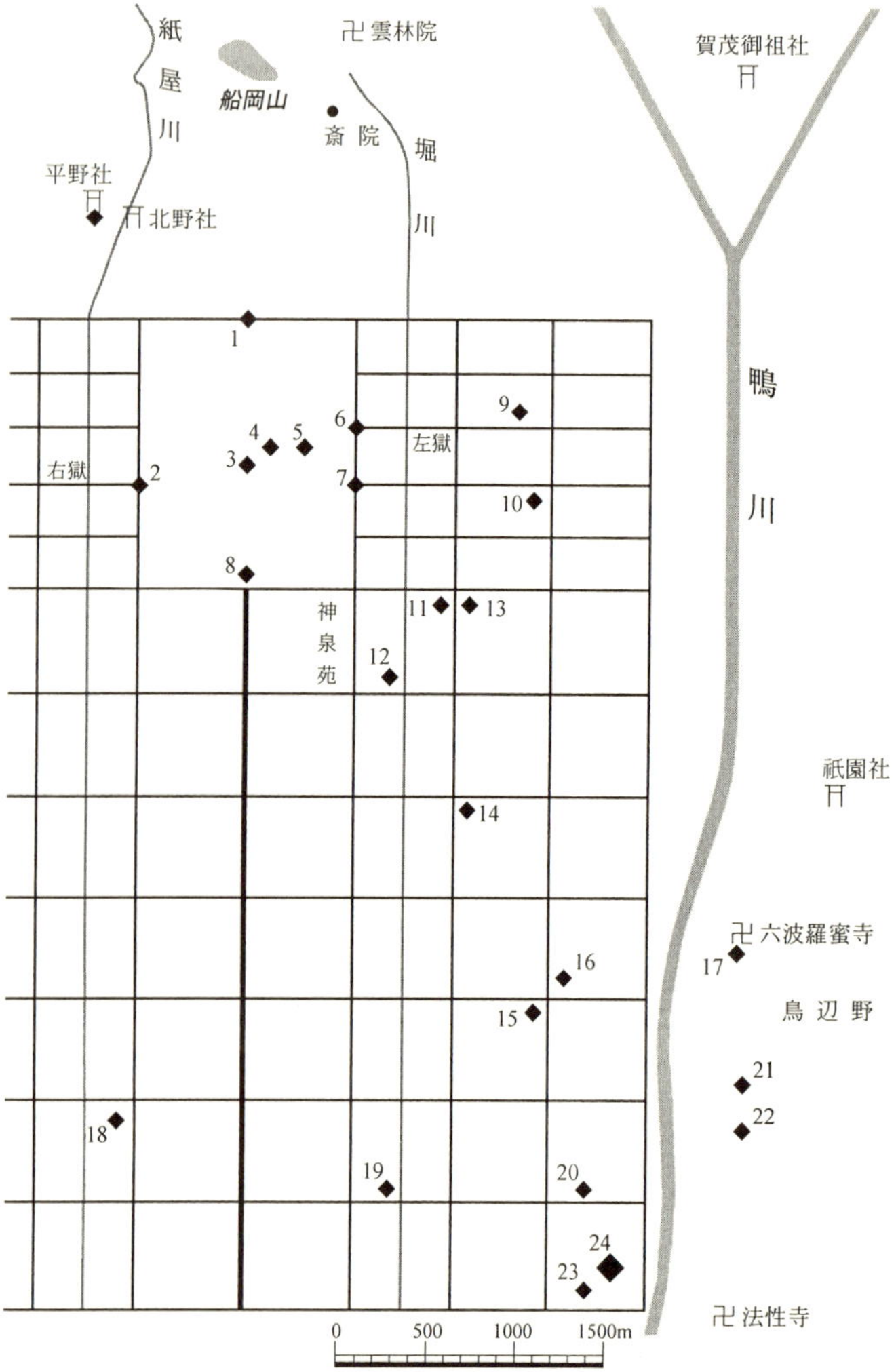

図2　死体放置の状況（1141〜1180年）

1 偉鑒門，2 藻壁門，3 神嘉殿，4 内裏，5 宣陽門，6 陽明門，7 待賢門，8 応天門と朱雀門の間，9 近衛殿，10 松殿，11 閑院，12 中山忠親邸，13 東三条第，14，四条殿(四条宮。位置は『拾芥抄』本文による)，15 平信範邸，16 六条殿，17 六波羅泉殿，18 松尾社旅所，19 藤原長方邸，20 平宗盛邸，21 七条殿，22 法住寺殿，23 皇嘉門院御所，24 藤原兼実邸

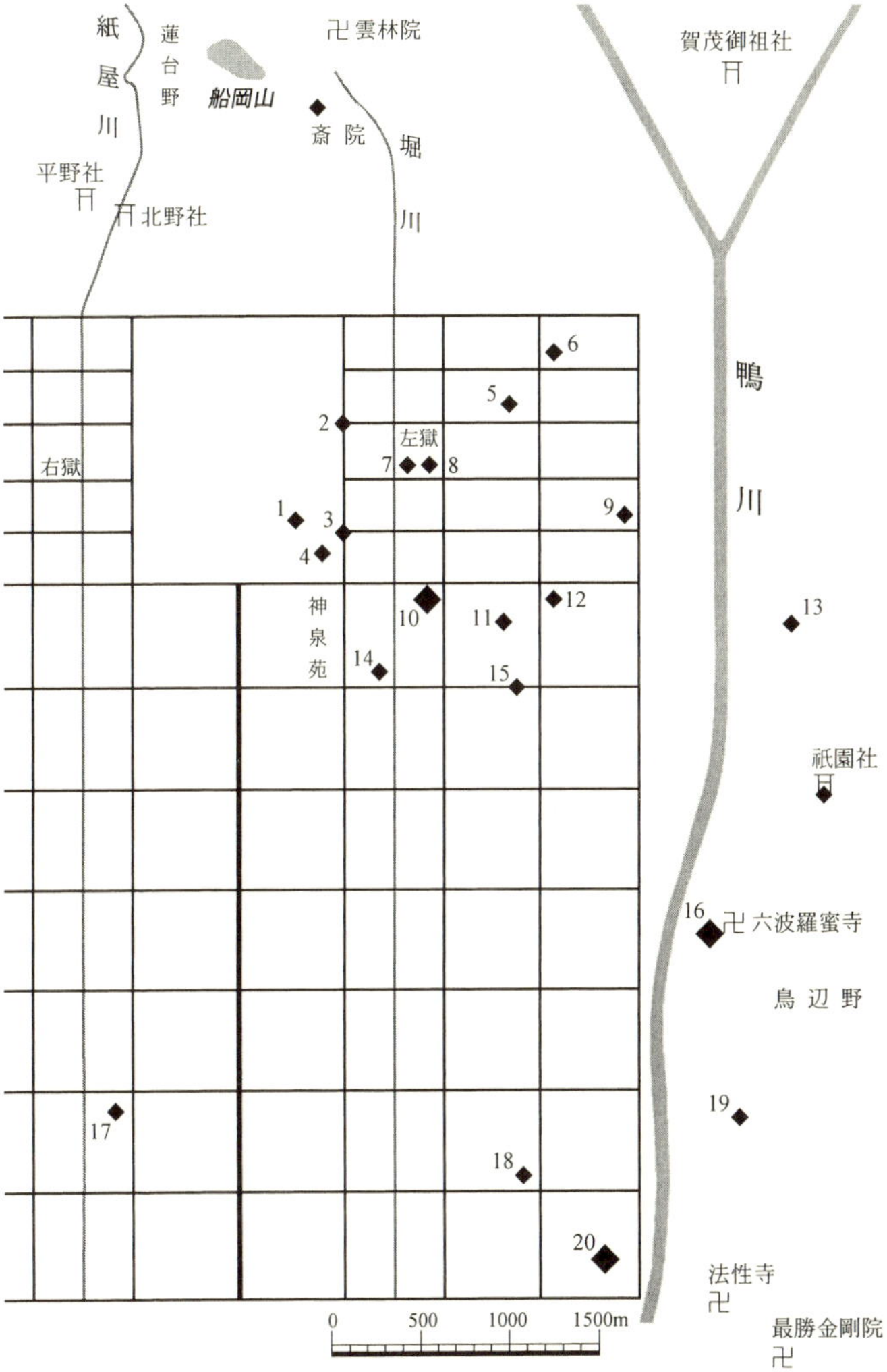

図3 死体放置の状況（1181～1220年）

1太政官，2陽明門，3郁芳門，4神祇官，5近衛殿，6土御門亭，7藤原隆忠邸（中御門油小路），8藤原親実邸（滋野井第），9京極殿，10閑院，11押小路殿，12二条高倉第，13白河押小路殿，14中山兼宗邸，15三条烏丸，16六波羅第（建礼門院御所），17松尾社旅所，18藤原良輔邸（八条殿），19法住寺殿，20藤原兼実邸（九条堂はこの中。また藤原良通邸や宜秋門院任子の御所，家司時代の藤原定家邸も近くにあった）

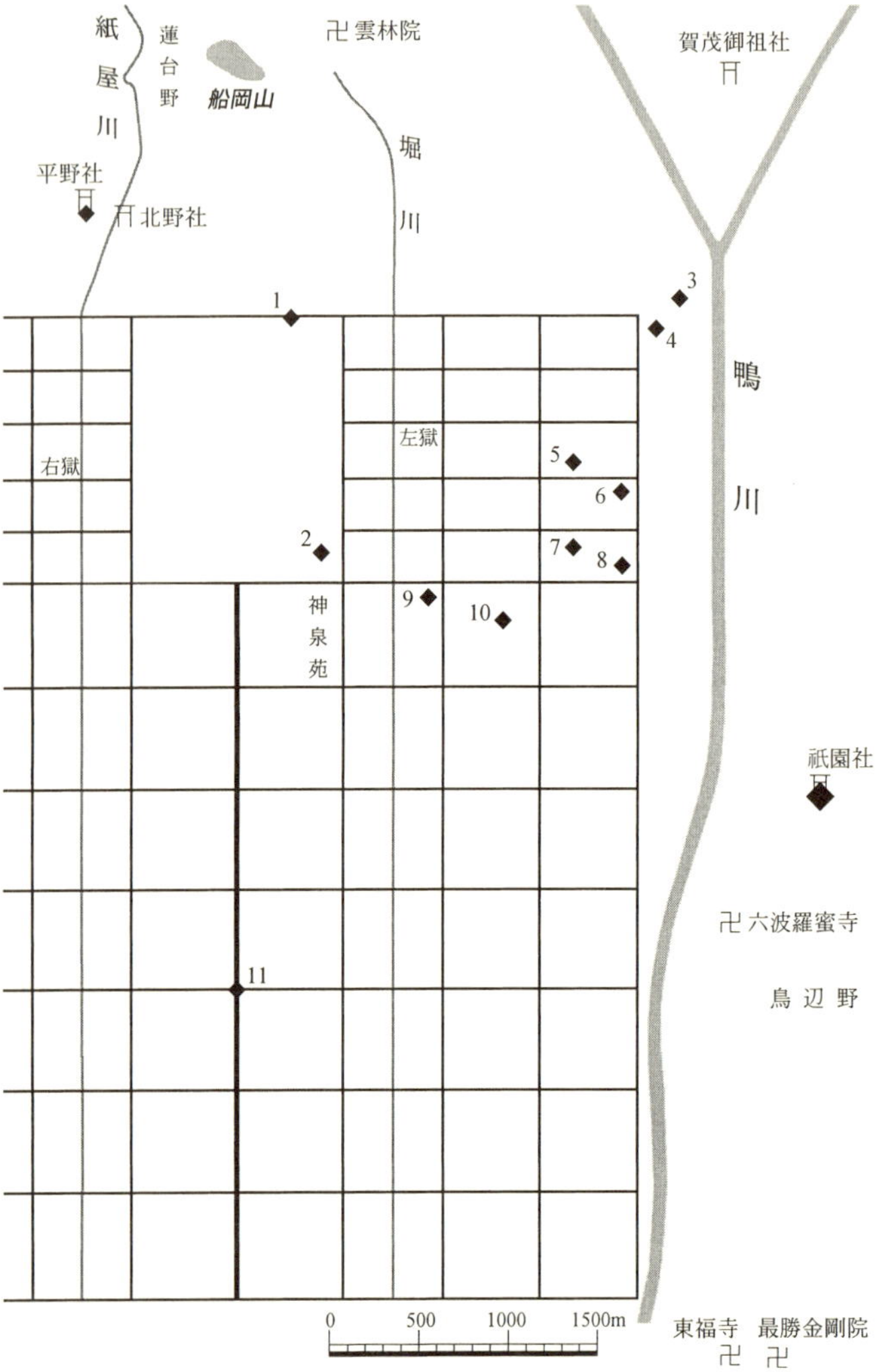

図4　死体放置の状況（1221〜1300年）

1一条壬生，2神祇官，3藤原定家邸，4東北院，5勘解由小路経光・勘解由小路兼仲邸，6三条実躬邸(推定)，7冷泉万里小路殿，8冷泉富小路殿，9閑院，10押小路殿，11六条朱雀

大内裏内部でも特に西方の一部は「内野」化しており、ときには死体が放置されることもあったかもしれない。図では大内裏の穢が時代を追って減少していくようすが読みとれるが、これは大内裏が使われなくなっていくことを示しているのだろう。

図4は期間が倍の八十年間であるにもかかわらず、発生地点が減少しており、また京の東辺に偏る傾向があるようにみえる。ただ他の図にもいえるが、ある図で穢発生地点が特定のエリアに集まっているように見えるのは、たまたまその時期、内裏や院御所や記主の家がそのあたりにあることが多かったという事情が反映しているに過ぎず、必ずしも発生源である死体の分布状況を表すものではないとみるのが安全だろう。つまり、仮に京内にまんべんなく死体が「分布」していたとしても、やはり「記録される五体不具穢の分布」には偏りが生じると考えられるのである。

年表をみると十三世紀中期以後では祇園社《ぎおんしゃ》の穢の例が多いが、この中には南北朝期の社家《しゃけ》記録などで穢の先例を調べたものに掲げられている例がいくつかある。祇園社の穢は、もし院政期の記録まで完備していればもっと多くの事例を見出すことができただろう。これは前代より事例が増えた郊外のケースといえるが、実際に「増えた」のかどうかは疑問である。祇園会の延引《えんいん》などに至らず、死人があったというだけの記事も多いが、このような大事に至らない穢は院政期にしばしば起きていても貴族の日記に書き記されなかった可能性が高い。また、兼実は文治二年（一一八六）四月に九条から冷《れい》泉万里小路《ぜいまでのこうじ》に転居するが、もし九条家がそののちも九条に住み続けていれば、鎌倉時代にも九条界隈《かいわい》の穢がいくつかは記載されることになったと思われる。このように、記録の残り方の偶然性によって、現在わかる穢の分布が限定される点には注意が必要である。

また記録にみえる五体不具穢のすべてを地図に落とすことができたわけではなく、「○○の家」とだけ書かれているものの中にはその所在地を明らかにできなかったものも少なくない。それらがすべて判明したなら分布の印象も変わるかもしれない。ただ少なくともこれらの図から、京の中心部でも五体不具穢を免れないどころか、しばしば起こっていたことは確かめられる。

第2章　死体放置の背景

1　葬送と血縁

互助の未発達

五体不具穢《ごたいふぐえ》や三十日の穢《けがれ》が頻繁に生じるのは、近くに放置死体があるからである。そのような状況がなぜ続いていたのだろうか。この問題については先にあげた論文で以前論じたのだが、改めてここでまとめておきたい。

院政期から鎌倉時代にかけては、死者を土葬や火葬にせず、地上にそのまま置く葬法がかなり普通に行われた。当時も上層は立派な葬式をしており、それについては次章で検討するが、地上への放置は主として貧しい階層で行われていた。

近世から近代の農村なら村人が香典《こうでん》を持ち寄るし、近隣組《きんりんぐみ》や念仏講《ねんぶつこう》などの葬式互助組織があって、親戚や寺への通知、買い物、料理、接待、葬具作り、穴掘りなど葬式に必要な労働力を提供してくれるから、貧しい家でもその村のしきたりの葬式を出すことができる。棺《ひつぎ》をかつぐのは親族の場合もあるが、これを近隣の協力で行う地方が多かった。しかしこのような互助関係は平安時代には成立していなかったらしい。

十二世紀初頭の『拾遺往生伝《しゅういおうじょうでん》』中巻第二十六話では、左京陶化坊《とうかぼう》(九条)の住人下道重武《しもつみちのしげたけ》が病気になって上人《しょうにん》を呼び、「うちには貯えもないし、親族もありません。死後の死骸を誰が収斂《しゅうれん》するでしょうか。八条河原に荒蕪地《こうぶち》があります。私はそこに行って命を終わろうと思います。そうしなければ残された妻子が苦労するでしょう」と言い、衣服を脱いで妻子に授け、ぼろを着て河原に赴いた。近所の数人がこれを送った。その場所で重武は莚《むしろ》を敷いて西に向いて座り、口に弥陀《みだ》の名号を唱えて終わったという。送った人々はそれを見て哀傷《あいしょう》して帰った。

十二世紀中ごろの『後拾遺往生伝』上巻第十九話では、近江国《おうみ》野洲《やす》郡馬淵《まぶち》郷の住人紀吉住《きのよしずみ》が流行病になり、明日死ぬだろうと言って沐浴《もくよく》した。翌日の夜明け前に、妻に助けられて家の後ろの畠(後園)にある木の下に行き、莚を敷いて西に向いて座った。妻が何をするのかと尋ねると、吉住は「(私が死んだら)おまえは寡婦《かふ》だ。どうして死骸を斂《おさ》めることができよう。その煩《わずら》いを省くために家を離れたのだ。早く帰ってもうここに来るな」と言った。妻はいったん帰ったが暁にまた行ってみると、顔色も変わらず西に向いたまま死んでいた。村里の者は聞いてみな感心した。延久年中(一〇六九〜七四)のことだとしている。

この二つの例では、財産がないのと家族が少ないことにより、死骸を葬送することができないと言われている。財物があれば人を雇うことはできたらしいが、そうでなければ家族で葬るしかなく、人手不足でそれができないと思った主人公はいずれも自分から死に場所に行っている。死体はこのまま放置されたのだろう。前の話では「隣里数輩」が送ったと書いているし、あとの話ではこれを聞いた村人がみな感心したと言っているが、それにもかかわらず、彼らは葬式の手助けにはならないらしい。前の話の隣人たちは、彼が死んだのを見て、哀傷はしたが埋めたりはしないで帰ったようだ。

十四世紀初頭の『八幡愚童訓《はちまんぐどうくん》（乙）』下巻第三「不浄事」によると、石清水八幡宮《いわしみずはちまんぐう》参拝の途中に小家の前で女が泣いているのを目にとめた僧がわけを尋ねると「私の母が今朝死んだのですが、私は女ですし、一人者なので死者を送ることができません。少しの財産もないので他人に頼むこともできません。どうしようもなくて家の外に佇《たたず》んでいました」とのことだった。僧は哀れに思って、死体を背負って棄《す》ててやったという。僧は穢にふれたため恐る恐る社参するが、かえって神から賞賛された。この類話は『発心集《ほっしんしゅう》』巻四第十話、『宝物集《ほうぶつしゅう》』巻四、『沙石集《しゃせきしゅう》』巻一第四話など、当時のいろいろな説話集に収められて知られていた。

家族しか死者を葬ることができないため、一人暮らしの人が死ぬと死体はそのまま家の中にあった。十二世紀前半の『今昔物語集』巻二十四第二十話では、夫に見捨てられた女が家の中で一人死んだが、「その女は父母もなく、親しい者もいなかったので、死んだのを取り隠して棄てることもなく死体は家の中にあったが、髪も落ちずにもとのままついていた」といい、同書の巻二十七第二十五話では、国司《こくし》について任国《にんごく》に下っていた男が帰京し、妻に再会して一夜を過ごしたが、夜が明けると、抱いて寝た妻はひからびた死体だった。驚き恐れた男がいま帰ったふりをして隣の小家の人に聞くと、女は男を待って歎《なげ》くうちに病になって死んだが、「取り棄てる人もないので、まだそのままになっています。家も恐れて近寄る人がないのでそのままになっています」と言われたという。この二例でも、家族がいないので「棄つる」こともされず、家の中に死体がそのままになっているが、隣の人はそれを知っていながら何もしていないのである。

葬送における役割

日本で近年まで行われていた伝統的な葬式は次のような人々の参加によって成り立っていた。

(1) 死者を寝かせる、湯灌《ゆかん》をする、棺に入れる、棺を担ぐ、葬列で位牌《いはい》や荘厳具《しょうごんぐ》を持つ、穴に入れて土をかける（火葬なら骨を拾う）など、死体を扱う人たち。

(2) 親戚や寺に通知をする、料理を作って会葬者を接待する、棺や葬具を作る、穴を掘るなど、葬式遂行上の作業をする人たち。

(3) お悔《く》やみを言ったり、葬式について葬地まで行く人たち。

坊さんも必要だが、僧は死者に引導《いんどう》を渡すという霊的な役割で、死体を処理するという葬式の即物的な面や、親戚知人が死者に別れを告げるという社会的な面にとっては、必ずしも不可欠ではない。

前記の(1)のうち、遺体の安置、湯灌、入棺、葬具持ち、拾骨は中世初期でも現行民俗でも基本的には肉親、親戚の役割である。ただし民俗では棺を担ぐのは近隣の協力で行うのが普通である。もっとも戦前の田舎の大きな家では使用人（男衆）に担がせることもあった。埋葬については、穴掘りや穴に入れたあとで土をかけることは最初は儀式的に近親者が行うが、そのあとは穴掘り役に任せられるのが一般的であり、また火葬では普通は「隠亡」か村人が焼いたので、この部分にも近隣の協力が大きく加わっている。つまり重労働の部分を村人の協力で行うので、もしこれがなければ葬送が困難になることは明らかである。

「肉親」の範囲であるが、中世初期では『今昔物語集』巻三十一第三十話で尾張守《おわりのかみ》が病気になった肉親の女を見捨てて非難された説話によれば、夫婦・親子・兄弟のような間柄であれば、葬式しなくてはならなかったらしい（後述）。ただし同居家族である必要は必ずしもない。また西谷地晴美《にしやちせいび》氏は、葬送することが遺産分配を受ける条件でもあったことを明らかにした（「中世的土地所有をめぐる文書主義と法慣習」）。

(2)は民俗では村の互助組織が活躍する場面であるが、中世前期ではこれも未発達で、この役割はそれぞれの家の内部で、使用人が多い場合はそれを動員して行っていたと推定される。貴族の葬式はそうしていた。

(3)については『延喜式《えんぎしき》』では「喪《も》を弔《とむら》い、病を問い、および山作所《やまつくりしょ》（火葬の場）に到り、三七日の法事に遭う者」は身は穢れないが当日は参内《さんだい》できない、とあって禁忌は軽い。しかし古記録をみると、貴族は同僚が死んだとき、喪家《そうか》にお悔やみを言いに行くのは普通だが、葬列について行くことはあまりない。

このような社会では、家族構成員が少ないと葬式は非常に困難になる。財産があればそれで人を雇うことはできたが、貧しい夫婦暮らしで夫が死んだ場合など、妻だけでは死体を処置することも難しい。『今昔物語集』巻十七第二十六話では、近江甲賀郡《こうか》に下人《げにん》がおり、その妻は人に雇われて機織《はたお》りをして暮らしていたが、夫が死んだので「金《かね》の山崎《やまざき》の辺に棄てつ」と書かれている。当時、死体をそのまま放置することが多い理由の一つはこれであった。葬送における協力関係がなかったことを証明するのは難しいが、風葬《ふうそう》が多かったことは明らかな事実であり、かつ風葬は当時にあっても貧しい者の葬法とされているので、それが逆に葬送協力の不在を証拠立てていると考える。

一人暮らしで死んだり、他所から来た旅人や乞食《こじき》が行き倒れたりした場合は、(1)の範囲の人が一人もいないが、近世以後の社会ではこのような場合も村人で埋葬する。しかしこの時代はさきにみたようにそれらの人たちは放置されていた。古代では災害の死者が倒壊家屋の下でいつまでも埋葬されないので、早く葬れという命令も出されている（『日本三代実録《にほんさんだいじつろく》』貞観十一年〈八六九〉十月二十三日条、『日本《にほん》紀略《きりやく》』仁和四年〈八八八〉五月十五日条）。

このような家族（血縁者）以外の葬送に対する忌避は何に由来するのかであるが、古代には人が死ぬとその家族が忌《い》み籠《ご》もりをしたことと関係があると考えている。平安貴族も喪家で「籠居《ろうきょ》」をしており、また籠僧《ろうそう》を依頼して籠もらせていた。「仮服《かぶく》」として制度化されてもいた。古く『魏志倭人伝《ぎしわじんでん》』は倭人の葬礼について「始め死するや停喪《ていそう》十余日、時に当たりて肉を食わず、喪主哭泣《こっきゅう》し、他人就いて歌舞飲酒す」とし、またその次に航海の安全を守るための「持衰《じさい》」という役の者について述べ、頭をくしけずらず虱《しらみ》を捕らず、衣服は垢《あか》に汚れ、肉を食わず婦人を近づけないが、それは「喪人《そうじん》」の

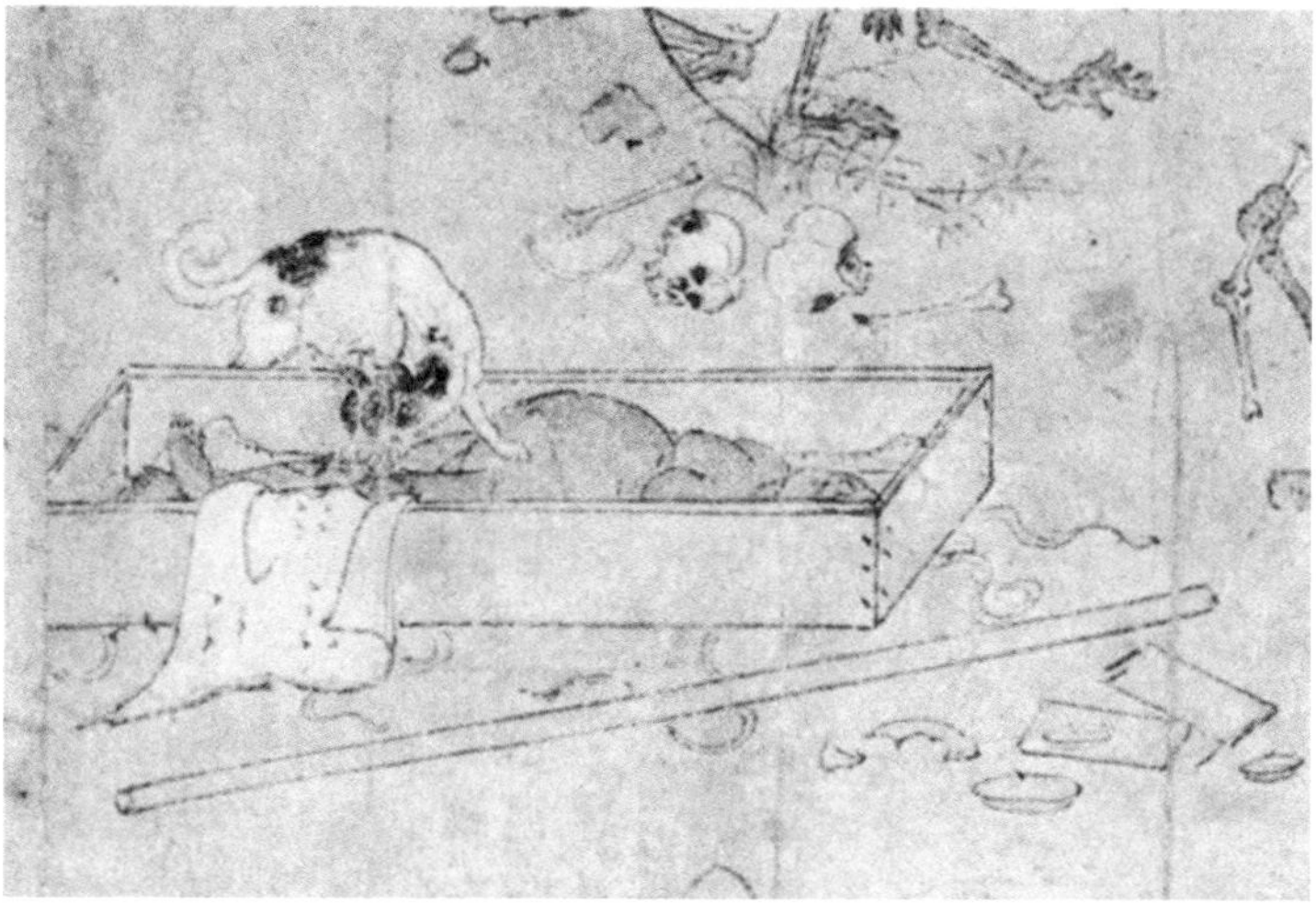

写真1 『餓鬼草紙』疾行餓鬼（東京国立博物館所蔵）

ようだとしている。死者の遺族は厳しい謹慎状態に置かれていた。死者を装っているともいえるだろう。死者とこの状態の遺族を合わせた集団を岡《おか》田重精《だしげきよ》氏は「死葬集団」と呼び（『古代の斎忌（イミ）』）、私もこの概念を用いて古代における死者と家族との特別な関係を理解しようとした。人が死ぬと、一定の期間家族は忌みに籠もるが、その間、死者はまだ死の世界に落ちついていないし、家族は死を装っていて、両者とも境界的な状態にある。その期間が終わると死者は死に、家族は生者の社会に戻る。

家族以外の者は、死者を葬《ほうむ》ることによって、死者との間にそのような関係を持つことはできなかったのだろう。死者を「棄てる」のではなく「葬る」という営みをするのなら、忌み籠もりを含めて死者との間に取り決められた儀礼をすべて行わなければならないだろうが、それは死の世界に近

写真2　一の谷中世墳墓群　412号墓　集石帯（磐田市教育委員会提供）

づくという危険を身に引き受けることになるのではないか。したがって、さきの役割分担の(1)を他人がすることはありえないことだったが、(2)もまたこの時代には家族の手にゆだねられていた。

なお最近、新谷尚紀《しんたにたかのり》氏は、近親者が食事作りや棺担ぎ、埋葬、火葬までも行う地域がいくつか見られることを指摘し、私が想定したような中世前期の葬送の伝統が残存している可能性を示唆している（『死と葬送』）。

塚の間の死体

家族が少ない場合に、土葬や火葬ができずに野原などに放置するのは、説話などでは「置く」と表現されることが多い。この場合は残された家族がそうするのであるから、葬送意識を伴っていたと考えられる。東京国立博物館本『餓鬼草紙《がきぞうし》』の疾行《しっこう》餓鬼の図（写真1）で、塚の間に横たわる死体は、莚《むしろ》を敷いてその上に寝かせてあったり、蓋《ふた》のない棺《ひつぎ》に入れられたりしている。棺をよくみると前端部に二本、側面にも三本の紐《ひも》がついているのが見える。また棺の手前には長い棒（朸《おうご》）が捨てられている。紐を結び、この棒をそれに通して担ってきたものであろう。こういう運び方は『北野天神縁起《きたのてんじんえんぎ》』などにも見える（一一六頁の写真6）。棒の手前には長方形の折敷《おしき》（薄板の盆）と思われるものと土器《かわらけ》が見える。また莚の上の放置死体の枕元にも黒塗りの器があるが、死体を置いたとき、この器に供物《くもつ》を入れていたのだろう。

塚の間に死体が放置されているこの絵については、たんなる想像の産物とする見方もあるが、中世の大共同墓地として知られる静岡県磐田《いわた》市の一《いち》の谷《たに》中世墳墓群《ふんぼぐん》遺跡ではこのような光景が実際にあったと推定されている。この墓地がはじめて造成された十二世紀後半から十三世紀にかけて、塚墓《つかぼ》と呼ばれる土を盛った土葬墓が造られた。塚墓自体は放置ではないが、この墓ができて数十年たってから、塚のまわりの溝に石を敷き詰めることが行われた。溝の底面から石が少し浮いているので、塚が造られたよりもあとに石が置かれたと考えられる。そして、この石の中から釘《くぎ》が見つかっている。たとえば四一二号墓の集石帯《しゅうせきたい》（写真2）からは十六本の釘が発見された。石は塚の築造よりあとで置かれているので、塚ができたときに作られた周囲の柵《さく》（釘貫《くぎぬき》）に使われた釘ではないだろう。そこでこのような釘は棺の釘ではないかと推定された。すなわち、塚墓が造られてかなりたったあとで『餓鬼草紙』の絵のように、そのまわりの石の上に棺を放置する人がいたと考えられる。この遺跡では棺を埋めたと思われる土坑墓《どこうぼ》も多く発見されたが、そこから出土する釘とも似ているという（『一の谷中世墳墓群遺跡』本文編　二九一・三九〇頁）。

承久四年（一二二二）成立の『閑居友《かんきよのとも》』上巻第十九話では、比叡山《ひえいざん》の僧に仕える中間僧《ちゅうげんそう》が、夕《ゆうべ》になると必ず姿をくらました。女のところにでも行くのかと疑った主僧が人にあとをつけさせると、西坂《にしさか》本《もと》を下って蓮台野《れんだいの》に行った。蓮台野は第六章で詳しくふれるが、中世京都の代表的共同墓地の一つである。彼はここで「あちこち分け過ぎて、いひ知らずいまいましくみだれたる死人のそばに居て」声を惜しまず泣いた。不浄観を修《しゅ》していたのだったという。このように共同墓地の塚の間に死体が放置されているのは中世には普通にみられたようである。ただ、共同墓地が成立するのは一般に十二世紀後半以後のことである。詳しくはこれも第六章を参照されたい。

鎌倉末期の伊勢神宮《いせじんぐう》の触穢《しょくえ》規定を詳述した『文保記《ぶんぽうき》』（『群書類従』雑部）には「墓に納めるために野棄ての死人の骨を片づけるとき、この骨が篼《あんだ》（輿《こし》の一種）や莚や衣の上にあれば、片づける人は七か日は甲穢となるほか、三十日は乙穢とすべきである」という規定があり、「野棄て」がこのころにもあって、死者は手輿《たごし》で運んだり、莚の上に置くなどしていたことがわかる。なおこの「篼」であるが、『和名類聚抄《わみょうるいじゅうしょう》』は「篼輿」について「和名アミイタ」と説明している。中世にはアンダ、アオダといい、竹を編んで周囲を囲った輿をさす。アオダは戦場での負傷者を運ぶ担架《たんか》をさし、アンダは死者を運ぶ輿をさす用例があるが、形状は似ていたらしい。これは棺ではなく死体を運搬する道具ではあるが、遺族が葬るときでなければ、このようなものを使うことはなかったと思われる。次節で述べるが、誰も家族のいない死者を棄てるときは引きずることも少なくなかったらしい。同じく放置するにしても供物《くもつ》を捧げたり、棺や輿を使ったりするのは遺族の行為であろうから、これは葬法の一種として風葬と呼ぶべきであろう。

ただ、この葬法は死体を放置するだけで、骨化後の二次葬はしておらず、死体はそのまま犬や烏《からす》に食われてしまう。これ自体を不善《ふぜん》や不仁《ふじん》とする言説は中世前期にはみられないのだが、墓を造らないことや、死体が犬や烏に食われることを容認する点では、風葬と遺棄は共通点が多いともいえる。特に、貴族の邸宅に犬が持ち込む「穢物《えぶつ》」がもともとどちらであったかは、識別できないといわざるをえない。

風葬をするときに死者に供物を捧げるなど、死体に対して親愛の念を抱いている、つまり死体に死者の人格が宿っているかのように行動しているにもかかわらず、それを動物の食うに任せるのが今日の観点から違和感があるのは確かであるが、近世の儒者《じゅしゃ》は火葬に対して「父母の死体を焼くのは不孝である」など、同様の批判をしていた。また近畿地方を中心に今もみられる両墓制《りょうぼせい》では、死体を埋葬する場所と霊を祀る場所が分離しており、埋《う》め墓《ばか》は一定期間が経過すると祭祀の対象にされないことが多い。葬送段階で死体=死者であるような扱いをすることはかなり普遍的な人間の行動であろうが、最終的な死体の運命や、それに関連して死者の魂が死体や骨に結びついているかどうかに関する考え方は、文化や時代によりさまざまであるということになろう。

幼児葬法

子供の死者は平安時代では身分が高い者であっても野外への放置が原則だった。藤原実資《さねすけ》の娘が正暦元年（九九〇）七月十一日に死んだが、七歳以下は厳重な葬礼をしてはならないと言われ、コウゾを衣にして手作の布の袋に納め、それを桶《おけ》に入れた。十三日に八坂《やさか》東方の平山《ひらやま》に置かせたが、翌日恋しさのあまり人をやってようすを見させると、すでに跡形もなかったという（『小右記《しょうゆうき》』正暦元年七月十一日〜十四日条）。

藤原行成《ゆきなり》の家では寛弘五年（一〇〇八）の九月二十五日と二十六日に続けて赤ん坊が生まれた。しかし二人とも生後すぐ死んだ。最初の子は二十七日に死に、丑刻《うしのこく》に家来に命じて鴨川《かもがわ》の東に棄てさせた。二十八日の昼にはあとで生まれた子も死んだ。午前中に産湯《うぶゆ》をつかわせたばかりだった。その夜、この子は乙《きのと》の方（二十四方位で卯と辰の間。東からやや南に寄った方角）の河原に棄てた（『権記《ごんき》』寛弘八年九月二十七日・二十八日条）。

この例では新生児を河原に棄てている。行成は自分で「棄」と書いているのだが、子の死を悼《いた》んでいるのは文章からも伝わってくる。葬送儀礼を行った形跡はない。

承元元年（一二〇七）七月二十八日、後鳥羽《ごとば》上皇の姫宮が六歳で死んだ。臨終のようすはまさに善人だったという。姫宮の縁者白川仲資《しらかわなかすけ》はじめ六人がこのとき出家した。仲資は二十九日に死体を大谷《おおたに》の堂に送った。「普通の例」では「七歳以前、喪礼《そうれい》なく仏事《ぶつじ》なし」であり、普通は「袋に納め山野に堕《す》てておわんぬ」なのだが、仲資は悲歎の余り堂に安置したという。このことについては民部卿入道親《ちか》範卿《のり》（平親範）にも尋ねてみたが、七歳以前は葬礼もないし、七七日の仏事もしない。鳥羽院のとき四歳の宮が亡くなったが、袋に納めて東山に置き、仏事はなかったとのことだった（『仲資王記《なかすけおうき》』承元元年七月二十八日・二十九日・八月四日条）。

このとき参照された先例の一つは、高橋昌明《たかはしまさあき》氏によれば『水左記《すいさき》』承保四年（一〇七七）九月七日条にみえる白河《しらかわ》天皇の皇子敦文《あつぶみ》親王のことだという（『中世人の実像』）。四歳で死んだが、遺体を産着《うぶぎ》や胞衣《えな》とともに縫い包み、東山大谷に送り置いたという。記主の源俊房《としふさ》は「七歳のうち、尊卑ただ同じことなり」として、僧を同行させることに反対した。

子供は家族が放置することが多いはずだが、追善《ついぜん》を含め仏教的儀礼は行わなかったものとみられる。民俗では「七歳までは神のうち」という地方は多いが、幼児葬法が簡略なのは、幼児の魂はまた復活してほしいということから、成仏《じょうぶつ》を望まないためと解釈されている。幼児葬法は成人と区別すべきかもしれないが、ここでは風葬に入れておきたい。

貴族の家などに犬などによって死体が持ち込まれるのは、小児であることが多い。これは犬などが運べる重さの問題もあるし、乳幼児死亡率が高く多産多死型であったことにもよるだろう。京内の野原などに赤ん坊の死体が置かれるのは珍しいことではなかっただろう。

風葬と遺棄の違い

仮服《かぶく》の制度が律令《りつりょう》に規定されている。仮は近親者の死にさいして官人に与える休暇で『仮寧令《けにょうりょう》』に定められており、服は喪服をつけることを意味し『喪葬令《そうそうりょう》』に規定されている。喪服の期間は長く、父母の喪を重服《じゅうぶく》というが、その期間は一年である。仮服と触穢《しょくえ》の違いは、仮服は近親関係のみによって生ずるので、遠方にいて死体に接触しない近親者にもかかる。一方、触穢は死体という穢の発生源との接触によって生ずるので、近親者でも遠くにいれば穢れないが、まったく無関係の人でも死体のある場所に行けば穢れる。

『延喜式《えんぎしき》』によると、仮服の人は神事で斎戒《さいかい》期間中の内裏に出入りできない。神社では、鎌倉初期の『諸社禁忌《しょしゃきんき》』(『続群書類従』神祇部)によると、伊勢神宮は重服の人は参詣できないほか、重服の人に書札《しょさつ》を交わしたり、その家に行くことも忌む。軽服《きょうぶく》は仮の日数だけその身を忌むが、その家に往来した人は忌まない。石清水八幡宮《いわしみずはちまんぐう》では重服は一年、軽服は仮の間憚《はばか》るという。

穢だけを考えると、家族が死体を野原に置くのと、無関係の人が自家近くで行き倒れた死体を野原に置くのとは同じであるが、仮服まで含めると社参《しゃさん》などの面では大きな違いがあることになる。

ところで前にも少し触れたが、伊勢神宮の『文保記』は、次のような規定を定めている。

A　横死《おうし》の者、棺に入れず持ち棄つるの族、卅ヶ日の外禁忌なし。嘉保二年三月、大判事有真《ありざね》答えていう、死人を持つの者、もしその穢を過ぎば、何ぞ神事に従わざるやとうんぬん。

B　墓に納めんがために野棄ての死人の骨を取るの時、かの骨、鞍《あんだ》(輿の一種)ならびに莚および衣の上にあらば、これを取る族は、七ヶ日の甲穢のほか、三十ヶ日の乙穢たるべきなり。

Aによると、横死者を棺に入れずに持ってきて棄てる者は、死穢の三十日以外は禁忌がなく、神事に預かることもできる。引用部のあとの文によると、犬がくわえてきた小児の死体を棄てるのと同じだという。

これ以上は詳しく書かれてないのだが、「横死」の場合であり、また棺に入れずに、とわざわざ言われているのは、遺族による風葬ではなく、無関係な他人による遺棄であるという意味であろうか。

遺族が放置する場合は通常棺に入れるか、そこまでできなくても莚の上などに置くと推定される。放置するのが遺族なら仮服があるのはもちろんだが、放置後の死体に第三者が接触する場合でも、その死体がもともと風葬されたものか、それとも遺棄されたものかで、伊勢神宮では穢に違いがあった可能性がある。

Bの規定では野棄ての死人の骨を片付けて墓に納めるとき、それが輿や莚の上にあるかどうかで穢の日限を決めている。竹輿や莚や衣の上に骨がある場合は、甲穢七日のほか乙穢三十日になるという。これ以上書かれていないが、輿の上などにないもの、つまりただ地上に散乱している骨については、五体不具の穢物を片付ける場合と同様、七日の穢だけだと推定される。

なぜ乙穢三十日が加わるのかについての一つの解釈は、輿などがある場合は、その死体は当初は遺族によって「葬られた」ものであったと判断し、感染力の弱い乙穢三十日を付加することによって、より強い穢とみなしているのではないかということである。『文保記』は、籠僧など遺族ではないが葬式のとき死人に触れた者は百日参宮を忌むと定めている。これと同様に、他人であるが葬送に関与してしまった人の扱いに準じているのではないか。

もう一つの解釈は、輿などが残っているときは、完全に白骨化して骨がばらばらになっていても、穢を規定する死体の統合度が、輿などがない場合より高いと考えられていたのではないか、ということだが、しかしAからは、棺に入れるということは遺族が葬ることだという意識があると思われるので、それがBにも反映していると考えてよいのではないかと思う。したがって、風葬について「野棄て」という言葉が使われているとはいえ、それと横死者の遺棄、つまり他人が死体を運んできて棄てたケースとは伊勢神宮の触穢の判断では区別されていた可能性を指摘しておきたい。

2 遺棄の場

藪に棄てる

行き倒れの死者や孤独な貧者は誰も葬送する人がいないが、このような死体は藪《やぶ》などに棄てられていた。そのときは死体を引きずることが多かったらしい。九世紀初頭の『東大寺諷誦文稿《とうだいじふじゆもんこう》』には、貧人は死ねば一尋《ひろ》にも足らぬ葛《かずら》を首に巻かれ、犬や烏《からす》のいる藪に引き棄てられてしまうと書かれている。仁平四年（一一五四）に堂に住む男の死体を棄てた「清目《きよめ》」は、死体を「率《い》て」大路を行くのを目撃されていたが（『台記《だいき》』仁平四年四月二日条）、この表現も死体を引きずっていくさまを表したものと思う。

戦国時代のフロイス『日本史』（西九州篇3、第七八章）にも、

では法華《ほつけ》宗徒のうちに極貧のうちに見捨てられた者がいたと想定していただきたい。その者は已《おの》れのために墓穴を掘ってくれる人にあげる（ことになっている）酒も、野辺《のべ》送りをし祈ってくれる僧侶たちに残す（べき）金子《きんす》も衣類も家財も何一つ所持していなかったとします。貴僧らのもとではよく見かけることですが、その人がいとも貧困で、人間的なあらゆる援護や扶助《ふじよ》から見離されていますと、死後は、死体の両足に縄《なわ》をかけ、海かどこかの川まで引きずって行って（そこで）

投げ捨てられましょう。

とあって、戦国時代に至るまで身よりのない死者は棄てられていたこと、そのとき足に縄をかけて引きずるという方法が行われたことを示している。

貧人が藪に棄てられるという『東大寺諷誦文稿』の表現で思い出されるのは、『今昔物語集《こんじゃくものがたりしゅう》』巻十三第二十九話である。比叡山西塔《さいとう》の明秀《みょうじゅう》という僧が命終のとき、「屍骸《しがい》・魂魄《こんぱく》」になってもなお法華経を誦《じゅ》すと誓って死んだ。葬ったのち、夜になると「墓所」でいつも法華経を誦する声がするという。生前懇意《こんい》だった人が夜に行ってみると、確かに聞こえるというほどでもないが、藪の中で法華経を誦する声がし、明秀の生前の声に似ていたので、哀れに思ったという。「墓所」と書かれてはいるが、実は藪であった。

僧が死後に遺棄されることは平安時代にはかなり普通にあったらしく、『今昔物語集』巻十三第三十話でも、比叡山東塔《とうとう》の広清《こうじょう》という僧が京に下り、一条の北辺の堂で病死したが、その死体は「弟子ありて、近き辺に棄て置かれつ」とされている。しかし、その「墓所」で毎晩法華経を誦す声がした。弟子はこれを聞いて、髑髏《どくろ》を山の中の清いところに置いたが、そこでもなお声がしたという。この話でも棄てた場所を「墓所」と称しているので、前の話の「藪」も棄てられたところなのだろう。風葬ないし遺棄の場が「墓所」であるという感覚があったとすれば興味深いが、この説話集以外ではそう確認できる例を目にしていない。

河原

誰も葬送する人のいない死体は平安京では検非違使の配下が河原などに運んでいた。キヨメ（清目）と呼ばれる被差別身分が動員されることもあるが、前述の『今昔物語集』巻十六第二十九話では、京の生侍《なまざむらい》が検非違使《けびいし》庁の下級職員である放免《ほうめん》にいきなり引っ立てられて夫《ぶ》に徴発され、八省院に連れて行かれて、内野《うちの》（大内裏の一部が野と化したところ）にあった十歳ばかりの死人を河原に持っていって棄てることを強制される。この場合は「葬る」とはいえず、単に死体を河原に棄てるのであろう。ただ、はじめに内野に子供を置いた人は、子供を葬るという意識であったかもしれない。

鴨川《かもがわ》の河原に死体が多いのは平安初期からのことで、よく知られた史料だが『続日本後紀《しょくにほんこうき》』承和九年（八四二）十月十四日条に、左右京職《きょうしき》と東西の悲田《ひでん》に命じて、「嶋田《しまだ》および鴨河原等」の髑髏五千五百余頭を焼いて埋めさせたとある。

河原に死体を放置することは奈良時代からあった。平城京の南の奈良時代の河川跡（奈良県大和郡《やまとこおり》山《やま》市稗田《ひえだ》町の稗田遺跡）からは人骨が二体みつかったが、うち一体は曲《ま》げ物《もの》といっしょに薦《こも》に包まれた状態で発掘された。薦状のものは他にも数か所で見られるので、このような死体処理は多く行われていたと考えられるという（「稗田遺跡発掘調査概報」）。この死体は薦にくるまれ、曲げ物を添えられているので、単に棄てられたものではなく、このようにして葬送されたものだろう。

また『続日本紀』神護景雲三年（七六九）五月二十九日条によると、不破《ふわ》内親王、氷上志計志麻呂《ひかみのしけしまろ》、県犬養姉女《あがたいぬかいのあねめ》らが「きたなき佐保川《さほがわ》の髑髏」に称徳《しょうとく》天皇の髪を入れ、これを宮中に持ち込んで巫蠱《ふこ》を行ったとして告発されている。これは冤罪《えんざい》だったようだが、佐保川の河原に髑髏があったことは事実とみてよいだろう。

中世になると河原は処刑の場としてしばしば史料に現れるが、承久《じょうきゅう》の乱《らん》張本の尊長《そんちょう》法印が六波羅《ろくはら》の討手に囲まれ自害したとき、死んだら円明寺《えんみょうじ》に埋めよ、河原に屍《しかばね》を曝《さら》してはならないと言い残したという（『明月記《めいげつき》』安貞元年〈一二二七〉四月十一日条）。これは殺された武士が河原に棄てられることが多かったことを示している。

寛喜三年（一二三一）に兼教《かねのり》朝臣の次男の勾当《こうとう》が清水《きよみず》参りに行くと言って家を出たあと、弘誓院《ぐぜいいん》の東北角で何者かに斬殺された。はじめ家の者は知らなかったが、やがてそのことを聞きつけた乳母子《めのとご》が「川原に取り捨つる屍を尋ねて葬送」したという（『明月記』寛喜三年七月二十二日条）。これも殺されて路上にある死体はしばらくすると河原に運ばれてしまうことを示している。乳母子はいろいろ聞き込んで河原に運ばれたと聞き、探しに行ったのであろう。なお弘誓院は八条南、東洞院《ひがしのとういん》東にあった寺院で、清水寺とはまったく方角違いである。

説話などでは、風葬のときはだいたい「野」や「山」に置く、とされることが多く、河原に置くというのは少ないが、二二頁で紹介した『拾遺往生伝』中巻第二十六話では、八条河原の荒蕪地で男が命を終えている。また前記のように奈良県稗田遺跡の川跡でみつかった遺体は葬送されたものと考えられる。ただ、鴨川の河原にある多くの死体の中には、殺された勾当の死体のように、はじめ他の場所に放置されたり、疫病流行のとき大路で死んだものが二次的に運び込まれたりしたものも多かったのではないかと思う。

この寛喜三年は大飢饉の年で、また年の前半は日照りだったが、六月一日から四日まで雨が降り、鴨川が洪水になった。勘解由小路経光《かでのこうじつねみつ》は日記に、きたる七日には祇園《ぎおん》の神輿《みこし》迎えがある、そのために神が洪水を起こして、河原の岸に充満した死骸を掃除しているのだろうと世間では評していると書いた（『民経記《みんけいき》』寛喜三年六月四日条）。河原に棄てられた死骸は鴨川が洪水を起こすたびに海へ流されていった。

これらの例に出てくる河原はほとんどの場合鴨川の河原だろうが、『今昔物語集』巻十六第二十九話の内野の死人については、紙屋《かみや》川（天神《てんじん》川）が想定されている可能性がある。紙屋川に近い右京一条二坊十二町に右獄《うごく》があったが、ここの獄死者は紙屋川の河原に遺棄されていたと推測している。獄死者を遺棄した例としては、長元八年（一〇三五）に散位《さんに》源 久《みなもとのひさし》朝臣という者が殺人の罪で逮捕され、さすがに位のある者なので獄には入れず便宜の場所に拘置していたが、死んだので「使（検非違使）、その骸《むくろ》を棄てしむとうんぬん」ということがあった。源経頼《つねより》は、まず事情を奏聞《そうもん》してから処置すべきで、無断で棄てたのはいかがかと批判した（『左経記《さけいき》』長元八年五月十日条）。散位でなければ棄てても問題になることはなかっただろう。なお、近世には右獄の旧所在地とは川をはさんだ天神川東岸に「宿紙《しゅくじ》」という無縁墓地があり、黒川道祐《どうゆう》のころには「人を葬る御坊の住所となり、土民の墳墓多し」（『近畿《きんき》歴覧記《れきらんき》』大原野一覧）、「死せる乞人《こつじん》をすて所」（『遠碧軒記《えんぺきけんき》』上之一）という場所になっていたが、これと関係があるかもしれない（拙稿「『京師五三昧』考」）。

左獄《さごく》のほうは左京一条二坊十四町で、こちらは京の中心部だからそのあたりに放置することは難しいだろう。ただ寿永二年（一一八三）十一月の法住寺合戦《ほうじゅうじ》で戦死した天台座主《てんだいざ》明雲《すみょううん》僧正の首を、木曾《きそ》義仲《よしなか》がそんな首はいらないと言ったため、家来は西洞院川《にしのとういん》に棄てたという話がある（『愚管抄《ぐかんしょう》』巻五）。この川は地図には描いていないが、『京都の歴史』第二巻付図によると、一条大路から中御門《なかみかど》大路までは町尻小路《まちじり》（西洞院大路の東）沿いを流れ、中御門で西に折れ、西洞院大路に沿って南流していたらしい。この川は左獄にも近いし、高陽院《かやのいん》や閑院《かんいん》の東側を流れる。獄死者をこの川に棄てることはあったかもしれない。

側溝の死体

京都における発掘の進展に伴い、平安〜鎌倉時代の河川流路や道路側溝から骨がみつかるようになった（山田邦和《やまだくにかず》「京都の都市空間と墓地」）。右京八条二坊二町西側の西靫負小路《にしゆげい》では、平安時代前期の流路から頭蓋骨《ずがいこつ》が出土した。朱雀《すざく》大路と樋口《ひぐち》小路の交差点では、朱雀大路東の側溝と推定される溝から牛馬の骨とともに成人男性の下顎骨《かがくこつ》や「南無大日如来《なむだいにちにょらい》」と書かれた木簡《もっかん》が出土した。朱雀大路と左女《さめ》牛《うし》小路の交差点でも、多量の牛馬の骨とともに未成年の頭蓋骨・下顎骨が発掘され、平安時代後期と推定されている。右京三条二坊十四町の西側では、平安後期〜鎌倉時代の野寺川から頭蓋骨二体分と卒塔婆《そとば》が出土した。また鳥羽殿《とばどの》跡からは、鎌倉時代初期の溝から頭部二体分の人骨、動物骨、建仁三年（一二〇三）銘の供養木簡が出土し、木簡には「（表）南無帰依仏《きえぶつ》　南無帰依仏　南無帰依法」「（裏）

建仁三四十八得阿弥陀仏」と書かれていたという。裏面の数字は、建仁三年四月十八日を意味する。

これら、河川敷や道路側溝から発見された骨は、遺棄されたものであろう。牛馬の骨といっしょに出土している場合が多いこともあり、葬送意識を伴っていないと考えられる。溝に棄てられているものは、都市管理者もそれ以上鴨川の河原まで運んだりはせず、そのまま放置したのだろう。またその死者を供養して歩く得阿弥陀仏のような宗教者がいたことも判明する。これは養和《ようわ》の飢饉《ききん》のさい、一条より南、九条より北、京極より西、朱雀より東の路頭の死者を見るごとに、その額《ひたい》に阿《あ》字を書いて結縁《けちえん》した仁和寺《にんなじ》の隆 暁《りゅうぎょう》法印を思わせる（『方丈記《ほうじょうき》』）。このときは四月と五月だけで四万二千三百を数えた。その前後に死んだ者や、この範囲外の河原、白河、西ノ京などは含まれていないので、全部ではいったいどれだけになるのか想像もつかないといわれた。

明雲座主の首を西洞院川に棄てたという『愚管抄』巻五の記事は、京内を流れる河川に死体が遺棄されることが往々にして行われたことを示唆している。『拾芥抄《しゅうがいしょう》』触穢部には、たとえ人家が「河宿《かしゅく》」に向いていて、死人が流れてきて門前で止まった場合でも屋敷は穢にならないが、死体をつついて流した人は三十日の穢であると書いている。また川に落ちて溺死《できし》した人を取り棄てたあとの水は、たとえ禁中を流れようとも穢にならないともあるので、これらの川は京中を流れる川を念頭に置いているらしい。「取り棄てたあと」というのは川の死体を拾い上げて別の場所に棄てることをさすと思われるので、京中の河川に死人がある場合は拾い上げることもあったようだが、一方で家の前に流れ着いた死人をまた棒などで押し流す人もあったわけである。義仲が首を棄てさせた史料から考えれば、高陽院や閑院に犬がくわえて持ち込む死体はその東を流れる西洞院川や西の堀川に棄てられた可能性もあるのではないか。

病人の放置

使用人が死にそうになると、死ぬ前に家の外に出すということも古くから行われていた。弘仁四年(八一三)六月一日には、天下の人はみな僕隷《ぼくれい》を持っているが、これが病になるとすぐさま路辺に出し、看病する人もいないまま餓死《がし》させてしまうとしてこれを禁止している(『類聚三代格《るいじゅうさんだいきゃく》』巻一九、禁制)。この禁止は守られた形跡がない。『続日本後紀《しょくにほんこうき》』承和二年(八三五)十二月三日条では、小野朝臣岑守《みねもり》の卒伝《そつでん》で、大宰大弐《だざいのだいに》だったときに続命院《ぞくめいいん》という施設を建てて病人を収容したが、それまでは主家が死人を忌んで追い出したため、道路で凍え死にする者が多かったという。

『今昔物語集』巻二十六第二十話でも病になった女《め》の童《わらわ》を主人が外に出しているが、この話では食物をつけている。死ぬ前に外に出す場合は莚や食物を与えるのが院政期京都では普通だったかもしれない。

同じく『今昔物語集』の巻三十一第三十話では、尾張守某がその縁者の女を見放し、女は兄の家に寄寓《きぐう》していたが、病になったとき兄も家で死なせずに追い出した。女は友人からも受け入れてもらえず、最後は鳥辺野《とりべの》に行って高麗端《こうらいべり》の上等な畳を敷き、その上に臥《ふ》したという。編者はこの女が「彼の尾張の守の妻《め》か、妹か、娘か、知らず」とした上で、世人はこの話を聞いて尾張守を謗《そし》ったと書いている。夫婦兄弟親子のような間柄なら、病人を路頭で死なせるようなことをしてはならない。なお尾張守と女との関係が不明だが、兄でなく尾張守が非難されているのは、家長的な立場だからだろうか。

この風習は血縁がないからという説明もできるが、穢の面からも説明できる。主人は使用人のために自分が穢に触れることを嫌ったのである。『台記《だいき》』仁平四年（一一五四）四月二日条によると、故右少弁有業《しょうべんありなり》堂という堂に住んでいた夫婦が、夫が病になり死にそうになったので、妻は自分たちがこの堂を穢すわけにはいかないからと言って、「清目」に頼んで夫を堂から運び出させた。清目はしばらく男の具合を見ていたが、死んだので棄てたという。この妻は堂が自分のものではないので、そこを穢すことを憚《はばか》ったのだろう。今日から見れば非人間的慣習というほかなく、また九世紀にはこれを糾弾する官人もいたのに比べると院政期の状況は悪化しているように思える。ただ触穢の観念が強かった当時、神社にまで穢が伝染した場合はその神の祟《たた》りで災害が起きる可能性もあると考えられていた。災害のさいには朝廷で占いをするが、そのときこれこれの方角の神社の祟りであると告げられることも多かった。

この『台記』の例では堂内で死ぬことができないのを穢のためだとしているが、小野岑守が続命院を建てた『続日本後紀』の記事では、主人が死人を忌むから家を追われるとされていた。触穢を避けるのと死人を忌むのとは一応別個のものであろうが、おそらく両者とも平安京の人々の間に存在していたのだろう。いずれにしても、主人が死んだ場合は非血縁の従属構成員は葬送を手伝わされるが、召使いが死にそうになると主人に棄てられてしまうのだった。

門の死体

疫病が流行したとき、大路に死人が満ちていると古記録や史書でしばしば言われるのは、これら主家から路上に出された病人が死んだ場合が多かったであろう。また河原に死体が充満していることもしばしば古記録で言及されるが、これは外に出されて死んだ人々を検非違使庁《けびいしちょう》が河原に運んで棄てたものと思われる。路上での病死者も、遺棄というほかない。

大内裏《だいだいり》の諸門にも病人がいた。保元元年（一一五六）三月に偉鑒門《いかんもん》（大内裏北辺中央の門）が火事で焼けたのは、そこにいた病人の失火によると言われた（『山槐記《さんかいき》』保元元年三月十六日条）。承安二年（一一七二）十一月二十九日にも藻壁門《そうへきもん》（大内裏西辺の門）の下にいた病者の失火によって門などが全焼した（『百練抄《ひやくれんしよう》』）。これらの病人は、門の近くに住む家から放逐《ほうちく》されたのかもしれない。『今昔物語集』巻十二第三十五話によると、京の西にある神名寺《じんみようじ》の睿実《えいじつ》持経者が円融《えんゆう》天皇の病を祈禱するため内裏に呼ばれたが、大宮大路を下っていくと、土御門《つちみかど》（上東門《じようとうもん》）の馬出《うまだ》しに薦《こも》一枚を引き回して女の病人が寝ていた。世の中心地《よのなかごこち》（流行病）らしかった。睿実はすぐさま車を飛び降りて病人を問診し、魚と飯と湯がほしいというので、童子を使いにやって鯛《たい》を買って与えたという。この話では、病人が「日来《ひごろ》世の中心地を病むを、かく出して棄て置きたる也」と言っているが、「出して棄て置きたる」は他動詞なので、主人によって門に出されたらしい。

門に病者が宿ることはかなり昔からあったらしく、『日本紀略《にほんきりやく》』天徳二年（九五八）閏七月九日条には、狂女が待賢門《たいけんもん》の前で死人の頭を食い、またこののち諸門に臥せっている病者を生きながら食うという事件が起きたという。人はこれを女鬼《じょき》と呼んだ。大内裏の門に死体があった事件は巻末の年表でも多くの例を載せているが、ふだんから病人がいることが多く、排除はされなかったようなので、そこで死ぬこともあったのだろう。門に死体があっても穢とはされないのが普通だったが（『台記』康治二年〈一一四三〉九月二十四日・十月十四日条）、他の門を使うことが多かった。藤原頼長《よりなが》はこれについて「今日郁芳門《いくほうもん》から出入りした。待賢門の穢による。門を通る人は穢れないとされているが、これを忌み避けるのである。その理由は、死人が大路にあるとき、普通の人はその場所を通ったりしないものである。これは大路には穢はないとはいえ、ただ迂回《うかい》して通るのである。よって穢のある門もまたこれを避ける」と日記に書いている（原文「有死人大路、尋常人不過云々、是雖無穢、唯通之」。『吉記《きっき》』治承五年〈一一八一〉四月五日条に、烏丸《からすま》三条に死骸があると聞いて「不過之」とあることも参考に右のように解した）。

門の死体というと、『今昔物語集』巻二十九第十八話が有名である。摂津国《せっつ》から上京した盗人が人目を避けるため羅城門《らじょうもん》の上層に登ると、若い女の死体の髪を探る老婆がいた。女は老婆の主人だったが、死んで葬式する人もいないので、ここに置いた。髪があまり長いので抜き取って鬘《かつら》にしようと思ったのだという。盗人は死人の着ていた衣と老婆の衣と抜き取った髪を奪って逃げた。その上層には死人の骸骨《がいこつ》が多かった。死んだ人で、葬りなどできない死体を（「葬など否不為《えせぬ》をば」）この門の上に置いたという。

この話について深沢徹《ふかざわとおる》氏は、男が羅城門に登るとき「門の上層に和《やわ》ら掻《かか》つり登《のぼり》たりけるに」つまりよじ登ったと書かれていることから、梯子《はしご》はないと指摘している（『中世神話の煉丹術』）。すると、どうやって門の上層に死体を置いたのか疑問になるが、類似の事件としては、『続日本後紀』嘉祥元年（八四八）七月二十六日条に、棲鳳楼《せいほうろう》の閣道《かくどう》に死人の骨の五体つながったものがあったという記事がある。工匠が閣上《かくじょう》に登って発見したという。棲鳳楼は応天門《おうてんもん》の東南に建つ楼閣である。この部分は『新訂増補国史大系』本では「閣道」となっていて、それなら橋状通路の意味だが、裏松光世の『大内裏図考証』の棲鳳楼の項に引く『続日本後紀』は「閣上」としている。いずれにしてもこのような例もあるので、羅城門上層の死骸の話もあながち否定できないかもしれない。

3　京中の死人

放置死体の分類

さて、冒頭で述べたようにこの時代、貴族の邸宅に犬などが穢物《えぶつ》を持ち込むことが頻繁に起きていた。この死体は、家族が近くの空き地に風葬《ふうそう》したものなのか、それとも路上や溝に遺棄《いき》された横死者《おうししゃ》の死体なのだろうか。

貴族の家でみつかった死体の一部をいくら調べても両者を識別することはできないわけであるが、それでもこの区別はしたいところである。それは、十三世紀前半にこのような放置死体が激減する原因を知りたいからだ。

これまでの検討から、野外に死体がある場合、それは次の三つに分類されると思われる。

(A) 家族の手によってそこに置かれる、風葬死体。↓これが減少するのは、風葬自体が衰退して火葬《かそう》・土葬《どそう》が普及するか、もしくは風葬地が平安京内の空き地ではなく郊外に移動する場合だろう。

(B) 家族のいない死者で、路頭《ろとう》などで死んでそのままそこにあるか、または死んでいた場所が不適切なので、第三者が運んできて路頭や溝に棄てた遺棄死体。↓これが減少するのは、死体を発見して河原などに運ぶ都市管理者の働きが強化された場合だろう。

(C) 病気になって路頭に出され、そこで死んだ病人。遺棄の一種ということになろうが、減少原因が違う可能性があるので別立てにした。↓これが減少するのは、まず病人を外で死なせる風習が廃れて、主人によって葬られるようになる場合であるが、もしそれがこの時代に起きていないのなら、(B)同様に都市管理の強化によるはずである。

京内への風葬

(A)に関してだが、鳥辺野《とりべの》などの葬地に持っていってそこに置くというのならまだしも、京内の空き地などが風葬の場になることは、それほど頻繁にあったものであろうか。

この点については、五体不具穢の原因には子供の死体が多いことが、その証左になるかもしれない。子供の死体を野外に放置するのは親によってなされる場合が多いだろう。しかし、もし葬地として認められている場所に葬るべきだという規範が強かったとすれば、小さい子の死体なら鳥辺野などに運んでいくのも難しいことではないはずである。また貴族の例では、子供の死体は東山《ひがしやま》か鴨川《かもがわ》へ棄てるのが普通で、京は避けている。それにもかかわらず子供の死体による五体不具穢が京内でしばしば起こっているのは、そのような規範が民衆の間ではあまり強くなく、空き地への風葬が行われていたことを示すと見る。

大人の死体ならなおのこと遠方へ運ぶのは困難が大きい。葬式互助が未発達であることを思うと、残された遺族にとっては、手近な空き地で野原になっているようなところを選んで置いてくるのが精一杯なことも多かっただろう。説話の例だが、『発心集《ほっしんしゅう》』巻五第一話では、但馬守《たじまのかみ》源国挙《くにたか》の子国輔《くにすけ》がある宮腹《みやばら》の半者《はしたもの》を愛していたが、父について任国へ下った。女とはその後も文を交わしたりしていたが、京では疫病が流行していると聞いて心配になり、やっと帰京して半者の勤務先の宮へ行ってみると、もう病気で里へ帰したという。西の京に知人がいると聞いていたのでそのあたりを馬で尋ね歩くうちに、わびしい家の前に女の使っていた女の童が立っていた。急いで馬を下りて家に入ると、中にあの女がいたが、後ろをむいて髪をとかすだけで、こちらを見ようとしない。自分を怨んでいるのかと思った男が無理に顔を見たら、女は両眼がなくなっていた。女の童が泣く泣く語るところでは、この家で病気で死んだので、今はしかたがないと思って「此《こ》の前の野におき奉りし程に」、思いがけず生き返った。しかし野に置かれている間に、烏《からす》などのしわざか、こういうことになってしまったと。

この話は『宝物集《ほうぶつしゅう》』巻二の異伝では朱雀門《すざくもん》に棄てられ、また国輔が見たときすでに死んで食い荒らされていたことになっていて違いがあるが、現実にありそうな状況であるから説話の描写に採用されていると考えれば、家の前の野に死者を置くこともあったといえるだろう。

近き野辺

京都の例ではないが、『沙石集《しゃせきしゅう》』巻二第二話では常陸《ひたち》国中郡《ちゅうぐん》の家の十二、三歳になる小童が病気で死んだので「近き野辺へ捨《す》つ」とあり、『八幡愚童訓《はちまんぐどうくん》（乙）』下巻第四「仏法事」では、備後《びんご》国の住人覚円《かくえん》という僧が大般若経供養《だいはんにゃきょうくよう》の願を立てて石清水八幡宮《いわしみずはちまんぐう》に参籠《さんろう》したが流行病で死んだ。縁者もない貧乏人（無縁の者）だったので立派な葬送などはせず、「さかゞ辻」というところに「野すて」にされたが、数日をへて蘇生したという。この話は『明月記《めいげつき》』寛喜二年（一二三〇）三月六日条に類話があり、近年周防《すおう》国の小僧が八幡宮に参籠して大般若経書写《しょしゃ》の願を立てたが急死したので、同行たちが「郊原《こうげん》」に棄てたとなっている。これらのうち『沙石集』のはその家の子かもしれないが、他の例は他人のようで、その点では家族による風葬とは違いがあるが、民衆の間ではどちらにしても近くの野に放置することはさほど珍しいことではないようである。

しかし「皇都および道路側近」に「葬埋《そうまい》」してはならない、とする喪葬令《そうそうりょう》の規制は、右京の数か所で墓が発掘されてはいるものの数が少ないことから、おおむね守られていたと山田邦和氏は指摘している（「京都の都市空間と墓地」）。すると地上への放置はよいのかということになるが、埋めていないから葬埋ではない、などという屁理屈解釈を庶民がしていたわけでもないだろう。

鳥辺野など墓が造られる地に放置死体があったことは、前に紹介した『今昔物語集《こんじゃくものがたりしゅう》』巻三十一第三十話で尾張守《おわりのかみ》の縁者の女が鳥辺野に行って畳の上に横たわった話でも知られる。同じく『今昔物語集』巻二十第四十話では、義紹院《ぎしょういん》という奈良の元興寺《がんごうじ》の僧が京から元興寺に行く途中、夜立《よたて》の杜《もり》で墓の陰に隠れるようにして、藁薦《わらこも》を腰に巻いて臥《ふ》している法師がいた。義紹院はこれを見て死人かと思ったが、動いたとある。これらの話から十二世紀前半でも塚があるような場所に放置死体が置かれることは珍しいことではなかったと思われる。鳥辺野のような場所が風葬するにも適地だと思われてはいたのだろう。ただこの時代は土葬・火葬の墓を造るときも、特にかたまった共同墓地をなさず、あちこちに任意に造っていたのである。鳥辺野まで死体を持っていくことが困難なときは、近くの空き地を使うにもさほど抵抗はなかったのだろう。次に述べるような神泉苑の状況をみても、空き地に死体が多かったことはまちがいない。

神泉苑の死体

建久二年（一一九一）五月十三日、日照《ひで》りが続いていた。朝廷では二十二社への奉幣《ほうへい》や諸社諸寺での読経《どきょう》の他、神泉苑《しんせんえん》での読経や五龍祭《ごりゅうのまつり》（陰陽道《おんみょうどう》の雨乞《あまご》いの祭）の実施を決めた。ところが神泉苑は「死骸充満、糞屎汚穢《ふんしおえ》、あげて数うべからず」という状態であることがわかり、明日あさってのうちには確かに清掃するよう、検非違使別当《けびいしべっとう》の一条能保《よしやす》に申しつけた。

翌日になって、勝賢《しょうけん》僧正が担当官に語ったという。請雨経法《しょううきょうほう》をすべきところだが、現状では難しいだろう。永久五年（一一一七）に勝覚《しょうかく》僧正が行って以来、もう八十余年の間この法は絶えて行われていない。おそらくこの法が実施されたところを見たことのある者もいないだろう。まして神泉苑の近年の荒廃たるや、たとえ汚穢死骸を清掃したとしても、四方の壁もなければ四方の門を閉じて不浄を禁ずることもできない。まともに閉まるのは東門だけで、他は垣もろくになければ門の形もない。そんな場所で法を行っても法験《ほうげん》は期待できない（『玉葉《ぎょくよう》』建久二年五月十三日〜十四日条）。

神泉苑がいくら荒廃していても、そこに死体を運び込むのは検非違使庁配下の清目などではないだろう。路上の死体を清掃するときは河原などに持っていくはずで、神泉苑には棄てまい。すると、ここに死骸を置いたのは近くの人が風葬したか、または検非違使庁と無関係の民間人が家の前の死骸などを棄てたのかもしれない。どちらであるかは決めにくいが、風葬地化していた可能性はあると思う。前述の羅城門《らじょうもん》上層の死体の説話では、老女が女主人を置いたことになっていた。

なお、前にも紹介したように、神泉苑の東方にあたる閑院《かんいん》では十二世紀後半から十三世紀はじめにかけて六回の五体不具穢が起きている（写真3）。治承三年（一一七九）十二月、養和二年（一一八二）正月、寿永二年（一一八三）二月、文治四年（一一八八）四月、建久八年（一一九七）正月、建仁三年（一二〇三）二月であるが、神泉苑にそれほど死体が多かったのなら、これと関係があるのかもしれない。『京都の歴史』第二巻付図で見ると、神泉苑の東端部と閑院の西端部は直線距離で四五〇メートルほど離れている。四一頁でふれたように西洞院《にしのとういん》川は閑院のすぐ脇を流れているし、堀川《ほりかわ》も西に少し離れて流れている。神泉苑まではかなり距離があるが、この距離を犬が死体を持ち運んで来ることはありうる

写真3　閑院内裏跡付近（京都市中京区）

かもしれない。

＊　数百年のちの例だが、『実隆公記《さねたかこうき》』長享二年（一四八八）五月一日条に、このごろ禁裏に犬が死体をくわえて入ることが多いが、これは京中の人家が減少して、鴨川の河原と内裏の東門との間を隔てるものがないためだと大外記の中原師富《もろとみ》が言ったことが記されている。『後法興院記《ごほうこういんき》』『親長卿記《ちかながきょうき》』『お湯殿の上の日記』等によれば、この年の二月十一日と三月三十日の両度、犬が死体をくわえて内裏に入り込むことがあった。『後法興院記』同年四月二十七日条が載せる吉田兼倶《かねとも》の勘文にも「禁中の周辺が荒野なので、制止することは難しい」とある。当時の内裏は土御門内裏で、その東辺は高倉小路であるが、やはり『京都の歴史』第二巻付図で計ると、鴨川からの距離は八〇〇メートル近くにもなる。大外記の推測が正しければ、「犬行動圏」はこの程度の距離に達することがあるのだろう。院政期の平安京ではそれより短いことが多かったと思うが、神泉苑と閑院内裏までの距離は犬が死体を運ぶ圏内に入っていた可能性がある。

閑院では、あとで詳しくふれるが、永長二年

（一〇九七）三月にも五体不具穢が起こっている。このときは人間が穢物を持ち込んだ疑いもある。閑院は嘉保二年（一〇九五）十一月二日から永長二年（一〇九七）九月二十三日まで短期間里内裏《さとだいり》として使われていたが（橋本義彦「里内裏沿革考」）、その前後の数十年は使用されていないので、その期間に穢があっても記録されなかっただろう。このため五体不具穢の発生頻度を十二世紀後半と比較できない。しかし閑院の西隣りの堀河院《ほりかわいん》は堀河天皇（在位一〇八六～一一〇七）の里内裏として長期間使われており、この二つの邸第は同じ「犬行動圏」にあるように思えるのだが、堀河院の五体不具穢は天皇死後に中宮篤子《とくし》が引き続いて在住していた時期の天仁二年（一一〇九）四月の一件しか見つかっていない。

さきの勝賢僧正の発言によると永久五年（一一一七）に神泉苑で請雨経法が修されていた。『百練抄《ひやくれんしょう》』によると神泉苑での祈雨は仁安元年（一一六六）七月にも行われているが、安元元年（一一七五）の日照りには神泉苑で何か行ったとは書かれていない。安元三年（一一七七）四月には暴風があったが、この風は神泉苑から起こって善如竜王《ぜんにょりゅうおう》が池を去ったという話を伝えている（四月十八日条）。この直後の京都大火「太郎焼亡《たろうじょうもう》」でも神泉苑は被災した（『清獬眼抄《せいかいがんしょう》』）。一一七〇年代と八〇年代が最も荒廃していた時期とみられる。ただし文治二年（一一八六）五月十五日には神泉苑で祈雨の読経を行った（『玉葉』）。建久二年（一一九一）以後は改修されたようで、正治元年（一一九九）六月と八月に孔《く》雀経法《じゃくきょうほう》が修されたのをはじめ、『百練抄』の記載期間を通して鎌倉時代にはしばしば請雨が行われている。また『明月記』によると建仁二年（一二〇二）以後、後鳥羽《ごとば》上皇の神泉苑御幸が十月にはことに多い。建仁二年五月四日には院が神泉苑で猪狩りを行ったという記事もあるが、少なくとも死体が放置されるような状態ではなくなっていた。閑院の五体不具穢六回のうち最後の一回は神泉苑が復興していた時期にかかるから他の原因を探す必要もあるが、十二世紀前半期に閑院や堀河院の五体不具穢が少なく、後半に頻発しているのは神泉苑の状況に一因があったようにもみえる。

五体不具穢の発生記録から死体の分布を探ろうとすると、もとの放置場所がわからないことや、「犬行動圏」が不明確なことが制約となり、また五体不具穢自体、必ず記録に残されるわけではない。かつて秋山國三氏は古記録に見える火災記事から、平安京の人口密集度の推移を明らかにしようとした（『京都「町」の研究』第二章）。火災は記主の家から遠くてもかなり書き留められるし、場所も比較的よく記録されているが、五体不具穢はそこまでの正確さで死体の放置場所を示してくれない。

神泉苑以外では、安貞元年（一二二七）の疫病《えきびょう》時や寛喜三年（一二三一）の大飢饉のとき、藤原定家《さだいえ》邸の近くにあった東北院《とうほくいん》の境内に穢物が山のようになったことを定家が書き留めている（『明月記』安貞元年十一月十二日・寛喜三年七月二日・十五日条）。東北院はこの当時、焼失後再建されずにいる時期で、それを「利用」した穢物投棄であったらしい。

貴族の豪邸も荒廃すると死体が放置されることになったらしい。『延慶本《えんぎょうぼん》平家物語』（第五末、重衡《しげひら》卿関東へ下給事）によると、元暦元年（一一八四）三月、一《いち》ノ谷《たに》で捕らえられて関東へ護送される平重衡が久々目路《くくめじ》（渋谷越）を通るときに、平家一門が邸宅を焼き払って都落ちして以来荒廃している六波羅《ろくはら》の小松殿のようすを望み見ると、築地門《ついじもん》だけが残っていて、その内側では「犬・烏の引きしろう音」がした。重衡は平家の世だったころはこんなことがあるわけがなかったのにと悲しんだという。

犬や烏が物を引っ張り合う音がした、という表現で中に死体があることが暗示されている。平家の都落ちは前年の七月なので、そのとき何かの事情で死んだ人の死体ではないだろう。こういう荒廃した広い屋敷地にはじきに死体が棄てられるようになるという当時の様相が舞台装置として効果的に使われている。

京中に死人あるべからず

次に、(B)(C)と関連する、京内から汚穢不浄を清掃する活動についてであるが、大路の死骸は開放空間なので、そのまわりに穢を伝えることはない、というのは触穢に関する明法家《みようぼうか》の一貫した解釈である。しかし直接死骸に触れたりすれば穢になる。また何よりも不快であり恐怖を覚えるので、先に引いた藤原頼長《よりなが》の言のように、多くの人は迂回《うかい》して通っただろう。養和《ようわ》の飢饉《ききん》のとき、吉田経房《つねふさ》は帰宅途中に烏丸《からすま》三条を通ろうと思ったが、餓死者八人が頭を並べて死んでいると聞いて、通るのをやめた（『吉記』治承五年〈一一八一〉四月五日条）。

天皇の行幸《ぎようこう》にさいしては、あらかじめルートの検分を行うほか、先駆けする検非違使が穢物がないか目を光らせていた。堀河天皇は嘉承二年（一一〇七）七月十九日に死んだが、少し前の六月の大内裏行幸のとき、路頭に死人があったのを前陣《ぜんじん》の検非違使が取り棄てなかったのが天皇の死の原因の一つになったのではないかと藤原宗忠《むねただ》は思った（『中右記《ちゆうゆうき》』嘉承二年七月十九日条）。久安元年（一一四五）には近衛《このえ》天皇の行幸の途中、葬車が近衛陣の前を通る事件があって不吉とされたが、これに関連して藤原忠実《ただざね》は子息の頼長に、堀河院の御宇《ぎょう》に死人が行幸の路にあり、久しからずして崩じた、葬車ならなお不吉だと語った（『台記《だいき》』久安元年十一月十一日条）。

そもそも京中には死人があってはならなかった。永長二年（一〇九七）二月初めに、堀河天皇の春日社《かすがしゃ》行幸を三月五日に行うことが決まり、藤原宗忠が行事を奉行することになった。宗忠は一か月間準備に奔走した。二月十日には奈良へ下って天皇の御在所を決め、諸国に命じて道路を整備させた。行幸前日の四日、彼は再び南都へ下向し、天皇を迎える準備万端を調えた。ところが当日の五日になって都から手紙が来た。昨夜、内裏（閑院）の左近《さこん》の陣の床子座《しょうじざ》（床子は長椅子のような腰掛け）の前に死人の頭があるのが発見され、行幸は延引になったという。愕然《がくぜん》とした宗忠は翌日急いで京へ戻り、穢物の状態を詳しく聞いたあと、日記に「まず京中に死人あるべからず。何ぞいわんやその頭禁中《きんちゅう》にあるべきや。さらに犬の所為にあらず、大略、不覚凶悪の輩、ひとえにあい構うるなり」と、何者かの陰謀ではないかと考えた（『中右記』永長二年三月五日・六日条。なお、春日行幸は二十八日に行われた）。

「京中に死人あるべからず」という発言は、喪葬令の葬埋《そうまい》の禁止がこの時代にも忘れられていないことを示すし、またもちろん「葬埋」でない放置死体も含めて死人があってはならないとされていたわけだが、そうは言っても現に五体不具穢が頻発しているのだから、ここは切れてしまった宗忠が思わず建前を振りかざして「陰謀論」の枕にしたという感もある。なお、年表の対象外だが、十一世紀には大内裏や里内裏で頭が見つかることが何回かあり、延久元年（一〇六九）四月十三日には往還の下人《げにん》が死人の頭を大炊寮《おおいりょう》に投げ込んだという（『扶桑略記《ふそうりゃっき》』）。

穢が生じればいろいろと不都合が起きるのは間違いのないことである。五体不具穢が誰かの利益になるとすれば、宗忠が考えているように、行事を延引させて担当者に嫌がらせをしようとする政敵か、そうでなければ貴族のずる休みの口実ぐらいのものだろう。建仁三年（一二〇三）の元日、後鳥羽上皇の御所での拝礼に内弁《ないべん》の内大臣（藤原隆忠《たかただ》）と右大臣（藤原家実《いえざね》）の二人が五体不具穢と称して欠席した。前年の十二月二十五日に院のはからいで藤原（九条）兼実の子良経《よしつね》が摂政になったばかりだった。この記事は断簡で意味が取りにくいが、おそらく良経からこの話を聞いた父の兼実は、彼らは何か思うところがあって欠席したのだろうかと日記に書いた（多賀宗隼《たがむねはや》『玉葉索引』所引断簡、建仁三年正月一日条）。この件はグラフでは一件として扱ったが、少なくとも右大臣の藤原（近衛）家実は、自分の日記『猪隈関白記《いのくまかんぱくき》』の前年十二月二十九日条に「犬が北門の内に死人の頭を食い入れたのを今朝見つけた」と具体的に書いており、口実ではなさそうである。ただこの件は前年条で別に算定しているので、隆忠の方が口実ならグラフのカウントは一件減らす必要があるが、真相は不明である。一方、年表に掲げた他の五体不具穢の中には口実だったものが含まれているかもしれない。しかし記主の家で起きた五体不具穢は捏造《ねつぞう》して日記に書く必要もないわけで、実際に多発していたことは確かである。また五体不具穢が減ったところで、休みの口実ぐらい他にいくらでもあるだろう。

「京中に死人あるべからず」のスローガンばかりではなく、次章で紹介するように、貴族は自分の身内の葬列が京内を通過することも憚《はばか》っていた。そのためにわざと葬列ではなく平生《へいぜい》の通行のようにして歩いたほどだった。それほど死を忌んでいた彼らが、毎年自分の屋敷に犬が死骸の一部をくわえて来るような平安京の状況を容認していたのか。対策を取っていたのだろうか。もし対策を取っていたにもかかわらず効果がなかったのなら、次の時代にそれがなぜ急減するのであろうか。

検非違使と清目

京中に死人がないようにするために、院政期にはどのような対策が取られていたのだろうか。前述のように、京の清掃は検非違使が担当していた。これについては丹生谷哲一《にうのやてついち》氏の「検非違使とキヨメ」(同氏著『検非違使』)が多くの事例を集めている。ただ、丹生谷氏の掲げる事例を見ても、また私が見つけたそのほかの事例をみても、平安時代には平常時に検非違使がパトロールして、放置死体があればすぐ除去していたという証拠は見出しがたい。何か行事のときに行うことはあり、前記の神泉苑の死骸除去も雨乞いがあるというので行われていた。治承二年(一一七八)正月十七日には、後白河院が三井寺《みいでら》での灌頂《かんじょう》のために潔斎《けっさい》するというので、院御所《いんのごしょ》(法住寺殿《ほうじゅうじどの》)近辺の河原にある穢物を掃除するよう検非違使庁に指示した。この命令は保《ほ》という行政末端組織に伝えられ、来月一日に院が三井寺に行くまでの間、必ず清浄を保つよう命じられた。また近江《おうみ》に行くとき通る粟田口《あわたぐち》の掃除を山城拒捍使《こかんし》に命じた(『山槐記《さんかいき》』治承二年正月十七日条)。河原の掃除はこの例では、河原者などの被差別民に命じたのではなく、京の保々の住民を勤労奉仕に狩り出したようである。河原に死人があっても院御所に穢が及ぶことはないだろうが、犬がそこの死体を院御所に運び込むことを警戒したのかもしれない。そうだとすると、年表で法住寺殿に五体不具穢があったとされている寿永二年(一一八三)の例はその可能性がある。鴨川東岸の法住寺殿などの事例が少ないのは、平安京住民の死体は大部分が手近な西岸の河原に運ばれるからであろう。

三八頁にあげた『今昔物語集』巻十六第二十九話では、内野《うちの》の死人を棄てることを検非違使末端の放免が生侍《なまざむらい》をつかまえて命じていたが、このころはまだ大内裏は行事の場としては用いられていた。天皇の里内裏居住が多くなるに伴い、大内裏の一部が官庁の退転などで野原になったところを内野と言っていると思われるが、こういう場所で死人がみつかったので検非違使が出動したのであろう。院政期に大内裏の穢が多いのは、一部が「内野」化していたからだろうと先に推測した。もっとも、大内裏の内部に死体が置かれるようなことは稀で、またすぐに清掃されただろう。

鎌倉時代の『禁秘抄《きんぴしょう》』は滝口《たきぐち》の武士が蔵人の命でときどき犬狩りをしたと書いている。犬を捕獲して外に放す行事で、神事などがないときに行ったらしいが、『小右記』永観二年（九八四）十月六日条にも「犬狩りのことあり」とだけ書いてあり、大内裏（平安宮《へいあんきゅう》）に天皇がいたころから行われていたらしい。もっとも『枕草子《まくらのそうし》』の「上にさぶらふ御猫は」の段で、犬の翁丸が猫を脅したために一条天皇の命で蔵人《くろうど》二人に打ちのめされたときには、翁丸の悲鳴を聞いた「よろづの犬」が、何事だろうとようすを見に集まったとある。犬狩りをどれぐらいの頻度でやっていたかにもよるが、多くの犬が内裏のまわりを徘徊しているのは決して珍しくない光景だったようにみえる。また院政期には天皇は里内裏に住むことが多いので、滝口を使った犬狩りは里内裏では行われたとしても、大内裏では行われなくなったと思われる。多くの犬がうろついている状態で、もし大内裏内部に死体があれば内部の各官庁は穢の防ぎようがないだろう。実際に神嘉殿《しんかでん》や小安殿《しょうあんでん》など大内裏の中心部でも五体不具穢が発生してはいるが、通常は大内裏に出入りする犬の行動範囲に死体などはなかったと見ておきたい。

疫病流行のときは死体が大路に満ちるが、この清掃も検非違使が行った。『小右記』長和四年（一〇一五）四月十九日条では、北辺の大路に穢物がはなはだ多いというので、検非違使庁の官人に清掃を命じた。このころ疫癘《えきれい》のため京中に死ぬ人が多く、それらの死人は路頭に出されたという。

特別なことがなくても、大路にある死体は検非違使が河原に運ばせていたのではないかと思う。こういう場所に死体があれば貴族はその道を避けたし、その情報は伝えられていただろう。時代が下って、五体不具穢の多発期を過ぎるが、三九頁で紹介した『明月記』寛喜三年（一二三一）七月二十二日条で、路頭で殺された貴族の御曹司の死体が河原に運ばれていたのは、そういう日常の活動を示している。しかし京中の多くの空き地までたえずパトロールすることはできないだろうし、そういうところに死体があってもさほど問題視されなかったのだろう。それが犬によって貴族の邸宅に持ち込まれたとき、はじめて問題になるのである。なお、貴族の邸宅では「犬防ぎ」という施設を作って防御策をとっていたらしい。これは門に設置された柵のようなものと推定される。『枕草子』の「正月に寺に籠りたるは」の条にも見え、古くからあったが、これで犬を完全に防ぐことはできなかったのだろう。治承元年（一一七七）には平宗盛《むねもり》の宅の「門の犬防ぎの内」に死人の首が置かれるという事件があった（『玉葉』治承元年九月十四日条）。

処置に困る死体は、民間で「清目」に頼んで棄てさせることがあった。前述した故右少弁有業《ありなり》堂にいた夫婦の夫が死んだのを、妻が清目に頼んで棄ててもらったという『台記』の記事はその一例である。この件は『兵範記《ひょうはんき》』では「河原法師」が棄てたと書かれているので（仁平四年〈一一五四〉四月一日条）、河原者《かわらもの》と呼ばれる人々であろう。もう一つの例として、『明月記』正治二年（一二〇〇）閏二月十三日条によると、この日に藤原定家の嵯峨《さが》の家の東南の竹藪で死人の頭が発見されたので、嵯峨あたりに住む「浄目《きよめ》」に少しの物を与えて棄てさせたという。

さて、このような当時の状況をみた上で、それでは十三世紀前半に死体放置が劇的に減少するのは何を意味しているのか、という設問に戻るが、それを考える前に、まず当時の葬墓制の全体を眺めてみる必要がある。この二世紀の間に生じた変化を総体的に把握することで、はじめてこの現象の原因に迫ることができるだろう。

第3章　貴族の葬送儀礼(1)

臨終から出棺まで

1　臨終と遺体の安置

これまでの研究

犬に食われた死体の話ばかりが続いてうんざりした読者のための口直しということでもないが、本章と次章では院政〜鎌倉時代（ほぼ十二〜十三世紀）の貴族の葬式のようすを概観することにしよう。貴族の葬式はもちろん一般庶民に比べてはるかに立派なものであり、当時の庶民がしばしば野外に放置されていたことは既述した通りだが、貴族の葬式にみられる要素の中には、そののち一般に普及したものも少なくないし、反対に当時の民衆の間で行われていた習慣が貴族の葬式にも取り入れられていると思われる要素もある。

文献による貴族の葬送儀礼は豊富な史料が残されており、先行研究の蓄積もある。田中久夫《たなかひさお》『祖先祭祀の研究』、水藤真《すいとうまこと》『中世の葬送・墓制』、新谷尚紀『日本人の葬儀』、大石雅章《おおいしまさあき》「顕密体制における禅・律・念仏の位置」、最近の堀裕《ほりゆたか》「天皇の死の歴史的位置」「死へのまなざし」などがあるが、田中氏・堀氏の研究は主として古代〜摂関政治期を対象にしており、また水藤氏・新谷氏の著作はいずれも各事例を個別に取りあげて葬送の過程を概観するというスタイルで、一条天皇《いちじょう》のときはこう、藤原俊成《としなり》ではこうという書き方である。そこで本書では先行研究との重複をさけて、十二〜十三世紀の葬送儀礼を構成する要素を順を追って扱い、それぞれを多くの事例によって概観するというやり方をとった。本章は死体放置の急減の原因を探るという本書のテーマからはやや遠ざかるようにみえるが、古記録の葬送記事をできるだけ精細に読み解こうと思う。こうすることは現行民俗との対応を見るためにも有益だが、やってみると儀礼の個々の細部の考証は難しいこともわかった。成功しているかどうかは読者の判断にゆだねたい。また個別の事例について通して見るようにはなっていないので、それらは前記各氏の研究を参考にしていただきたい。

臨終

急死の場合は臨終《りんじゅう》の儀式も何もできないが、死が迫っていることがわかれば、本人も周囲もその準備をする。歌人藤原俊成は元久元年（一二〇四）十一月三十日に九十一歳で大往生した。二十六日に病気で危急の状態になったが、息子の定家《さだいえ》が駆けつけると、彼は鴨川《かもがわ》の東、法性寺《ほっしょうじ》に移りたいと言った。高熱があり顔の右側が腫《は》れていた。定家は遠いとは思ったが、九十をすぎてこの容態では助かるまいと思い、また京中では見苦しいとも考えた。この「京中まことに見苦しかるべし」という表現は、「京中に死人あるべからず」とも響き合う。京内では死に騒ぎも慎むべきだという感覚があったのだろう。俊成は車で法性寺に運ばれたとき、ほとんど前後不覚だったという。二十九日までは持ったが、この夜に雪をめでて休んだあと、翌日の明け方になって「しぬべくおぼゆ」と言った。定家は自宅に帰っていて死に目に会えなかったのだが、俊成の娘で定家の同母姉の健御前《けんごぜん》が側についていた。それが駆け寄って「念仏《ねんぶつ》して極楽《ごくらく》へまいらむと思食《おぼしめ》せ」と念仏を勧め、俊成は抱き起こされて念仏を唱えながら安らかに終わったという（『明月記』）。

阿弥陀如来《あみだにょらい》像の手に五色《ごしき》の糸を結び付け、その端を手にとって念仏を唱えながら死ぬ作法も輔仁《すけひと》親王（『長秋記』元永二年〈一一一九〉十二月四日条）、藤原宗忠《むねただ》の養母西御方《にしのおんかた》（『中右記』保安元年〈一一二〇〉九月十九日条）、藤原忠通《ただみち》の室宗子《そうし》（『兵範記』久寿二年〈一一五五〉九月十六日条）、吉田経房《つねふさ》の娘（『吉記』寿永二年〈一一八三〉十一月八日条）等、しばしば記録に見える。白河《しらかわ》法皇はかねてより弥陀の尊像と五色の糸などを用意していたが、容態が急変したので近侍の者たちも糸がどこにしまってあるかわからず、やっと仏像だけは御修法《みしゅほう》の壇所から迎えたという（『永昌記』大治四年〈一一二九〉七月二十日条）。葬式ではありがちなことである。皇嘉門院聖子《こうかもんいんせいし》は五色の幡《ばん》を手に取って死んだというが（『玉葉』養和元年〈一一八一〉十二月四日条）、これは源信《げんしん》の『往生要集』の臨終行儀に記されている作法で、仏像の左手に五色の幡をつなぎ、その脚を手に取るという。

死者の髪を剃《そ》ることは、平安貴族の記録には少ないが、これは老年になると多くの貴族が出家《しゅつけ》していることも関係しているだろう。病になると死ぬ前に出家することも多い。三橋正《みつはしただし》氏は、臨終出家は九世紀後半に天皇家から始まって貴族に広まり、院政期には死後出家がみられるようになると指摘している（「臨終出家の成立とその意義」）。死ぬ間際の出家としては、四条天皇の母である藻璧門院《そうへきもんいん》竴子《しゅんし》が死産ののちに二十五歳で死んだとき、事切れそうなようすを見た父の九条道家《みちいえ》は「髪を下ろして授《じゅ》戒《かい》せよ」と言い、僧が戒を授けた。このとき験者《げんじゃ》たちはまだ延命の加持《かじ》を続けていた。竴子には戒を保つという誓いの言葉を述べる力もなかったが、うなずいて合掌し、息を引き取った。そのあと女房たちが死者の髪を剃った（『明月記』天福元年〈一二三三〉九月二十日条）。

文治四年（一一八八）二月十九日に急死した藤原（九条）兼実《かねざね》の嫡子良通《よしみち》は、翌日になって高野山系の念仏聖である仏厳《ぶつごん》上人が来て受戒出家させた（『玉葉』文治四年二月二十日条）。このように死後の出家受戒も行われていた。

死の確認

まだ若い人の場合は、回復を祈って僧が加持祈禱を行うが、死が確認されるとこれも中止される。藤原宗忠の日記『中右記』によると堀河《ほりかわ》天皇は嘉承二年（一一〇七）七月十九日辰刻《たつのこく》（午前八時）、二十九歳の若さで堀河院で死んだが、そのあともまだ加持が続けられていた。巳刻《みのこく》（午前十時）に関白藤原忠実《ただざね》が宗忠を呼んで、「主上《しゅじょう》は実は辰刻に亡くなられた」と伝えた。宗忠は動転したが、忠実がまだ邪気《じゃけ》（もののけ）の疑いもあるし、人々を驚かせるなと言ったので内密にせざるをえず、一人で悶々とした。この邪気云々は、邪気に取り憑かれて息が絶えた人が加持祈禱で蘇生《そせい》する例があると考えられていたことをさし、藤原良通についてもそう言われている（『玉葉』文治四年二月二十日条）。堀河天皇の場合は、未《ひつじ》の一点（午後一時）になると加持を行っていた大僧正《だいそうじょう》が退去し、修法《しゅほう》や読経《どきょう》をしていた僧たちも解散した。ここに至って崩御《ほうぎょ》の情報が禁中《きんちゅう》に広まり、男女の近習《きんじゅう》が悲泣する声は聞くに忍びがたいものがあった（『中右記』嘉承二年七月十九日条）。『讃岐典侍日記《さぬきのすけにっき》』には、僧正が祈禱をやめて立ち去ろうとしたので、女房たちがどうしてそんなことをするのかと言って泣き叫んだとある。僧正の判断で、これ以上加持を続けても効果が期待できない、と見極めることが行われていたようで、ある意味ではこれが死の宣告ということもできよう。一条上皇が死んだときのことを『栄花《えいが》物語』（巻九）は「そこらの御修法の壇ども毀《こぼ》ち、僧どもの物運びののしる程、いともの騒がしう」と描写している。水藤真氏も加持の停止を死の時点とみている（前掲書）。なお、天皇が在位中に死んでも、死んだことを公表せずに生きている扱いにして譲位などを行うことが後一条天皇のときから行われるようになるが（堀裕「天皇の死の歴史的位置」）、もちろん生物的な死は関係者は認識しているので、ここでは天皇以外とも比較可能な死の定義という意味で事例をあげている。

鎌倉末期の伊勢神宮《いせじんぐう》の触穢《しょくえ》規定『文保記《ぶんぽうき》』は、息が止まった時点で穢が発生する、と規定している。触穢の制度は、息が絶えたのをもって死と判断していた。なお仁平三年（一一五三）四月に藤原頼長の十四歳になる娘が田楽《でんがく》の見物中に倒れ、まもなく死亡した。家から運び出した時はまだ身体が温かったので、穢にはならないのではないかという人もいたが、頼長は「人体の死生は閉眼をもって限りとなす」から、すでに穢れているとした（『兵範記』仁平三年四月二十八日・二十九日条）。

＊『延喜式《えんぎしき》』では葬式の日から三十日穢れると規定しているが、これは穢が続く期間の規定である。死体が家から運

び出されたのちは、家の中には穢の発生源はなくなるが、そのあとも三十日間は穢が続くという意味で、穢の始まりのことではない。

この時代の人々も、ある段階でこれは死んだと判断していたはずで、長期間死を認識できず蘇生を期待することは、遺族の心情としてはともかく客観的にはなかったと思われる。客観的というのは、葬儀の準備をするということである。葬儀とは、ある人間の死の世界への移行をこの世の人の立場から表現する儀式といえるだろうが、そのプロセスが起動するのである。

魂呼び

呪術的に蘇生を試みることもあった。万寿二年（一〇二五）八月五日、出産直後に赤斑瘡《あかもがさ》（はしか）のため東宮妃藤原嬉子《きし》がまだ十九歳で死んだときは、父の道長《みちなが》は陰陽師《おんみようじ》に命じて魂呼び《たまよ》（魂呼・魂喚と書かれている）を行わせた。嬉子の住居上東門院《じようとうもんいん》の東の対《たい》の屋根に登って、嬉子の衣を用いて魂呼びをした（『小右記』万寿二年八月七日条、『左経記』万寿二年八月二十三日条）。藤原実資《さねすけ》は「近代聞かざる事」であり、また太后彰子《しようし》（上東門院）のいる御所でこのようなことをするのは「もっとも忌みあるべきか」と論評している。めったに行われないことだったらしいが、このとき道長の悲痛は甚だしかった。嬉子が生んだ男子はのちの後冷泉天皇である。なおこれを行った陰陽師常守《つねもり》は上臈《じようろう》たちから、これは典拠のないことだから、実施者に祓《はらい》を負わせるべきだと言われたという。しかし大外記《だいげき》清原頼《より》隆《たか》が、ある書にこのやりかたが出ていると言ってくれたので事なきを得た。屋根に上って魂呼びすることは現行民俗では広く見られ、また特に産死の場合に魂呼びをする地方も多いので、連続性は明らかにみてとれるが、貴族の間ではこれ以外に実施例を見出しがたい。この例に関しては、古くから行われていた民俗がこのとき貴族社会に露頭をみせたものと思われるが、貴族の間には死の儀礼において民間の例を採用することに対してかなりの反発が起きることがあるらしい。実資は忌むべきことだといい、陰陽師の上臈は典拠がないと言っているが、魂呼びを忌む理由はよくわからない。御所でやるのは特にいけないように言われているのは、死霊《しりょう》を操作するような儀式だからだろうか。貴族がどのようなフィルターで民俗を選別していたのかは問題であるが、このことにはあとでまた立ちもどる機会があろう。

死者の安置

守覚法親王《しゅかくほっしんのう》（後白河院第二皇子）が書いたとされる『吉事次第《きちじしだい》』という葬式の作法書があり、広く知られている（『群書類従』雑部）。本当に守覚法親王の筆によるのかどうかはともかく、この書に書かれている儀式や習俗の多くは十二〜十三世紀の古記録によっても当時行われていたことが確認できる。女院《にょいん》の葬式を念頭に置いて書かれたものらしく、死後に御座を直すことの記述では、いつも側にいる「女房」六人または四人がこの役をする、とされている。以下はこれらの作法書も含めて見てゆくことにしたい。

死が確認されると、御座を直す。現在も行われているように北枕《きたまくら》にするのだが、『吉事次第』によると、畳の上に莚《むしろ》を敷いてその上に寝た状態で死んだ場合、四人で莚を持って少し持ち上げ、二人が畳を抜き取るという。また莚がなく畳の上で死んだときは、刀で表面の莚（畳表）を切り離し、それを持ち上げて、畳の中身の薦《こも》を取り捨てる。このとき畳の艮《うしとら》（東北）の角から切りはじめ、同じ角まで切る。艮は鬼門《きもん》といって、その角を通り過ぎないようにするものだという。

当時の畳は今日のように藁床《わらどこ》に畳表をつけたものではなく、薦十数枚を重ねて綴じ、表には藺草《いぐさ》で編んだ京莚《きょうむしろ》を被せ、裏には麻布《あさぬの》をつけ、白い絁《あしぎぬ》で裏打ちしていた。床の全面に敷き詰めるわけではなく部分敷で、大きさもいろいろあった。畳表だけを切り離してその下を捨てたり、畳を取り去って莚だけにして寝かせるというのは不思議にも思われるが、特別な意味があったのかどうかはよくわからない。もっとも入棺のときはこの莚ごと棺に入れるので、その便を考えてということにすぎないのかもしれない。

この莚を持って北枕にするが、もとから北枕で死んだ場合は下の畳を取り去るだけだという。畳を抜くことは藤原忠実の祖母（師実室《もろざね》）源麗子《れいし》の例では「畳を改め、莚に移し奉る」とある（『殿暦』永久二年〈一一一四〉四月三日条）。忠通の室藤原宗子のときも「御座の畳等を撤《と》り、筵一枚にこれを臥し奉る」（『兵範記』久寿二年〈一一五五〉九月十五日条）とあるなど多くの例が古記録にみえる。撤去した畳をどうするのかは明らかではないが、前述のように産死した藻璧門院の例では、出棺したあとだが、死者が寝ていたところの板敷（床）を削り取り、かんなくずを川に流したとか、莚の下の薦も切り刻んで同じく川に流したと書かれている（『明月記』天福元年〈一二三三〉九月三十日条）。板敷を削るということは他の史料に見えないので、産死という異常死と関係があるとも思われるが、『明月記』は「かんなくずは安元のときは川水に流した」と注記しているので、他にもそういうことがあったらしい。ただこの安元年間（一一七五〜七七）の例が誰のことかはよくわからない。畳については『吉事次第』も薦は「取り捨て」と書いているので、畳を捨てることはあったと思われる。

＊『実隆公記』長享二年（一四八八）五月二日条には、嘉楽門院《からくもんいん》の葬儀に際して、葬式の帰りに沓を脱ぐなどの故実について「安元信範記」を見たと書かれている。儀礼の記載に詳しいことで定評のあった平信範《のぶのり》の『兵範記』の現存しない部分に書かれていた女院の葬送記事を定家も実隆も見たのかもしれない。安元年間に死んだ女院は高松院、建春門院、九条院の三人がいるが、詳細記事が残された候補としては安元二年（一一七六）七月八日に没した建春門院平滋子《じし》が考えられる。建春門院は信範の兄時信の娘であった。しかし建春門院を含め三人とも産死ではないので、板敷を削るのは産死に限られないことになろう。

もし座った状態で死んだら、寝かせてそっと膝《ひざ》を伸ばす。このとき乱暴に伸ばしたりすると「あしきこと」があるので、少しずつ伸ばすようにと書いているが、「あしきこと」とはどんなことかはわからない。なお当時は「端座合掌」して念仏を唱えながら死ぬ人も珍しくなかった。

次に屛風《びょうぶ》や几帳《きちょう》を立てめぐらす。ただし障子（衝立《ついたて》）をめぐらした中で死んだ場合は、それに加えて屛風などを立てることはしない（『吉事次第』）。

逆さ屛風が現行民俗では行われるが、古記録で逆さと書いてあるものは目にしていない。『吉事次第』を漢文に改め、詳細化した『吉事略儀』（『群書類従』雑部）では、ふだん屛風を裏返しに立てるのを忌むとしているので、裏向きに立てることはあったようである。民俗例では、岩手県宮古《みやこ》市で死人は畳を上げて莚を敷き、その上に北向きに寝かせて、まわりに六枚屏風を逆さに立てる。屏風のてっぺんには座敷箒《ぼうき》を乗せるという（斎藤たま『死とものの け』）。これは平安貴族のやり方に似ている。土地によっては莚で死者を覆《おお》ったり蚊帳《かや》を吊《つ》ったりするところもあるが、死者に魔《ま》が近づかないようにまわりを封鎖するという意味であろう。

藤原嬉子が死んだときは、父道長らはしばらくその死が信じられず、北枕にすることもせずそのまま寝かせていたが、一夜明けたので、ようやく几帳や屏風を「様《さま》ことに（異）」させたという（『栄花物語』巻二十六）。

次に火をともす。枕の方に五、六尺離して、灯台を立てる。枕側に置けないようなら他の位置でもよい。もし夜に死んだら、はじめからともしていた火を用いる。昼に死んだ場合は火を打ってともす。この火は葬式の夜まで消さない（『吉事次第』）。なお後述のように、この火は葬式の前火《さきび》となる松明《たいまつ》に点火するのに用いられる。これが記紀のイザナギ・イザナミの神話にいう「一つ火」ということかもしれない。また二、三間離れたところに火鉢を置き、枕元の火を移すが、これは枕元の火が消えたときに再びともすためである。

次に名香を焚《た》く。大きな火舎《かしゃ》に枕元の火を移して焚くが、これも葬式の夜まで消さない。夏の間は、水気のない良い酢《す》を茶碗に入れて死者の鼻のあたりに置き、死臭を消す（『吉事次第』）。白河法皇が大治四年（一一二九）七月八日に死んださいには、源師時《もろとき》が堀河天皇のときも桶《おけ》に酢を入れて一、二か所に置いたと指摘して酢を用意させている（『長秋記』）。

古記録では死体を安置するとき衣を替えることもしばしば行われている。藤原忠通室宗子のときは、畳を取って莚一枚に寝かせたあと、綿入《わたい》れの衣を脱がせて生絹《すずし》の袿《うちぎ》で覆《おお》った（『兵範記』久寿二年〈一一五五〉九月十五日条）。鳥羽法皇のときは死後すぐ北枕に直し、もとの衣は脱がさずに衣で覆い、畳を撤去し、屏風を立て廻した（『兵範記』保元元年〈一一五六〉七月二日条）。皇嘉門院の場合はかねての望みもあり、二人の女房が綿入れの小袖《こそで》を脱がせて新しい小袖で覆った。脱がせるときは下の方からそっと引っ張って抜き取るようにしたという（『玉葉』養和元年〈一一八一〉十二月五日条）。これらの記事によると、替えたあとの衣はいずれも「覆う」とされているので、着付けをしたわけではなく単に被せたものである。皇嘉門院の例では、新しい小袖は体の左右や下の方によく押し合わせて、身が現れないようにした。またこの上に日ごろ着ていた袈裟《けさ》や念珠《ねんじゅ》を置き、その上から新しい袷《あわせ》の衣をかけて「御首を引き隠し奉る」とある。また『吉事略儀《きちじりやくぎ》』では覆わないと足が出るからだと説明しているので、死体を顕さないように、ということであろう。これは『今昔物語集』巻三十一第二十九話において殿上で急死した藤原貞高の霊が夢で実資に語ったように「死の恥」つまり自分の死体を他人に見られる恥があり、それを配慮したのか、それとも遺族たちが死体を目にしたくないということなのか、はたまた覆うことで魔、あるいはもっと現実的には虫などを近寄せないようにするためだったのかは史料からは判断しがたい。なお民俗例では死者の布団《ふとん》の上から衣を逆にして掛けることが多くの地方で行われている。

供膳

現行民俗では人が死ぬと大急ぎで枕団子《まくらだんご》を作ったり、枕飯《まくらめし》を炊いて供えるのが一般的で、枕団子はできあがりの色によって死者がこの世に恨みを残しているかどうかわかるとか、枕飯は死者が善光《ぜんこう》寺《じ》にお参りするための弁当だなどとしている。またこの枕飯や枕団子は葬列とともに墓地に運び、墓に供えるところが多く、これを鳥が早く食べると死者が早く成仏するというが、この時代にはそのような習俗は記録されていない。ただ、『吉事次第』より時代が下ると思われる真言系の葬祭作法書『葬法密《そうほうみつ》』(『日本教育文庫』宗教編)には、枕を返した(北枕にすることをそう言っている)あと「次に葬送に至るまで、常のごとく膳《ぜん》を供ふべし。次に手水《ちょうず》」とあって、膳と手水を死者に供えることになっている。これが現在の枕飯につながるものであろうか。

しかし寛弘八年(一〇一一)の一条上皇の葬儀では、山作所《やまつくりしょ》(火葬場)に着いてから手水と膳を供えたとある(『権記』寛弘八年七月八日条)。長元九年(一〇三六)の後一条天皇の葬儀でも同様に葬場で供えている(『類従雑例』)。ただ嘉承二年(一一〇七)の堀河天皇のときは七月二十二日の入棺の少し前に膳を供え、藤原敦兼《あつかね》朝臣が陪膳した。また別に葬場でも供膳した(『中右記』嘉承二年七月二十二日条)。白河法皇のときは入棺してから膳と手水を供え、葬場でも供えた(『永昌記』大治四年〈一一二九〉七月八日・十五日条)。藤原忠通室宗子(『兵範記』久寿二年〈一一五五〉九月十六日条)や鳥羽法皇(同、保元元年〈一一五六〉七月二日条)のように、遺言で供膳・手水・沐浴《もくよく》をやめるよう言い残した例もある。実は

『吉事次第』も、「御湯殿・御手水・物まいらすることは、あるまじ」と書いているのだが、この部分はそのような遺言をすでにしている特定の女院を念頭に置いたもののように見える。

古記録での供膳《くぜん》は飯を炊くのを格別急いでいないらしいことを考えると、この時代に死者に膳を供えることは民俗の枕飯のような特別な意味を持たされてはいないようである。このため単なる贅沢《ぜいたく》あるいは死後の人間には無用の儀式と考えて、やらないよう遺言する人もいたのだろう。現行民俗に近い枕飯がこの時代にもすでに民間で行われていたが貴族層には影響を与えていないのか、それとも後世に広まった民俗であるのかは、よくわからない。史料からは山作所での供膳（一条上皇）→入棺前後の供膳（堀河天皇・白河法皇）→北枕にしたあと供膳（葬法密）というように次第に膳を供える時間が早くなっているようにみえる。

念誦

死者の体の上や枕元に刃物を置くことは現在も広く行われているが、これもこの時代の史料には見えない。民俗では刃物は魔除けとされており、猫が飛び越えると死体が動き出すので刃物を置いてこれを避けるという俗信も広く分布している。中世前期には動く死体の怪異譚はあまり見られず、『今昔物語集』巻二十四第二十話くらいしかないのだが、岩波文庫『江戸怪談集』に収められた近世初期の怪談をひもとくと、その種の話が少なくない。すると死体が動き出すという怪異は中世前期にはあまり恐れられていなかったのだろうか。

しかし『吉事略儀』を見ると、死者を安置し、名香を焚き酢を置いたあとで「念誦《ねんじゅ》に堪《た》えたる近習の禅僧等、番して近辺に祗候《しこう》す御屛風の外」とあって、その説明に、安置している間は「呪を誦し、無人にしてはならない。これは後朱雀院のときに番人たちがちょっと座を外したら奇怪の事があったためである」と書いている。「奇怪の事」の詳細はわからないが、もし人間による狼藉《ろうぜき》だったのなら、対策として念誦はあまり効果がなさそうである。死体に何か怪異があったのだろうか。そうだとすれば、刃物の代わりにこの時代の貴族は僧に念誦させて、死体に魔が近づくのを防いでいたということだろう。

『吉事次第』は「いつも仕えていた人が屛風の外に祗候する。また元から召し使っていた僧なども祗候して真言などをすべきである」としている。

2　入　棺

沐　浴

民俗では数十年前まで、人が死ぬと死体を盥《たらい》の湯で洗った。これを湯灌《ゆかん》といい、盥には水を先に入れてから湯を足して適温にするとか、洗ったあとの湯は床下に流したり、日陰の場所に捨てたりするなどの作法があった。湯灌は血の近い者が行い、またこのとき死者の髪を剃《そ》ることが多かった。近代には手足を拭《ふ》く程度に形式化されたところが多いが、最近の葬祭業ではサービスの一環として湯灌をするところもある。

古記録でも「湯殿《ゆどの》」「沐浴《もくよく》」などと呼ばれる儀礼があるが、形式的なものである。『葬法密《そうほうみつ》』には「入棺の期にまず沐浴をする。死人の吉方《きっぽう》（勘文《かんもん》による）の水を取って大きな土器《かわらけ》に盛り、折敷にこれを据《す》えて、樒《しきみ》一枝を添える（または竹杖を用いる）。役人は亡者《もうじゃ》の傍にいて、水を持っている人の名を二度呼ぶ。水を持つ人は二度呼ばれたら答えて水を持参する。役人は樒に水をつけてその水を三度ばかり灑《そそ》ぐ。ある記によると、まず二足と左右の脇に振りかけ、次に背、次に面に灑ぐ」とある。古記録に見えるやり方はこの記述よりさらに簡単なこともあり、たとえば白河法皇のときは、近臣の藤原長実《ながざね》が樒の枝で顔に水を灑ぎ、それから北枕にし、ついで入棺という順序だった（『長秋記』大治四年〈一一二九〉七月八日条）。顔にだけ水をかけるのは、着物を脱がせたりしないですませるということであろう。他の記録では水をかける部位まで詳しく書いていないことが多いが、少なくとも民俗のように裸にして盥の湯で洗うようなことはしていないらしい。それは、洗う部位が書いてなくても、水を土器で運ぶとあって、湯にはふれていないからである。土器一杯の水だけで全身を清めるのは難しいだろう。

しかしそれでも儀礼の名称は「湯殿」とか「沐浴」というわけだし、『葬法密』によれば足や脇や背にも水をかけるという説があるので、本来は入浴のように死者を洗い清めるべきところが簡略化された、ということであろう。この時代の葬式は天皇や貴族の事例しか詳細な記録が残っていないが、これらの死者の葬儀は近親でない臣下がいろいろな役をする。しかし湯殿となると臣下がやるのは遠慮もあるため、自然と形式化されたということも考えられる。なお白河法皇に湯殿を行った長実は入棺にも参加し、また荼毘のあと遺骨を首にかけて香隆寺《こうりゅうじ》に送る役も務めており、法皇との親昵《しんじつ》ぶりが察せられる。

藤原俊成の葬式でのやり方をみると、俊成の近習《きんじゅう》の成安《なりやす》という小冠者《こかじゃ》（若者）が南方から水を杓《しゃく》に汲《く》んできて肩にかけ、地上に立った。僧が成安の名を二度呼び、成安は「おお」とだけ答えた。僧は杓の水を土器で受け、参入してその水を竹の葉で死者に灑いだ。それからこの杓と土器は砌《みぎり》の下つまり「アマタリ（雨垂り）」に置いた、とある（『明月記』元久元年〈一二〇四〉十二月一日条）。ここで水汲みの名を呼ぶのは儀礼的な感じがするが、民俗では水汲み役に「早く汲んでこい」とか「早く帰れよ」と呼びかけることが岩手県雫石《しずくいし》町（田中喜多美《たなかきたみ》「岩手県雫石地方」）や山口県萩《はぎ》市大島《おおしま》（桜田勝徳《さくらだかつのり》「波の橋立」所引『大島郷土誌』）で行われており、このためふだんは水汲みに早く汲んでこいと言うことを忌むという。言葉は異なるが、湯灌の水汲みに対する何か特別な感覚があったものだろうか。

またここで「雨垂れ」が見えるのも興味深い。民俗では岡山県和気《わけ》郡吉永《よしなが》町八塔寺《はっとうじ》では雨垂れの下の土をかけると死後硬直が解けるとか、富山県砺波《となみ》郡鷹栖《たかのす》村（現砺波市）では死者は四十九日まで雨垂れの水を飲んで迷っているといい（佐藤米司《さとうよねじ》「岡山市野殿の墓制」）、徳島県祖谷山《いややま》地方では出棺のとき棺を座敷から縁へ出すとき敷居《しきい》の上でちょっと休ませ、また雨垂れでも少し下ろすといい、雨垂れに置くのは三途《さんず》の川の渡りだと伝える（高谷重夫《たかやしげお》「祖谷山村の民俗」）。雨垂れは現世と他界との境界の象徴であった。沐浴に用いた杓や土器は死の世界に触れたものとみなされたのだろう。民俗例では柄杓は捨てるという土地も多い。

古い時代には貴族でも全身を洗う湯灌が行われていたのかどうかについては明確な史料がないが、嬉子《きし》が産死したときは「かくてうせさせ給へれば、むつかしうおぼしめさるらむとて」小式部《こしきぶ》の乳母《めのと》が自ら「御湯殿」をさせたという（『栄花物語』巻二十六）。藤原長家《ながいえ》室（藤原斉信《ただのぶ》女）が産死したときも「むつかしうてうせ給へれば、御湯殿などして」死産の子供も一緒の棺に入れ、子を抱いたようにして葬った（同巻二十七）。「むつかしう」は死者が不快感を抱いているだろう、という意味だが、産死なので特に湯殿をしたという。さきにあげた白河法皇や藤原俊成は普通の死に方だが、産死のような場合にはただ樒で水を振りかけるだけではない「湯殿」が行われたのかもしれない。

時代は下るが、丹波《たんば》国多紀《たき》郡（現篠山《ささやま》市）の太寧寺《たいねいじ》の住僧守勤《しゅごん》が文安四年（一四四七）に書き残した遺言には、自分が死んだらまず頭を剃り、それから湯で「頭より手足陰処に到るまで丁寧に」洗うよう言い残している（太寧寺文書、『兵庫県史史料編　中世三』）ので、一般的な意味での湯灌が少なくとも中世後期に行われていたことはまちがいない。

入棺

作法書でも古記録でも、沐浴のあとすぐ入棺することになっているが、これも現行民俗と同じである。棺の寸法は古記録でははっきり記されたものを見ていないが、『吉事次第』によれば長さ六尺三寸（約一九一センチ）、幅一尺八寸（約五四・五センチ）、高さ一尺六寸（約四八・五センチ）で、人により変化はあるが先例では多くはこの寸法だという。下に二つ「さんの足」がついていて、蓋《ふた》に「かつら」（葛か）があり、唐櫃《からびつ》のようだとある。「さん」が桟だとすると、底に桟のように横に角材を二本渡し、それを足として用いるということであろうか。唐櫃に似ているというのは蓋のことであろう。なお『吉事略儀』は棺は表裏とも漆《うるし》を塗って、液体が漏れないようにすると述べ、生前に吉日を選んであらかじめ作っておくよう指示しているが、実例では死んでから棺を用意するのが普通なので、漆など塗っていられない。古記録では棺は入棺の日の昼間作り、夜に入棺することが多い。

天皇・上皇の葬儀では輿《こし》を用いるが、古記録では輿の床の上に「すすり（須々利）」を置き、その中に棺を安置して、小屋形をかぶせている。ススリは棺を意味する古語だが、この場合は槨《かく》のように棺の外側にあって、輿の上で棺を固定する役を果たすものをさすらしい。後世の龕《がん》にあたるものか。天皇などの場合の「入棺役人」は六人または八人で、多くは殿上人が勤めるが、白河法皇のときは院近臣として知られる参議藤原長実・非参議藤原経忠という二人の公卿もこれを行った（『長秋記』大治四年〈一一二九〉七月八日条）。鎌倉末期の伏見《ふしみ》上皇ころから、僧が入棺するようになった（『伏見上皇御中陰記』）。

『吉事次第』によると棺には生絹《すずし》の覆いがしてあり、その上には綱にするための白布二段が四つに畳んで置かれている。棺は侍四人が舁《か》いて縁まで持ってくる。このとき別の侍二人が布脂燭《ぬのしそく》（携帯用の照明具）か松明《たいまつ》を持って前に立つ。布脂燭の芯《しん》は太くし、柔らかくひねる。堅くひねると消えることがあるが、再度ともすのを忌む。これは枕の火ではなく別の火をともすという。ただし『吉事略儀』では裏書の注でこれを否定し、布脂燭のときは必ず枕元の火を使うとする。

もし夏の間で安置期間が二、三日に及んだ場合は、香二合と土器《かわらけ》の粉を折櫃《おりびつ》に入れて侍五人が持ち、棺を舁く人につきしたがう。縁で入棺役人が棺を受け取り、死者の傍に置く。入棺役人は紙ひねりの脇帯《わきおび》（襷《たすき》）をするが、これは袖《そで》が棺に当たらないようにするためである。

棺の覆いと布の綱を取りのけ、蓋を開けて、まず夏の場合に用意した香と土器の粉を入れる。次に死体を棺に移す。役人六人が莚《むしろ》の四隅と左右の側について、莚ごと持ち上げて入れる。もし莚が棺の上から出たら、刀で切り、その切りくずは後ろの方に入れる。このときも艮《うしとら》の角から切る。切らずに裏側に折り込むこともある。

次に枕を納める。もし前から莚の上に枕があれば、死体を入れるときその枕のまま入れ、別には入れない。

次に引き覆いを覆う。梵字《ぼんじ》を書いた方を上にする。もとの袷《あわせ》の衣は取りのけずにその上から覆う。夏はもとの衣を除くこともあるが、それも引き覆いを覆ったのち、足の方から抜き取る。

次に土砂《どしゃ》（加持土砂）を入れる。引き覆いの上に、頭、胸、足の三か所に当てて散らし入れる（以上『吉事次第』）。

野草衣

この「引き覆い」であるが、古記録に「野草衣」という名で出てくるもので、梵字を書いた衣をい

写真4　『融通念仏縁起』下巻（クリーブランド美術館所蔵）

う。白河法皇の葬儀の記録に見えるのが早く、「真言《しんごん》などを書いたもので、これを覆った上に御守りや数珠などを置く。この引き覆いを野草衣という」とされている（『長秋記』大治四年〈一一二九〉七月八日条）。鳥羽法皇の葬儀に用いられたものは長八尺で表に真言が書かれており、頂から足に至るまで対応する真言が書いてあるので、体の各部にそれが当たるように覆うという（『兵範記』保元元年〈一一五六〉七月二日条）。この野草衣は全身をすっぽり覆うものであることがわかる。この衣で体の各部に真言を対応させるのは、光明《こうみょう》真言加持土砂のように体を通して死者を救済する、後世の経帷子《きょうかたびら》に通じるものということだろう。皇嘉門院《こうかもんいん》の葬儀に用いられたのは年来用意の品で、大原の上人本覚房《ほんがくぼう》が梵字を書いた唐綾《からあや》の単衣《ひとえ》だったという（『玉葉』養和元年〈一一八一〉十二月五日条）。なお『吉事次第』が夏はもとの衣を取り除くことがあると書いているのは、死者が暑くないようにということか。

皇嘉門院の入棺では野草衣で覆ったあと、安置している間に体を覆っていた袷の衣は引き抜いたが、その下の袈裟《けさ》や小袖《こそで》はそのままにした（『玉葉』）。藤原俊成の葬式で遺体を覆ったのは梵字を書いた紙だった（『明月記』元久元年〈一二〇四〉十二月一日条）。野草衣は「ののくさごろも」と読んだものと思うが、かなで書いた史料は管見に入っていない。この名には死者が草の間に放置されている趣がある。

十四世紀制作とされる『融通念仏縁起《ゆうづうねんぶつえんぎ》』下巻（クリーブランド美術館蔵）には良忍入滅《りょうにんにゅうめつ》の場面があるが、棺に納められた良忍の遺体は文字が書かれた白布ですっぽり覆われている（写真4）。これは衣に仕立てられているようには見えないが、野草衣の一種であろう。なおこの絵の棺はまわりの人間と比べると、寝棺にしては寸法が短いように見えるが、屈葬にしては棺の幅が狭く見えるので、単に絵師が短く描いてしまったのであろう。絵の右上には棺を運ぶ輿《こし》の一部が見える。

枕に関しては、古記録では「藿《かく》」の枕を用いる、とするものがいくつかある（『長秋記』大治四年〈一一二九〉七月八日条、『兵範記』嘉応二年〈一一七〇〉五月九日条）。この字は豆の葉という意味が辞書に出ているが、どのような枕なのかはよくわからない。民俗例では、新潟県古志郡山古志村《こしぐんやまこしむら》で納棺のさい、遺体のまわりの隙間に豆殻《まめがら》（枝についたままの大豆の殻）を詰めるが、これは棺の中で死体が動かないようにするのと、豆殻は燃えやすいからだという（須藤功《すとういさを》『葬式』）。この枕もそのようなものであろうか。ただ『長秋記』は「麻藿桶」と表記しているので、麻と関係があるものかもしれない。

棺にはこのほか、真言を入れた筒や前述した加持土砂（光明真言を唱えて加持した土砂）、三衣《さんえ》（袈裟《けさ》）などが入れられることも多い。土砂加持は鎌倉時代に盛行するが、古くは後一条天皇の葬儀で荼毘《だび》が終わったあと慶命《きょうみょう》阿闍梨《あじゃり》らが葬所の上に土砂を散らしており（『類従雑例』長元九年〈一〇三六〉五月十九日条）、藤原忠実の祖母源麗子の葬送では入棺のとき阿闍梨浄信《じょうしん》が土砂を進上するなど（『中右記』永久二年〈一一一四〉四月四日条）、平安時代からよく行われていた。

あまがつ

また死者の子供は「あまがつ（阿末加津）」を入れる。これは人形《ひとがた》で、白河法皇の葬儀のさいに源師時《もろとき》が書いているのによると、師時が形代《かたしろ》（あまがつ）のことを持ち出したが、鳥羽上皇はこれを入れるということをまったく知らなかった。宮中には案内を知る者がいないので師時が指示したが、黄蘗《きはだ》で五寸の人形を作り、竪紙《たてがみ》二枚に包んだものを鳥羽上皇のところに持参し、上皇がこの形代に息をかけてから入棺場所に送るよう指図した。上皇は葬儀の差配をしていた治部卿《じぶきょう》源能俊《よしとし》を召し、問答があった。

鳥羽上皇「棺に形代を入れると聞いたが、そのことについて今まで言わなかったのはなぜか」

能俊「形代は本院（白河法皇）のお子たちだけが入れるものと存じます。女院（待賢門院）は妊娠しておられるので憚《はばか》りがあります。宮たちは幼少なのでこれもよくありません。鳥羽上皇にしても、必ずしもお入れになる必要はないと愚考します」
鳥羽上皇「それが子としての礼であるなら自分はぜひ入れたいと思うが、そもそもこれは亡者のためにすることなのか、自分のためにすることなのか」
能俊「昔は墓を築くとき、肉親がみな墓に入って死んだものです。その例を模していま人形を入れるといわれています。不吉なことに由来するのでお勧めしませんし、障《さわ》りのある人は入れないのが常です」
この問答のことを聞いた師時は「能俊は賢者ではあるが、この説はすこぶる感心しない。これは人形をもって自分の身に代えるのだが、解除（祓《はらい》）と同じ意味である。どうして殉死《じゅんし》の例に従うということがあろうか」と論評している（『長秋記』大治四年〈一一二九〉七月八日条）。確かに能俊のいう起源説話は荒唐無稽だが、では師時の説が正しいかというと、あまがつは祓に使う人形のように捨ててしまうわけではないので、これも問題がある。現行民俗では夫が死んだとき妻の髪を少し切って入れることはかなり広くみられ、また同じ年に二人死者が出たとき、三人目が出るのを予防するために二人目の棺に人形を入れるとか、墓の傍に人形を埋めるという例も多い。友引《ともびき》の日に葬式を出さなければならない場合にも同様にすることがある。これらの民俗から考えて、あまがつも死者が生者を死の世界に連れていくのを防ぐために、生者の身代わりとして入れるというのが本来の意味であろうと思われ、その点では能俊の説が当たっているともいえるが、能俊も単に昔のなごりだとするだけで「白河院の霊が鳥羽院を引き込むのを防ぐため」とまでは言っていないし、考えてもいないかもしれない。院政期の貴族が本来の意味を知らないか、あるいは意識の埒外《らちがい》に置いて、いろいろ議論しているのは興味深い。

なお上皇が死んだ場合、新帝は憚りがあるとして、あまがつを入れないという（『類従雑例』長元九年〈一〇三六〉四月二十二日条、『兵範記』久寿二年〈一一五五〉七月二十七日条）。あまがつを自分の身の延長のように考えれば、それを死者の世界に置くことは危険だということだろうか。

藤原忠実の祖母（師実室）源麗子の葬式では、子の師通は早世していたので、孫の忠実だけが人形を入れた（『中右記』永久二年〈一一一四〉四月四日条）。

棺に蓋する

このほかの副葬品として『葬法密』は、男なら「男の衣服・枕・弓箭《ゆみや》・太刀《たち》・墨・筆」、女なら「女の衣服・枕・墨・筆・針筥《はりばこ》」を入れる、ただこれらは実物ではなく、形だけ真似たものである、としている。女性の被葬者のさい棺に糸と針を入れるのは古記録にも通例として出てくるが、男性で刀などを模した明器《めいき》を入れるというのは、貴族の場合はしないようである。『葬法密』は少し時代が下がり、武士の作法を念頭に置いているのかもしれない。ただこの書がこの箇所で「衣服は逆にして入れる。現在逆に入れたものは、冥途《めいど》では順になるのである」と書いているのは面白い。衣が逆というのは衽《おくみ》を左前にするということだろうが、他界がこの世界とは鏡像反転しているという考え方があったのだろうか。

入棺がすむと棺に蓋をする。『葬法密』は「打ち付くべからず」と、釘《くぎ》を打たないように書いているが、火葬の場合は葬場で蓋をあけて棺の中にも薪《たきぎ》を入れるのである。土葬の皇嘉門院のときは二か所を釘で打った。この釘はただ一打ちで打つのが故実だという(『玉葉』養和元年〈一一八一〉十二月五日条)。やはり土葬の藤原俊成の場合は釘は十本、石で打ったが、これも一打ちだという(『明月記』元久元年〈一二〇四〉十二月一日条)。

次に布二筋を綱にして棺をからげる。このやり方は作法書をみてもよく飲み込めないが、底の桟《さん》の内側に綱を通してからげ、真結びに一結びするらしい。綱が二本なので端が四本あるが、これは車に載せたとき、車の前後左右の柱に縛って棺を固定するのに用いられる。ついで覆いの生絹《すずし》を棺にかける。

『吉事次第』は「棺をからげるにも、棺の綱を車の方立《ほうだち》に結び付けるときも、二返しにはしないで、ただ一結びにする」と述べ、また葬車を曳く牛についても「遠いところでも一頭の牛を使い、途中で替えることはしない。総じて何事も(死者に関することは)再びはしないものだ」と書いている。釘一打ちもそうだし、枕元の火もそうであろう。反対に、沐浴の水を持ってきた人の名を二度呼ぶのは、それが生者であるということの確認であろうか。

なおこの綱は車内で棺を固定するのと、土葬のときはこの綱を持って棺を穴の底に下ろすためのものので、後世の善《ぜん》の綱のように人がそれにつかまって引くためのものではない。善の綱は室町時代には上層の葬式で普及するが、この綱と直接の系譜関係はないと考えている。

棺はこのあと再び北枕に安置し、火もそのまま置いて出棺を待つ。出棺は数日後のこともあるが、貴族の場合でもあまり日を置かないのが普通で、入棺後すぐ出棺ということも多い。

3　出棺

車を包む

早朝に山作所《やまつくりしょ》（火葬施設）の準備を開始する。葬送の夜（葬送は深夜に行う）、刻限に関係者は素服《そふく》（喪服《もふく》）を着る。当日の吉時に裁縫《さいほう》し、宮家や女房方は縁の上で、吉方に向いて着る。男は庭に出て着る。

次に仏を供養する。毎夕の例時作法《れいじさほう》をする僧が行う。

次に車を寄せ、車寄せには屏風を立てる。

車は包まない。前後の軒《のき》に白木を渡して簾《すだれ》を懸ける。裏返さない。

次に棺を車に載せる。役人六人が舁《か》き出して載せる。死者の頭を鴟尾《とびのお》（車体後部に出た二本の短い棒）の方にし、足を轅《ながえ》の方に向ける。棺をからげた布の綱二本の末を前後にして、左右の方立《ほうだち》（簾の左右にある木）の手形に結びつける。一結びにする（以上『吉事次第』）。

『吉事次第』は車を「包まない」としているが、古記録では通常、葬送の車は雨皮《あまかわ》（油を塗った絹布）で包み、車輪も手作《てづくり》の布で巻く。『類従雑例』では前斎院選子《さきのさいいんせんし》内親王のとき（長元八年〈一〇三五〉六月二十五日条）にも後一条天皇のとき（長元九年〈一〇三六〉四月二十二日条）にも車は雨皮で包み、車輪には手作の布を巻いたと書いているが、『栄花物語』巻二十一は治安四年（一〇二四）正月十四日に藤原教通《のりみち》室の葬送が行われたときのようすを「御車の輪などに絹まきなどする」としており、絹で巻くこともあったらしい。『吉事次第』が包まないとしているのは、後述するが葬列を平生《へいぜい》の外出のようにして行うことが当時多かったので、そのことをさすのだろう。葬列に関してこの書がほとんど記述していないことも、それを示している。

前後の簾については古記録でも『吉事次第』の記述のように軒に懸け、納言《なごん》以上の車で簾の内側左右に掛けて末端を外に垂らす下簾《したすだれ》も巻いておく。簾は裏返さない、と『吉事次第』は述べているが、実際に古記録に徴しても簾は軒に懸けるだけで、裏返すという記事は目にしていない。簾を上げるのは、鳥羽法皇の遺詔に「棺が簾の外に出るようなら、簾を軒に懸ける」（『兵範記』保元元年〈一一五六〉七月二日条）とあるように、寝棺が車の前後からはみ出すことがあるからだろう。しかし一般には簾を裏返してかけることも行われていたようで、そのため『吉事次第』はこのように注意しているのだろう。たとえば『延慶本平家物語《えんぎょうぼんへいけものがたり》』（第一末、成親卿流罪事《なりちかきょうるざいのこと》）には、新大納言藤原成親を流罪にするときの作法として次のようにみえる。

しばらくして追い立て役の官人が来て、車をさしよせ、早く早くと言ったので、新大納言は心ならずもお乗りになった。お車の簾は逆に懸け、後ろ向きに乗せ奉り、門外へ追い出した。まず火《か》丁《ちょう》一人がすっと近寄り、車から新大納言を引き落とし、祝《はふり》の笞《しもと》を三度当てた。次に看督長《かどのおさ》が一人近づいて、殺害の刀と称し、刀で二度突くまねをした。

火丁（火長）や看督長は検非違使の職名。人を流罪にするとき殺すまねをし、流人を死者になぞらえて扱うというのだが、車に後ろ向きに乗せるのも葬送作法で、『吉事次第』にも棺は頭を後方にして収めるとある。簾を逆に懸けることも実際に行われていたものだろう。ただし、ここの「逆《さかさま》」が上下逆の意味なら、裏返すのとは少し違うが、意味としては同様であろう。

車体を雨皮で包むのは、葬場に向かう間の暗闇で魔などが棺に取り憑かないようにするという意味があったのかもしれないと思うが、史料はそこまで説明していない。もっとも、天皇・上皇の葬式には輿を使うが、この輿は雨皮で包むという史料を見ない。また後述するが、存生時の外出のようにして葬送することがあり、このときは車を包まないらしい。すると車を包むのは葬列なので人目を憚るという以上の意味は特にないのかもしれない。

なお律令の「喪葬令」には轜車《じしゃ》を使うと書かれているが、古記録では通常の牛車《ぎっしゃ》を用いている。藤原師実室（忠実祖母）の源麗子のときは網代車《あじろぐるま》（『中右記』永久二年〈一一一四〉四月二十二日条）、藤原宗通のときは檳榔毛車《びんろうげのくるま》（『中右記』保安元年〈一一二〇〉八月六日条）、藤原忠通室宗子のときは常用の八葉の網代車（『兵範記』久寿二年〈一一五五〉九月十六日条）などとなっている。車は再利用せず、天皇の葬儀では破壊するのが普通である。『葬法密』は布施《ふせ》として牛を導師《どうし》に、車を呪願《じゅがん》に与えるとし、もし車を挙物《あげもの》つまり死者への献上物として破壊焼却する場合は、鞦《しりがい》を呪願の師に与える、としている。

前火の点火

藤原俊成の葬式では、棺の蓋をしたあと経典の供養と例時の作法があり、定家は形のごとく布施を与えた。それがすむと定家はじめ葬式に付き従う人たちは外に出て藁沓《わらぐつ》をはいた。近習の成安が松明《たいまつ》を手に取って棺の場所に行き、枕元の火でこの松明に点火して出てきた。次に棺を運び出し、それとともに従者の一人が枕元の火を持ち出して火を消した（『明月記』元久元年〈一二〇四〉十二月一日条）。

『吉事次第』では「然《しか》るべき僧が脂燭《しそく》に枕元の舎炉《しゃろ》（火舎）の火を移し、松明に点火する。侍の一人が松明を持って（火を）移し取る。この火は脂燭も松明も決して消してはならない。再び燃すのを忌む」としている。天皇の葬儀ではこの松明（前火《さきび》）は二人だが、一条上皇の例では権少僧都《ごんのしょうそうず》隆円《りゅうえん》と律師《りっし》尋円《じんえん》が前火役の二人から松明を受け取って殿内に入り、点火した（『権記』寛弘八年〈一〇一一〉七月八日条）。爾後の天皇の葬式でもほとんど僧がこの役を勤めているが、古くから僧でなければならないと考えられていたとすると、この火の移動は葬式における危険な瞬間の一つだと感じられていたように思える。

築垣を崩す

棺を出すときは、築垣《ついがき》の一部を崩して、そこから車を出す。これは多くの古記録に見えるが、出棺すべき方角を陰陽師が決めたらしい。しかしその方角に門がないから築垣を崩してまで出すというわけではない。たとえば近衛天皇のときは、乾《いぬい》（西北）方向の築垣を崩したが、これは「鷹司面の小門の西脇」とされており、近くに門はあったのである（『兵範記』久寿二年〈一一五五〉八月一日条）。輔仁《すけひと》親王の葬儀では築垣を破って車を入れ、棺を載せて出したあと、壊した築垣を修復している（『長秋記』元永二年〈一一一九〉十二月五日条）。

垣を破ることは庶民も行っていたらしい。仁平二年（一一五二）に崇徳院《すとくいん》の殿上の炊事人《すいじにん》の家で働く従者が重病になったが、主人は家で死なれると家が穢になって公事にさしつかえるため、家の後ろの畠（後薗）に仮屋を作って病人を収容した。そののち病人が死んだので、仮屋の傍の垣を壊して死人を運び出したが、炊事人は家と仮屋は別だから家の方は穢れていないと思って出勤した。しかし明法博士《みょうぼうはかせ》は、家も仮屋も同じ家の一部で、別々の門戸は持っていない、死んだあと急に垣を破却して門戸を作っているが、その前にすでに穢れていると判定したので、崇徳院御所と高陽院《かやのいん》が穢れてしまった（『兵範記』仁平二年四月十四日条）。かなり下の階層でも垣を壊して死者を出すことが行われていたことがうかがえる。

しかし隣家との間に垣根一本しかないことがあり、こういう場合はその垣を破って棺を隣家に入れるというわけにはいかないだろう。近衛舎人《このえとねり》の下毛野敦行《しもつけのあつゆき》が老後入道して西の京の家に住んでいたころ、隣家の人が死んだので弔問に行くと、死者の子息が「うちの門は非常に方角が悪いが、ここから出さざるをえない」と言った。敦行は「うちとの境の垣を壊して出してください。亡くなったお父上は年来何かにつけて私に情けをかけてくれました。恩返しです」と言った。これを聞いた喪主も躊躇《ちゅう》《ちょ》したし、また敦行の妻子は「とんでもないことを言う人だ。穀断ちして世を捨てた聖人でもそんなことは言わない」と非難した。しかし敦行は、やたらに物忌みをする人は短命で子孫もないものだ、恩返しの方が人間として大切なことだと言い、従者を呼んで中の檜垣《ひがき》を壊させ、そこから隣家の車を出させた。これを聞いた世間の人も賞賛したし、入道は九十まで長生きし子孫も栄えた（『今昔物語集』巻二十第四十四話）。自分の家との境の垣を壊すようなことは穀断ちの聖人でもしないと妻子が言っているが、単に穢が伝わるのを嫌うというより、もっと強い恐怖があるように思える。

『真名本曾我物語《まなぼんそがものがたり》』巻第六によると、曾我兄弟が母に最後の対面をし、置き手紙を残したあと、いよいよ出発しようとするとき、十郎が言った。「亡き人を取り出すには、常の門からは出さないようだ。我らは今は亡き人のようなものだ。出たあとで（その門から）幼い弟どもが出入りするのもかわいそうだ」

こう言って馬屋の後ろの垣の欠けたところから出た。下人どももこれを見て怪しいことだとは思ったが、日の塞《ふさ》がり（日によって悪い方角があるという陰陽道の忌み）を避けるのかと思ったので人にも言わなかった。

と見える。東国武士の間でもこれが普通に行われていたらしいが、ここでは小さい弟たちがその門から出入りするのを気遣っている。死者が出ていった門はそこを通る他の人に害を及ぼすと考えられていたようである。古くは長暦三年（一〇三九）に蔵人頭藤原資房《くろうどのとうすけふさ》の岳父で三河守の源経相《つねすけ》が死んだとき、同居の資房が東側の築垣を破って棺を出したが、資房一家は東の対に住んでおり、小さい子供たちには「恙《つつが》」があるとして、西側の曹司《ぞうし》に移したという（『春記』長暦三年十月十日・十一日条）。棺に

「あまがつ」を入れる話でも、小さい子が入れるのはよくないと言われていたが、子供の死亡率が高かった時代でもあり、子供を死の世界に触れさせるのを恐れたのであろうか。

またこの曾我物語の例では、死者を常の門から出さないということが重視されているが、出棺の方角よりも、普通の門から出すのを避けて築垣を壊すというのがこの儀礼の本質だったように思われる。民俗例では、出棺のとき棺は玄関からは出さずに縁側から出し、このとき葦《よし》や竹で作った仮門を通す地域が多い。この仮門は棺がくぐるとすぐ壊すのが普通である。四国などでは葬式のゆく道や墓地の入り口に鳥居形の門を設けることもあり、葬列がくぐるとすぐ門を壊して捨てる。これは死者が戻ってこようとしても、門がないので戻れないようにする儀礼と解釈されている。平安時代に築垣を壊し、そこから出棺するとすぐ塞ぐというのも、本来は死者の帰還を防ぐ呪法だったのかもしれないが、史料から言えるのは死者の出ていった門は何か悪しき力を帯びるらしいということぐらいである。

愛媛県上浮名郡《かみうけなぐん》小田町《おだ》野村では昔は死者は明き方から出棺していたので、もしも壁があればこれを破った。伊予郡の広田村《ひろた》でも方角をやかましく言い、壁を破ってその方位に出棺した。広田村ではそれを改め、カリトグチといって竹を門型に折り曲げたものを作って出すようになったと伝える（『愛媛県史　民俗　下』）。この例は仮門が築垣崩しの変化した形態であることを示唆する。

なお後述するが、この儀礼も葬列を平生の通行になぞらえて行う場合は行われないことが多かったらしい。

竹箒

棺が出ていくと、残った人々はすぐ竹の箒《ほうき》で（死者の）寝所などを払う。その塵《ちり》や箒は川に流す。塞がりの方角の川には流さない。また川がない場合は山野などに捨てる（『吉事次第』）。

古記録では久寿二年（一一五五）の近衛天皇の葬送で、出棺のあと留守居役の判官代家輔《はんがんだいいえすけ》がこれまで灯していた御所の灯火を消して別の火を供え、箒を取って掃《は》いたとあり（『兵範記』久寿二年八月一日条）、同年の高陽院藤原泰子の葬式でも出棺後に竹箒で御所を払った（『台記』久寿二年十二月十七日条）。翌保元元年（一一五六）の鳥羽法皇のときも竹箒が用いられた（『兵範記』保元元年七月二日条）。これ以前の記録では単に書き落としている可能性もあるが、かなり詳細な記録が残されている一条上皇・後一条天皇・白河法皇などの葬送の記事でも触れられていないので、久寿ころに始まったのかもしれない。ただ永久二年（一一一四）に藤原忠実の祖母の麗子が死んだとき、忠実は「亡者が家にあるときは家中の掃除はしない。また家中の人は沐浴しない」と書いている（『殿暦』永久二年四月十七日条）。これは出棺したら掃除する、とも取れるが、はっきりしない。

藤原兼実は皇嘉門院の出棺のとき「竹箒をもって御在所を払う、先例なり」と書いている（『玉葉』養和元年〈一一八一〉十二月五日条）。「先例なり」は「この儀礼の意味はよくわからないが、そうすることになっている」という程度のことであろうが、「先例」という以上、かなり前から行われていたような感じがする。

現行民俗では出棺するとすぐ箒で家の中から外に向かって掃き出す、というのはきわめて一般的である。一束の藁《わら》で掃き出すというところが多く、竹箒というのは現在はあまり聞かないようである。ただ熊本県阿蘇《あそ》地方では床板をはずして湯灌したあと、床下を一枝の竹箒で掃除し、大麦の種を蒔いてから床板をはめるという（松本友記《まつもとともき》「熊本県阿蘇地方」）。また隠岐《おき》島中村《なかむら》では葬列に竹箒（ガラバーキという）を一本ずつ持った人二人が参加するという（浅田芳朗《あさだよしろう》「隠岐国中村の葬礼習俗」）。これは記紀神話の天稚彦《あめのわかひこ》の葬送説話にみえる「持箒者《ははきもち》」を思わせるものがある。竹箒はかなり古い起源をもつものかもしれない。

また民俗例では出棺すると藁火を焚いたり、死者が使っていた茶碗を割って壊すことも一般的で、死者の霊を追い出すと伝承されていることも多い。

古記録にみえる竹箒もそういう絶縁儀礼であることは確かだが、十二世紀中ごろに新しく始まったというよりは、はるか以前からの伝統であると考える方がしっくりくる。もっとも、出棺時に火を焚いたり茶碗を割ったりすることは古記録では述べられていない。茶碗は食器の変遷という問題があるから別として、火を焚くことは昔からできるわけだが、史料は沈黙している。そうすると、出棺時の絶縁儀礼はよしんば古い起源だとしても、前にふれた魂呼《たまよ》び同様、たとえ民間で行われていても貴族の葬送儀礼の世界にはなかなか浸透しない性格のもので、それが十二世紀になって貴族の葬礼をも侵蝕してきたということもありうる。

竈神を送る

古記録に見える儀礼で興味深いのは、竈神《かまどがみ》を深山《しんざん》に送るというものである。これも出棺のあとすぐ行われた。藤原忠通室宗子のときは、葬送の日の九月十六日に送るべきところ奉行人《ぶぎょうにん》が忘れていて、二十一日になって行った。『兵範記』久寿二年（一一五五）九月二十一日条によると、

二十一日乙丑　故北政所（宗子）の御竈神などを、十六日に廃棄しなかった。奉行人が忘れていたという。今日そのことを行われた。竈神の神殿には、殿下（忠通）の竈神と北政所のが並んでおられる。どちらがどちらなのか区別する方法について尋ねられたので、私は答えた。右側が女の分である。これは故北大政所《きたのおおまんどころ》のときに沙汰《さた》があって分けられたときの例だ。いわゆる南面して坐すという場合、西の宝殿が妻になる。この旨を季兼《すえかね》朝臣のもとへ申し送った。日取りについても尋ねられたので、今日が吉日だと答えた。そこで法性寺《ほっしょうじ》の東の山あたりに仕丁《しちょう》に命じて送り捨てさせたという。釜はしかるべき寺々に施入し、他の物は焼き捨てたという。

これによると、竈神は夫婦別々で、死んだ妻の竈神だけを廃棄つまり山へ送ることがわかる。またこの記事で面白いのは竈神の並べ方で、南面して坐すとき西側が妻になるのが例だから、神の側からみて右（向かって左）が妻だと決めている。余談だが近世以後墓石が普及すると、夫婦いっしょの墓も多くなるが、その場合必ず向かって右が夫、左が妻になっている。これは単に縦書きで戒名を書く場合に夫が最初に来るようにということかもしれないが、もし夫婦が並んで座るときの並び方と関係があるとすれば、それはこの時代にまで遡るものなのかもしれない。

高陽院（藤原泰子）の葬儀の記事では、埋葬の経過を述べたすぐ次に「御竈神、深山に送られおわ

んぬ」と書かれている（『台記』保元元年〈一一五六〉七月二日条）。平信範《のぶのり》の妻が死んだときも葬儀の記述の次に「竈神一社、取り別《わ》きて山路に棄て置きおわんぬ」となっており（『兵範記』嘉応二年〈一一七〇〉五月十二日条）、藻璧門院《そうへきもんいん》の葬送では出棺のあと竹箒で掃いたり床板を削ったりしてから庁官に命じて竈神を深山に送り、それから山作所での葬儀という記載順序である（『明月記』天福元年〈一二三三〉九月三十日条）。これらの書き方から考えると、出棺後あまり時間をおかず、家人が葬儀に行っている間に家に残った者のうち誰かが竈神を山へ送り、日記の記主が家に戻ったときにはもう送られている、というのが一般的だったらしい。また竈神を送るということが女性の葬式のときにだけ書かれているが、南北朝期の中原師右《もろすけ》の例では康永四年（一三四五）二月六日に師右死去、その直後は『師守記』が欠失しているが、葬式後の二月九日に竈神を東山の霊山《りょうぜん》に送っている（『師守記』康永四年二月九日条）ので、女性に限ったことではない。

第4章 貴族の葬送儀礼(2)

葬送

1 葬列

葬列

築垣《ついがき》を壊したところから棺《ひつぎ》を積んだ車が出ると、人々は整列して葬場に、土葬のときは墓を造る予定地に向かう。葬列については『吉事次第《きちじしだい》』にはほとんど記述がないが、古記録に記された天皇・上皇の葬儀記事は詳細なので、ここでは少し時代が古いが、『類従雑例《るいじゅうざつれい》』に出ている長元九年（一〇三六）五月十九日の後一条《ごいちじょう》天皇の葬列を中心に述べる。院政期の天皇・上皇の場合もほぼ同様である。なお、後一条天皇は内裏《だいり》で在位中に死んだが、しばらくの間は生きている扱いにして（如在《にょざい》の儀《ぎ》）、仮安置所の上東門院《じょうとうもんいん》に移し、譲位を行ったことにした。したがって葬列は上皇の葬列ということになる（堀裕「天皇の死の歴史的位置」）。この葬列は上東門院から発した。

戌《いぬ》の四刻《よんこく》（午後八時三十分）、棺を安置していた上東門院に輿長《よちょう》（御所の上に輿を運ぶ役。殿上人）が輿《こし》を運び込む。あらかじめ壊しておいた東側の垣から搬入した。前火《さきび》役の藤原資通《すけみち》朝臣と藤原経長《つねなが》朝臣が松明《たいまつ》を持って進み、権少僧都済祇《さいぎ》が二人から松を受け取って、天皇の死後消していない灯火でこれに点火して両人に渡した。

藤原兼房《かねふさ》朝臣ら八人が輿の槨《かく》中に棺を置いて須々利《すすり》・小屋形を覆った。前大僧正慶命《きょうみょう》と権僧正明尊《みょうそん》が進み出て、明尊が呪願《じゅがん》した。

輿長が輿を舁《か》き下ろし、駕輿丁《かよちょう》二十人が担う。駕輿丁は四十人おり、交代して担う。輿長たちは輿の近くに立つ。

瓫《ほとき》を持った者が四人、輿の四隅に分かれて立つ。高坏《たかつき》の上に瓫を乗せて持つ。この瓫は焼香に使うもので、宇多《うだ》法皇の葬儀では「ただ瓫をもって焼香す、香輿《こうごし》を造らず」とされていた（『李部王記《りほうおうき》』承平元年〈九三一〉七月十九日条）。

焼香者四人がこれに添う。この四人は名香が入った生絹《すずし》の袋を首に懸けている。

垣の外で行列を作る。先頭は黄幡《おうばん》。黄色い絹の幡《ばん》で、真言が書いてあり、白木の竿《さお》につけられている。

次に松明を持つ者十二人。下臈《げろう》を先にして左右に分かれて並ぶ。この中には前火を持つ資通と経長の二人も入っており、二人は最後に立つ。

次に御前僧《ごぜんそう》二十人。これも下臈を先にして左右に分かれて並ぶ。

次に歩障《ほしょう》。これは貴人の外出のさい、人目にふれないようにするための移動する幕のようなもので、行障《ぎょうしょう》も似ているが、『類従雑例』などの葬送記事によると、歩障のほうが大きい。輿のまわりに行障があり、その外側に歩障が取りまいて進む。歩障は左右各四条あり、それぞれが六丈の長さである。一条あたり五人、計四十人がこれを運ぶ。

火輿《ひこし》。輿の中に小さな台を立て、その上に油を入れた坏《つき》を据《す》える。点火して二人で持ち、行障の外、歩障の中に立つ。

この火輿は古記録では「火輿・香輿」というように香輿とあわせて書かれていることが多いので、焼香用の火か。火葬の点火は前火の火を使うので、これではない。ただ松明は長い葬列の先頭を行くので、棺の近くは暗いであろう。この火で棺を運ぶ輿の付近を照明したり、魔を近づけないようにするという意味もあったのかもしれない。

行障。長さは一本あたり五尺で、一人が一本を持ち、十六人が輿の左右各五人、前後各三人立って輿の周囲をかこむ。

棺をのせた御輿は行障の中にある。

次に香輿。中央に轆轤《ろくろ》(回転台)を置いてその上に火舎《かしゃ》(香炉)をのせる。四隅には花瓶《けびょう》がついており、花を供える。火輿のように持ち、行障の外、歩障の中に立つ。

次に膳を入れた唐櫃《からびつ》二荷。御厨子所《みずしどころ》の仕丁《しちょう》が担う。

この次に本来は挙物を入れた唐櫃が続くはずだが、今回なかったのはいかがか、と『類従雑例』(左経記)の筆者源経頼《つねより》は批判している。挙物はアゲモノと読んだものか。葬送のさいに焼いて死者に捧げるもので、故人の身の回りの品であるが、車も挙物とされる。

次に関白左大臣藤原頼通《よりみち》・内大臣藤原教通《のりみち》ら公卿十名が衣冠《いかん》に巻纓《けんえい》（冠《かんむり》の後ろに垂らす纓《ひも》を巻いていること）、藁沓《わらぐつ》をはき、白木《しらき》の杖《つえ》を持って行列した。左大臣と内大臣は歩障の中だが、それ以外は歩障の外を歩いた。その後に諸司の官人が灯火をかざして歩障の外に行列し、大臣の随身《ずいじん》や一部の公卿も歩障の外を歩いた。諸大夫《しょだいぶ》などを含めてその数は数えきれないほどだった。

出棺場所の上東門院から葬列は土御門《つちみかど》大路を東進し、鴨川を渡って神楽岡《かぐらおか》近くの葬場まで歩いたが、その間の路傍には諸寺が幄《あく》や幔幕《まんまく》を張り、鳥居《とりい》を立て、香花灯明《こうげとうみょう》を供えて念仏した。すべて百五十余寺に及んだ。

平生の儀

貴族の葬列も、輿ではなく車で棺を運ぶことを除くと、天皇の葬列の規模を小さくしたものといえるが、上皇から貴族まで、平安時代には葬列を生きている人間の通行のようにして行う場合がある。これは史料の中ではいろいろな名前で呼ばれているが、ここでは、（如在《にょざい》の儀とまぎらわしいが）「平生《へいぜい》の儀」と呼ぶことにしたい。葬列をこのようにするのは、堀裕氏が明らかにしたように京内では葬列という形を取ることを憚ったためで、いったん京外の安置所に移して、そこから改めて葬列を出す形にするのである（堀裕「死へのまなざし」）。

平生の儀で普通の葬列と違う点としては、(1)出棺のとき築垣を壊さず、小門から出す。(2)前火がない。(3)途中で念仏を唱えたり磬《けい》を打ったりしない。(4)車を包まない。(5)車副《くるまぞい》は普通の外出のときと同様にする。(6)死者を送る人々は車や騎馬でつき従うことがある。(7)身分が高くても行障や歩障でまわりを囲わない。(8)上皇の葬儀でも輿を使わず車で棺を運ぶ――などがあげられる。

(1)は養和元年(一一八一)の皇嘉門院の葬送のさい、藤原兼実が「如在の例のときは、築垣を壊さないのが例である。ただし小門を用いる。よって東門を出棺に用いた」と書いている(『玉葉』養和元年十二月五日条)。他の例でも築垣を壊す例はほとんどないが、元永二年(一一一九)の輔仁《すけひと》親王の葬送のときは築垣を壊した(『長秋記』元永二年十二月五日条)。

(2)の例として、久寿二年(一一五五)の高陽院泰子《たいし》の葬列には前火がなかったという。泰子は白河の福勝院《ふくしょういん》の護摩堂《ごまどう》の下に埋葬されたが、藤原頼長《よりなが》は『李部王記《りほうおうき》』の延長八年(九三〇)の先例(醍醐《だいご》天皇)を検討して、土葬の場合には前火がないのだと結論している(『台記』久寿二年十二月十七日条。ただし現在の『李部王記』逸文にはこの記述はみえない)。前火の火を火葬の薪に点火するのに使うので、土葬では不用という議論であろうか。平生の儀の例に土葬が多いのも事実だが、前火とは言わなくても松明は随行している。前火と他の松明とは葬列内の位置や服装が違うのかなど、詳しいことは不明。

(3)は輔仁親王の葬送のときの記事で、葬列には前火や幡持ちもなかったが、前障(歩障のことか)が九本ついた。焼香者二人、松明を持つ人六人、車副二人で、念仏僧が前を歩いたが、念仏の声をあげず、磬も打たなかった。これは葬礼(葬列)として行わないからで、ただ微音に念仏を唱えたとある(『長秋記』元永二年十二月五日条)。

(4)は例が多いが、万寿二年(一〇二五)八月二十六日、産死した藤原長家《ながいえ》室(藤原斉信《ただのぶ》女)の遺体を九月十五日に法住寺に移したとき「こたみの御ありきの、例の様にありけれど、御車に物まきなどして」（『栄花物語』巻二十七）とある。「例の様」の場合は車を包まないのが普通だが、今回は車に物を巻いたということだろう。鳥羽法皇の葬儀では遺言で「御幸の作法、尋常の儀を用うべし」とされ、輿ではなく普通の車が使われたが、遺言には「車を便宜のよい場所につけ、その左右に屏風を立てる。本役人が棺を舁《か》き据《す》え、車の中に頭が後方になるように入れる。網代車《あじろぐるま》を用いるように。車は包んではならない。棺が車の簾《すだれ》の外に出るなら、簾は軒《のき》に懸ける。いつもの車を用いる。行障や歩障の類はいっさい禁止する」として、車を包むなと明記されていた（『兵範記』保元元年〈一一五六〉七月二日条）。

(5)は車副の人数がふだんと変わらないことをいう。高陽院藤原泰子の葬送では「御車副常のごとし」で、五位以下の侍《さむらい》が八人ついた（『兵範記』久寿二年〈一一五五〉十二月十七日条）。葬列では車副は少なく、二人〜四人が普通である。この泰子の葬送について、藤原頼長は「みな元からの車副である。これはいかがか」と批判しているが（『台記』同日条）、その意味はよくわからない。ただ、はるかのちの長享三年（一四八九）三月二十六日に近江鈎《まがり》の陣で死んだ将軍足利義熙《よしひろ》（義尚《よしひさ》）の死体は三十日に多くの軍勢に守られて京に帰ったが、このとき輿舁きたちが「死人は舁かないのがわれわれの法だ」と主張したため、等持院の力者が舁いたという（『親長卿記《ちかながきょうき》』）。泰子の例でも生前の車副を死者に付き添わせるのは不祥とされたのかもしれない。

(6)の例として皇嘉門院の葬送が「尋常の御幸の儀」で行われたが、藤原兼実は、こういう場合は

「道筋では歩行しないのが先例である。また路程が長く川もあるので、その方が具合がいい」と言って、子の良通とともに車に乗って葬送した（『玉葉』養和元年〈一一八一〉十二月五日条）。待賢門院璋子のときは「その儀生存のごとし、ただし群臣歩行す」（『台記』久安元年〈一一四五〉八月二十三日条）とあるが、通常の行啓では供奉《ぐぶ》の者が後続の車に乗ったり騎馬したりするが、このときは歩行し、その点では普通の葬列と同じである、という意味である。

(7)(8)は前頁の鳥羽法皇の遺言に書かれている。

2 火　葬

山作所

再び後一条天皇の葬儀に戻ることにする。原文の順序と異なるが、ここで『類従雑例』が葬式の記事のあとに記述している山作所《やまつくりしょ》の構造を説明する。四面に切懸《きりかけ》（後述）を立て、荒垣《あらがき》にする。これは方三十六丈、高さ六尺で、手作の布の幔《まん》をその上に引いてある。南面に鳥居《とりい》を立てる。高さ一丈三尺、幅一丈二尺で、帛絹《きぬ》の幌《ほろ》を懸ける。

荒垣の内側にまた切懸を立てて内垣とする。方二十四丈で高さは荒垣と同じ。生絹《すずし》の幔を垣の上に引く。この南面にまた鳥居を立てる。寸法は前の鳥居と同じで、やはり帛《きぬ》の幌を懸ける。

外門の（内側の）西脇に四間の平屋一宇を建て、葬場殿とする。高さ八尺、幅七丈八尺。これは南側の垣に寄せて建てる。この南と西には切懸を構える。帛絹の幔を四面に懸け、屋上もこれで覆う。長莚を板敷の上に敷きつめ、中央の間には高麗端《こうらいべり》の畳二枚を敷いて天皇の棺を置く御座とする。

内垣の中央に貴所屋《きしょや》（火屋《ひや》）を造る。幅一丈五尺、長さ二丈、高さ一丈二尺。南北方向を妻《つま》とする。帛絹の幔で屋上を覆い、同じく絹の帽額《ぼうがく》（不明。一一七頁参照）を四面に引き渡す。手作の布の綱を四隅に取り付け、これを張り渡す。屋の中には炉《ろ》を設ける。炉は底に莚を敷き、莚の上に手作の布を敷き、その上に絹を敷いて、その上に薪を積む。炉の四面には帛を引き、四方に帽額を敷き、その下に手作の布の帽額を引く。

大桶に水を入れ、炉の四隅に置く。桶のそれぞれに杓《しゃく》と箒《ほうき》を添える。

内外の垣の内側には白砂を敷く。

外門の外の左右に七丈の幄《あく》（天幕）を立てる。右のは屋根つきで板敷を構え、四面に幔を引いて公卿座とする。左のにはただ莚や萱《かや》などを敷き、幔を引いて御前僧の座とする。

この山作所のようすは先例とは非常に違うが、寛弘八年（一〇一一）の一条天皇の葬儀の例によってこうしたという。葬儀後、行事の藤原資業《すけなり》朝臣は山作所に使った絹、布、材木などを近辺の諸寺に分け与えた（以上『類従雑例』）。

切　懸

この記述によると、山作所は二重の荒垣《あらがき》に囲まれ、中央に貴所（火屋）、外側の塀の外に公卿座・僧座があるという。荒垣は切懸を立てたものだとされている。切懸とは一般に横板を羽重《はがさ》ねに張った板塀と解釈されているが、五来重《ごらいしげる》氏はこれは竹を切って立て並べた垣根で、枝が少し出た状態で切られているので切懸の名があると考えている（『葬と供養』五八六〜五八七頁）。『日蓮聖人註画讃《にちれんしょうにんちゅうがさん》』の火葬場の絵に見える垣が切懸だと思うが、これによれば板を羽重ねに張るという一般的な解釈でよさそうである（一一〇頁の写真5）。ただ、これは戦国時代の絵巻なので、荒垣も変化しているかもしれない。

あとで述べる火葬過程の記事では、荒垣の内側に行障を引きめぐらしたとある。これは荒垣だけでは視界をさえぎることができないため、そうするのだろう。『日蓮聖人註画讃』でも荒垣の外側に幕をめぐらしている。したがってこの羽目板《はめいた》には少なくとも隙間があることは確かだと思われ、それが「荒垣」の名の由来かもしれない。天皇の葬儀なら、きちんとした板塀を立てることもできるだろうが、なぜ「荒垣」なのだろうか。

『玉葉』の承安二年（一一七二）閏十二月二十一日条では、犯土《ぼんど》つまり土を掘る禁忌を問題にしたとき「切懸は犯土にならないが、ハタ板（鰭板。羽目板）も同じことか」と設問し「ハタ板はこれを忌まなければならない。切懸は、昔は柱を立てなかった。よって忌まなかった。今の世では大きな掘っ立て柱をするが、それでも切懸という名があるから忌まないのである」と書いている。昔の切懸は土を掘らずに立てられたということから、台つきの支柱をもつ移動可能な垣だったのだろう。これと比較されているハタ板は、普通の板塀かと思われる。

ここで切懸は犯土にならないとされているのは重要かもしれない。この時代には土用《どよう》には土を掘るような工事が禁忌とされ、土葬もできなかった。しかし火葬は可能だったことが『中右記』保安元年（一一二〇）九月二十七日条などによってわかる。前の日に藤原宗忠の養母西御方が日野南二十五三昧地で火葬にされたが、土用だが火葬は忌まないと陰陽助《おんみようのすけ》の賀茂家栄《いえよし》が内々に教えてくれた。しかし火葬の火が土に当たらないように、まず柴《しば》を地に敷いてその上で火葬にしたという。また鳥居の柱も土を掘って立てず、仮に立てたという。すると土用の間も火葬はできるが、地を掘ることはできないので、切懸のような移動可能な柵を用い、それが土用でない時期の葬式にも一般化したことは考えられる。

　また、このような荒い垣を使うこと自体に象徴的な意味があったのかもしれない。ひとつの推測は、この荒垣が山作所《やまつくりしょ》の「ヤマ」を表しているのではないか、ということである。民俗例では、新潟県柏崎《かしわざき》市で火葬するために藁《わら》を積み上げた施設をヤマといい、これを作ることをヤマツクリという（『柏崎市史資料集　民俗編』）。また、白河法皇の葬儀のとき、野次馬《やじうま》が乱入して行事を妨げたが、彼らは「また荼毘《だび》の間、あるいは山上に登り、あるいは貴所《きしょ》に入る」とされている（『永昌記』大治四年〈一一二九〉七月二十四日条）。貴所と対句になっていることから、山上は近くの山の上ではなく、葬場を囲む荒垣の上によじ登ったという意味かもしれない。そうだとすれば荒垣の囲いをヤマと呼ぶこともあったのだろう。ただ『日蓮聖人註画讃』に見える荒垣に人が登れるかどうかはやや疑問である。

　ただし山作所はもともとヤマを作る官司《かんし》が本来の意味で、ヤマとは山陵のことだったであろう。醍醐天皇の葬儀は土葬だったが、『李部王記《りほうおうき》』の記事では「山作所が山陵に率都婆《そとば》三基を建てた」などと記されている（延長八年〈九三〇〉十月十二日条）。しかし平安後期以後の古記録では天皇・上皇を火葬する施設全体をさして山作所という。この段階で荒垣で囲まれた施設をヤマと称するようになったとも考えられる。

いずれにしてもこの時代には常設の火葬場はなく、一回ごとに施設を作っていた。このように荒垣で囲んで上に絹《きぬ》を懸けたりする高級な施設でなく、たんに棺のまわりに燃料を積み上げても火葬は可能なので、鎌倉時代の一《いち》の谷《たに》中世墳墓群遺跡などでも火葬遺構は多く発見されている。この遺跡の火葬遺構は比較的浅い（五チセンから五〇チセン）土坑《どこう》を掘って一回だけ使用したものが多いという（『一の谷中世墳墓群遺跡　本文編』三四八〜三五一頁）。

一般民衆の場合、施設より燃料の方が調達が難しいことがあったと思われる。藤原良通《よしみち》の火葬のときは薪ではなく藁が燃料とされたが、父の兼実《かねざね》は「これは近代の工夫で、第一の上計だという。詳しく尋ねて記す必要がある」と日記に書いた（『玉葉』文治四年〈一一八八〉二月二十八条）。奇《く》しくも同じ年に鎌倉でも藁を用いた火葬が行われた。頓死《とんし》した窟《いわや》堂《どう》の阿弥陀仏房という聖《ひじり》を勝長寿院《しょうちょうじゅいん》の供僧《くそう》良覚《りょうかく》が沙汰して入棺し、藁で火葬したという（『吾妻鏡』文治四年十月十日条）。前掲の『柏崎市史』によると、この地方でも昔の火葬は藁で行ったが、昔から死んで火葬にされることを「七十五束のわらを担いだ」と言い、最低七十五束は必要とされていた。藁を村人が持ち寄ることも行われていた。藁に燃焼上の利点があるかどうかはよくわからないが、入手はしやすいだろう。

葬場殿については、それが外側の切懸の内部にあることは次に紹介する火葬の記述によってもわか

写真5 『日蓮聖人註画賛』巻5（本圀寺所蔵）

る。また白河法皇のときの『長秋記』の記事では葬場殿を「清庭《きよにわ》御所」と呼んでいるが、原文「件清庭御所在外荒垣内鳥居西腋三間板葺竹庇屋也」とある（大治四年〈一一二九〉七月十五日条）。これは「くだんの清庭御所は、外の荒垣の内、鳥居の西掖《にしわき》にあり、三間、板《いた》葺《ぶき》、竹庇《たけびさし》の屋なり」と読めば意味が通り、外側の荒垣より内側にあったことが確かめられる。

額打論

後一条天皇や白河法皇のときの山作所は二重の荒垣で囲まれたもので、門は外と内との二か所である。しかし後世になると、一重の垣の四方に一つずつ門をつけた四門形式になった。変化した時期は明らかではないが、戦国時代にはそうなっていた（『明応凶事記《めいおうきょうじき》』）。四門は発心《ほっしん》門・修行《しゅぎょう》門・菩提《ぼだい》門・涅槃《ねはん》門の四つで、後世真言宗などでは四門に順次棺を出入りさせる儀礼が行われた。天文五年（一五三六）制作の『日蓮聖人註画賛』には四門形式の火葬場のようすが描かれている（写真5）。

これに関連して一つの説がある。永万元年（一一六五）七月二十八日に死んだ二条上皇の葬式が八月七日に行われたとき、延暦寺《えんりやくじ》と興福寺《こうふくじ》の僧が席次を争う「額打論《がくうちろん》」があった（『平家物語』巻一）。この事件は流布《るふ》本、覚一《かくいち》本、延慶《えんぎよう》本、源平盛衰記《げんぺいせいすいき》など平家諸本でほぼ共通するが、流布本（角川文庫）によると、七月二十七日に没してすぐその夜に蓮台野《れんだいの》の奥に葬ったことになっている。

御葬送の夜《よ》、延暦・興福《こうふく》両寺の大衆《だいしゆ》、額打論といふ事をし出して、互に狼藉《ろうぜき》に及ぶ。一天の君崩御なつて後、御墓所《ごむしよ》へ渡し奉る時の作法は、南北二京の大衆ことごとく供奉《ぐぶ》して、御墓所の廻《まわり》に、わが寺々の額を打つことありけり。先づ聖武《しようむ》天皇の御願《ごがん》、争ふべき寺なければ、東大寺の額を打つ。次に淡海公《たんかいこう》の御願とて、興福寺の額を打つ。北京には、興福寺に向へて、延暦寺の額を打つ。次に天武《てんむ》天皇の御願、教待和尚《きようだいかしよう》、智証《ちしよう》大師の草創とて、園城寺《おんじようじ》の額を打つ。しかるを山門《さんもん》の大衆、如何《いかが》思ひけん、先例を背《そむ》きて、東大寺の次、興福寺の上に、延暦寺の額を打つ間、南都《なんと》の大衆、「とやせまし、かうやせまし」と僉議《せんぎ》する処に、こゝに興福寺の西金堂衆《さいこんどうじゆ》、観音坊《かんのんぼう》・勢至坊《せいしぼう》とて聞えたる大悪僧二人ありけり。観音坊は、黒糸縅《くろいとおどし》の腹巻に白柄《しらえ》の長刀茎《なぎなたくき》短かにとり、勢至坊は萌葱縅《もよぎおどし》の鎧着《き》、黒漆《こくしつ》の大太刀持つて、二人つと走り出で、延暦寺の額を切つて落し、さん〴〵に打ち破《わ》り、「嬉しや水、鳴るは滝の水、日は照るとも、絶えずとうたへ」とはやしつゝ、南都の衆徒《しゆと》の中へぞ入りにける。

（巻一、額打論の事）

というものである。『百練抄《ひゃくれんしょう》』には「延暦寺僧下洛し、清水寺を焼き払う。これ一条院御葬礼の夜、諸寺念仏群参の時、興福寺の僧、延暦寺の額板を打破するの故とうんぬん」（永万元年八月九日条）、『帝王編年記《ていおうへんねんき》』には、七月二十八日に亡くなって八月七日に香隆寺《こうりゅうじ》の艮《うしとら》の野に葬ったが、その夜延暦寺と興福寺が「額論」をしたので、九日に山門の衆徒が下洛して清水寺を焼き払ったと記している。『平家物語』は葬式の日付を誤ってはいるが（ただし延慶本は正確である）、これに近い事件は実際にあったらしい。

五来重氏はこれについて、二条上皇の葬儀のころに二門式から四門式への移行があり、額打論で東大寺・興福寺・延暦寺・園城寺の四寺の席次が問題になっているのはそれによると解した（『葬と供養』五八〇～五八四頁）。この説は魅力的である。また、二門形式だった白河法皇の葬儀で、垣の外の「寺額」が破損していたという史料がある（『長秋記』大治四年〈一一二九〉七月十五日条）。原文は「垣外所寺額未修、夜破運《ママ》退去」（史料大成本）となっていて意味が取りにくいが、荒垣の外に寺額があって、それが破損していたのだろうか。後一条天皇のときには外側の垣の外に公卿座と僧座が設けてあったので、ここもそのような配置で、僧座に額があったのかもしれないが、それなら僧座の寺額と書くであろう。

ただこれらの記述では額のところに門があったかどうかは不明であり、また額には寺院名が書かれていたようである。実際に四門形式の葬場が史料に現れるのは十五世紀末にまで下るので、『平家』のはその前段階にあたるもので、葬場の四方に各寺院が額を打って読経を行ったということかもしれない。

なお、『平家』は「御墓所」と書いているが、二条上皇が火葬にされたことは、その遺骨が嘉応二年（一一七〇）五月十七日にようやく香隆寺本堂から三昧堂《さんまいどう》に移されたという『百練抄』の記事で明らかであり、火葬場を墓所と書いているのである。

火葬の順序

さて話を戻して、後一条天皇の火葬のやり方を順を追って見ていくことにしよう（『類従雑例』長元九年〈一〇三六〉五月十九日条）。

ようやく山作所に着くと、迎え火十五人が松明をかかげ、左右に分かれて進み出た。葬列で松明を持っていた十二人は、前火の資通・経長の二人以外はここで火を消し、迎え火と交代した。左右に分かれて行列して一の門（鳥居）の外まで来ると、迎え火も火を消して退出した。

資通と経長は門内に入り、葬場の前庭に立った。棺をのせた輿も同じく入り、しばらく葬場の東庭にとどまった。ここには床子《しょうじ》（腰掛け）一脚を立て、その上に輿を据え、駕輿丁《かよちょう》はしばらく退出した。先例では鳥居の中から葬場殿まで莚道を敷いてあるはずだが、それがなかったと筆者の源経頼は批判している。

輿を据えるときも行障《ぎょうしょう》は輿を隠した。歩障は一の門を入ったところで左右に分かれ、荒垣の内面にこれを引き渡した。先例では垣の外に立てるものだという。

次に輿長《よちょう》らが輿の小屋形などを撤去し、棺を舁いて葬場殿に送り、北枕に安置した。駕輿丁は棺を運び去ったあとの輿を舁いて挙物所に運んだ（あとで焼くためである）。黄幡《おうばん》は小屋形の中に入れた。

次に左中弁藤原経輔《つねすけ》朝臣（蔵人頭）が棺前に手水《ちょうず》の盥《たらい》を供し、ついで御厨子所《みずしどころ》が膳を供した。高坏十二本を打敷《うちしき》の上に据え、経輔朝臣が陪膳《はいぜん》（陪食）した。

それから北庭で導師が願文を読み、呪願師が呪願を行った。山作所行事が長莚《ながむしろ》で莚道を敷いた。

次に輿長らが棺を舁いて貴所《きしょ》（火葬施設。火屋）に移し、北枕にした。途中も行障が棺を隠したが、貴所に棺を移したら中の鳥居左右の垣の外に行障を立てわたした。

藤原兼房朝臣・藤原経輔朝臣・源章任《あきとう》朝臣・大江定経《さだつね》朝臣・橘義通《よしみち》朝臣らが生絹《すずし》を冠の額に結び、棺の蓋《ふた》を開けて薪を差し入れた。次に経輔朝臣が資通・経長朝臣の持っている火を取り、一つの火にして棺に差しつけ、茶毘を行った。点火は艮《うしとら》（東北）からはじめて乾《いぬい》（西北）まで順につけるが、北には火を渡さない。

貴所の近くで僧が念仏を唱えた。

茶毘が終わりに近づくと、行事蔵人の藤原貞章《さだあき》が挙物所に向かい、御物などを焼く。櫛杌一脚、冠の筥《はこ》二合、唐匣《からくしげ》一合などの天皇の手回り品や輿、御膳、手水具、大床子など葬儀に使った品が焼かれた。車は破壊された。

行障を貴所屋の四面に立てまわす。この間、関白・内大臣・藤大納言（藤原頼宗《よりむね》）・権大納言（藤原長《なが》家《いえ》)・新大納言（源師房《もろふさ》）は竈所（貴所の近くにあるらしい）で指示をした。

辰刻（午前八時）になって荼毘は終了した。まず貴所の板敷や壁を壊し、酒で火を消した。慶命・尋光・延尋・良円・済祇らが土砂を呪して葬所の上に散らした。

それから権大納言・新大納言・慶命・済祇らが御骨を拾い、経輔・兼房朝臣らが折敷《おしき》にそれを受けた。御骨は一升ほどで、陶器の壺に納め、加持土砂を加えた。梵字の真言書一巻を壺の上に結び付けた。壺には陶器で蓋をし、白い革で縫い包み、生絹の紐をつけた。経輔がこの壺を首に懸けて浄土寺《じょうどじ》（現在の銀閣寺の地）に渡した。慶命が前に立ち、済祇・雅円らの僧や章任・義通・良宗・憲房らが随行した。上下の道俗で涙を拭わないものはなかった。

次に資業朝臣・定経朝臣らが葬所に向かい、鋤《すき》で土を覆った。人夫がこの仕事を引き継いだ。墓（葬所をさすが、ここがのちに改めて陵となる）の上に石卒都婆を立て、陀羅尼《だらに》を塔の中に納めた。周りには釘貫《くぎぬき》（柵の一種）を立て、人夫が堀を掘った。周囲には植樹した。

事が終わって関白頼通以下は帰路についた。鴨川で車に乗ったまま祓《はらい》をした。草人形を川に流すだけで、供物などはなかった（以上『類従雑例』）。

この火葬の記述をみると、棺の蓋を開けて薪を入れるとなっているが、そうであれば蓋は釘で打ちつけないほうがよいわけである。白河法皇のときは、棺の蓋を開けて、遺体の周囲に松などの薪を入れ、上には藁を置いた。蓋はあけたままにした。死者が男なら棺を開いた状態で葬り、女なら薪を差し入れたあとでまた蓋をするのだという（『長秋記』大治四年〈一一二九〉七月十五日条）。

写真6 『北野天神縁起』巻8（北野天満宮所蔵）

火葬のしかた

棺に薪を入れる役人は冠の額に生絹を結び付けたという。これは『葬法密』が「冒額《ホウカク》」という名で呼んでいるものだろう。同書によれば四角い白い絹を斜めに折って額に当てるというから、江戸時代の幽霊の絵が額につけている三角の紙の元祖であろう。民俗ではこの紙は葬列で喪主など死者に近い人が額につけたもので、白木綿のこともあり、土地によりホウカン（宝冠）とかシハンなどと呼ばれている。これを死者につけるところもあるので幽霊の扮装になったわけだが、親族がつける方が一般的である。このような三角の布は承久元年（一二一九）ころの制作と考えられている『北野天神縁起』の葬送の絵にも見え、枌《おうこ》で棺を運ぶ二人の人物がこれを額につけているので、古くからあったことが知られる（写真6）。

さきに述べた山作所の構造説明（一〇六頁）で、貴所屋の四面や炉のまわりに絹の「帽額」を引くとされていて、この帽額がよくわからなかったのだが、『葬法密』が頭につける三角の絹布を冒額と言っていることから考えると、大きさは違うが類似のものであろうか。

死者の体の周囲に薪を入れて点火するのは、もっとも危険な瞬間といえるかもしれない。帽額には魔除けのような意味があったものか。

なお、点火はこのように貴族が行っているが、民俗例でも火葬で最初に火を点じる役や、土葬ではじめに土をかける役は喪主など遺族が行うのが普通である。しかし点火した人が必ずしもそのあとの作業をずっと通して行うわけではないだろう。十五世紀になると三昧聖《さんまいひじり》と呼ばれる火葬作業をする職業が現れるが、この時代の葬送記事にはそのような人々の姿は見えない。唯一それではないかとされている「蓮台廟聖」については必ずしもそう断定できないと思うが、これは第六章の「蓮台野の形成」で述べたい。天暦六年（九五二）の朱雀法皇の火葬のさいには、貴族の一人と僧二人が荼毘を奉仕したという（『李部王記』天暦六年八月二十一日条）。後一条天皇の葬儀では僧については触れられていない。朱雀法皇のときの「僧」は三昧聖ではなく、普通の寺院の僧であろう。火葬は寺院で行われてきた葬法だから、平安時代にはまだ職業の形をとってはいないが、火葬のノウハウが寺院に伝えられており、上手に焼くために必要な燃料の積み方などを知っているこれらの僧が貴族の葬儀でも火葬場の設営作業などに関与していたと思われる。民俗例では棺のまわりに燃料を積んだ上に濡れ莚をかぶせ、火力を調節することが多いが、この種のことは経験が伝承されていないとできないことであろう。後一条天皇の葬儀でも、記録に現れない僧が火葬の作業を行ったのかもしれないが、火葬中はあまり世話がいらないようにしておいたのかもしれない。

のちの例だが、嘉慶元年（一三八七）三月十七日に死んだ前関白近衛道嗣《このえみちつぐ》の葬儀が二十日夜に行われたさい、薪が少なかったためか火葬の最中に死骸が露出し、多くの見物人に見られてしまった。急遽薪を追加したが追いつかず、石を積んだりして隠したという。これは「恥辱」で、「世人これを嘲《あざけ》る」といわれた。このようになったのは葬式を仕切った太子堂（速成就院《そくじょうじゅいん》）の僧の手落ちで、俗人はこのようなことを知らないのだから十分な措置をすべきだったと三条実冬《さねふゆ》は批判している（『実冬公記』）。この例から考えると、貴族の火葬では薪を十分積んでおくので、火が燃えている間に死骸が外から見えることは珍しかったらしい。燃料の燃え具合を調節する必要はあるだろうが、おそらく翌朝火が消えるころには骨になっているので、もしうまく焼けていない部分があるようなとき最後にそこを焼き直す程度で、死体をいろいろいじって上手に焼けるようにする『日本霊異記《にほんりょういき》』下巻三十八話などに見えるやり方は、薪が少ない場合か、近親者など上手なやり方を知らない人の場合だったのではないか。なお、この葬儀でも荒垣《あらがき》はあったはずだが、それだけでは見物人の視線を遮断できなかったことから、前述のように荒垣は隙間のあるものだったことが推定される。

鎌倉末期の嘉元三年（一三〇五）成立の『雑談集《ぞうたんしゅう》』巻九の「誑惑《きょうわく》の事」にみえるものも、そうした薪を多く積むやり方だった。誑惑つまり詐欺《さぎ》をこととする乞食法師が、自分は奥州へ下ったとき身灯《しんとう》（焼身自殺）を三回やったと語った。「一度は気を失ってしまった。抜け穴が崩れて煙にむせたが、何とか助かった。薪を多く積んで、はじめから別の死骸を下に置いておき、火を付けてから抜け穴に入って助かる。同法たちが念仏して経など読めば、万人が集まって銭米を施すから、それを取って儲《もう》けていた」というのがその方法だった。この場合も火を付けたあとは放置しておくのだろう。最初から別の死骸を置いておくのは、あとで舎利《しゃり》を拾おうとする結縁者のためである。死骸を調達するのはこのころでもまだ難しくなかったのだろう。

民俗例では、昔から火葬を行っていた地域では職業的な隠亡《おんぼう》ではなく村人が焼くことは珍しくないことで、燃料（薪、竹、藁など）やその積み方などに関して村独自の知識を蓄積していた。ただ民俗では村人が焼く場合でも、その役にあたった人を「オンボ」という地方も多いので、もとは職業的な隠亡から知識を伝えられた可能性は否定できない。

火葬のあと、骨は瓶《かめ》などに入れ、近臣がこれを首に懸けて堂などに納める。『吉事次第』は、「御骨を拾って陶器の瓶に入れ、土砂（加持土砂）を加えて蓋をし、白い革の袋に入れる。次にさもあるべき親しき人が御骨を（首に）かけて三昧堂に納め奉る」としている。

後一条天皇の遺骨は浄土寺に安置されていたが、四年後の長久元年（一〇四〇）、火葬塚に建てられた寺院、菩提樹院《ぼだいじゅいん》に移され、ここが墓となった。

3　葬式の後

道を替える

さて葬式が終わり、人々は帰途につくことになった。山の中などに葬ったあとで、往路と道を替えて帰るということが二、三の記録にみえる。養和元年（一一八一）十二月五日の皇嘉門院《こうかもんいん》の葬式では、洛東の最勝金剛院《さいしょうこんごういん》御所から山に入り、土葬を行った。釘貫《くぎぬき》をめぐらし石卒都婆を建ててから兼実《かねざね》は帰宅したが、「俗説によって、他の道を用い山中を経る」と書かれている。御所に車を停めてあるのでそこまで戻るのだが、そのとき他の道をまわった（『玉葉』）。

元久元年（一二〇四）十二月一日の藤原俊成《としなり》の葬式も山の中に土葬したのだが、定家《さだいえ》は「幾程を経ずして山中より帰る。路を替え、旧屋の跡の方に出」たという（『明月記』）。

定家は天福元年（一二三三）九月三十日の藻璧門院《そうへきもんいん》の葬送でもそうしている。これも土葬だったが、山作所《やまつくりしょ》から埋葬地までは少し離れていたようで、山作所から東山の御堂まで車に棺を載せて行き、そこで棺を下ろして埋めた。終わって人々は山作所に帰ったが、このとき「世俗の忌《いみ》によって他路を用うべし」とある（同）。

道を替えるのは現行民俗にもいくつか例があるが、死霊《しりょう》があとをつけてくることに対する用心と考えられる。死者は葬列が通った道を戻るので、道を替えれば後ろから取り憑かれるようなことがない、という意味の儀礼であろう。

この儀礼を記録した史料は少ないが、それは一つには、天皇の葬式などでは奉仕した臣下は葬儀後直接自分の家に帰ってしまうからかもしれない。死者は葬式が出発した場所に戻ろうとするかもしれないが、それは参列者にとっては関係ない。したがって皇嘉門院の猶子《ゆうし》の兼実や、俊成の息子の定家など、喪主が書いた日記にしかこのことが出ていない可能性がある。喪主は「喪家《そうか》」と呼ばれる家または仏堂を定めて、そこから葬式を出し、また葬儀後はそこで忌み籠もりをする。また藻璧門院の例ではいったん山作所に皆が引き返しているので、このときの用心であろう。

魂の帰る日

この儀礼の解釈については異論があるかもしれないが、兼実がこれを「俗説」といい、定家が「世俗の忌」と言っているのは興味を引かれる。葬儀に関してこのような表現が使われる場合は、律令《りつりよう》格式《きやくしき》や仏教の教えには典拠をもたないが、民間に行われている習俗、という意味で、特に死者を恐れる絶縁儀礼などをさすことがある。古く嵯峨《さが》上皇は遺詔《いしよう》で「葬式の期限は死後三日を過ぎてはならない。卜筮《ぼくぜい》を信じるな。俗事にこだわるな（諡・誄・飯含・呪願・魂の帰る日を忌むなどのことをいう）」と書いていた（『続日本後紀』承和九年〈八四二〉七月十五日条）。かっこ内の原文は「謂諡誄飯含咒願忌魂帰日等之事」とあるが、諡《おくりな》や誄《しのびごと》など古代に殯宮《もがりのみや》で行われた儀式（和田萃《わだあつむ》「殯の基礎的研究」）も「俗事」と言われている。飯含《はんがん》は古代中国で死者の口に玉などを含ませた儀礼で、「飯」は口中に含む意である。日本でも行われていたのだろうか。呪願《じゅがん》はここでは否定的に扱われているが、仏神の加護を祈ることで、中世でも僧が呪願を行うのは一般的である。

最後の「魂の帰る日を忌む」だが、死後何日かめに死者の魂が家に帰ってくるという伝えは各地にある。新潟県柏崎《かしわざき》市小島《こじま》では納棺後、死者が寝ていたところに川原の石を置き、これを枕石《まくらいし》と称するが、死者が戻ってきたとき、自分のいたところに石があれば居場所を失ったと諦めて帰るという(『柏崎市史資料集　民俗編』)。徳島県美馬《みま》郡穴吹《あなぶき》町半平《はんだいら》では、通夜のときまでに青竹で三脚を組み蓑笠《みのかさ》を着せたカリヤというものを作る。棺を墓地に埋めて帰ると、後棒を担いだ者がカリヤを墓地または山へ捨てに行く。家に帰ると入り口に唐鍬《とうぐわ》と手斧《ちょうな》と塩を置く。先棒は唐鍬、後棒は手斧を持ち、先棒が「一夜の宿を借り申す」というと、家の者が箒で座敷を叩きながら「人道《ひとみち》切れて宿ならん」という。左まわりに玄関から入って座敷に土足で上がり、縁側から外に出る。これを三度繰り返し、同じ問答をして塩を撒《ま》き、それがすむと家に入る。死後七日間は寝ていた場所に線香を立て、膳に灰を入れて枕元にあたる場所に置く。もし灰の上に鼠《ねずみ》の足跡がついていれば、あの人は鼠に生まれ変わったという。また七日目にガラタチ(枳)を屋根に投げ上げ、この家はガラタチが這うようになったからもう帰れんという。カリヤは死者をかたどったものだが、これを捨てるのは死後六日目とする土地も多い(近藤直也《こんどうなおや》「カリヤの民俗」)。沖縄の伊平屋島《いへやじま》では埋葬後三日目に死者の霊が必ず畑地を巡遊するが、その霊気に当たると作物が枯死《こし》する恐れがあるので、この日の早朝に畑地に竹を立てて霊を避ける。石《いし》垣島《がきじま》でも死後三日目の晩にシニマブイ(死霊)は必ず家に帰るという(桜井《さくらい》徳太郎《とくたろう》『沖縄のシャマニズム』)。なお死霊の帰還についての俗信は中国では広く分布している(澤田瑞穂《さわだみずほ》『中国の民間信仰』)。遺詔にいう「魂の帰る日」もこのような、死後まもなく死霊が家に帰るという俗信を背景にしていると思われる。当時は天皇が気にするほど上層でも行われていたのだろうか。民俗例として採集されているものも後世に新しく始まったものとは考えにくいので、古代から民俗社会ではこのような俗信が広く行われていたものと思う。しかし、平安貴族の日記では、私の知る範囲ではこれを記したものはない。

嵯峨上皇の遺詔によれば、魂の帰還は、その日を「忌む」ものだった。後世の民俗では、死者を演じる者に「人道切れて宿ならん」と拒絶したり、死霊が帰ってきても家はもうカラタチの生える山野になったと見せたりしている。

出棺後に竹箒で掃き出したり、葬式の帰りに道を替えるなども、死霊を恐れる儀礼である。これらは院政〜鎌倉時代にも民俗社会では広く行われていたかもしれない。しかし貴族はそれを行いつつも「世俗の忌」として否定的に見ているようである。貴族にとっては、そのように死霊を実体的に扱ってそれを恐れる儀礼はなじまないものであったのかもしれない。藤原嬉子に行われた魂呼びが違和感を呼んだのも、そういうところに理由があったとも考えられる。貴族は葬送のやり方を詳細に日記に書いているが、個々の儀礼について、死霊や魔がどうとかは一言半句も書いていない。「あまがつ」を入れるところでも書いたが、彼らはそういう解釈を系統的に排除しているような感じがする。しかし、竹箒が十二世紀中期に貴族の葬送に現れ、道を替えるのが平安末〜鎌倉初期になって現れることは、これら「世俗の忌」的儀礼が次第に貴族社会にも浸透してきていることを示すかのようである。

他の葬式帰りの儀式としては、葬式が終わって車に乗るときなどに藁沓を脱いで足を洗った（『兵範記』久寿二年〈一一五五〉八月二日条、嘉応二年〈一一七〇〉五月十二日条、『玉葉』養和元年〈一一八一〉十二月五日条など）。足を洗ったら、草人形で祓《はらい》をして川に流した。後一条天皇の葬儀の帰りでも参列者が草人形を川に流しており、当時一般的に行われていた。『葬法密』は「水の便のよい所で小解除（祓）をする。人形で撫《な》でて水に流す。ある記にいう、草を束ねて人形を作る。必ずこれを撫でて棄てるのである」と書いている。

後世の例だが、応永三十五年（一四二八）等持院で行われた足利義持《よしもち》の葬儀に参列した万里小路《までのこうじ》時房《ときふさ》は、退出するとき寺の門外で藁沓を脱いだが、このときかかとで踏むようにして脱いだ。また自宅の門外では北向きに立ち、青侍が後ろから塩を振って身を清め、それから祓《はらい》をした。家の沓脱ぎの上では北向きで足を洗ったが、足で足を洗い、こういう時はそうするものだと日記に書いている（『建内記《けんないき》』応永三十五年正月二十三日条）。このやり方は現行民俗との共通点が多い。

野次馬たち

後一条天皇の葬儀を見てきたが、確かに当時としては立派な葬式ではあるにしても、これを「豪華な葬式」というのは少し違うようだ。深夜に葬列が出発するのだから当然といえば当然だが、人に見せることは考えていない。葬列の先頭に立つ真言《しんごん》を書いた黄幡《おうばん》が唯一の装飾的なものである。輿《こし》は行《ぎょう》障《しょう》・歩障《ほしょう》で人目から隠されている。貴族の葬式では車を使うが、これも雨皮《あまかわ》でぐるぐる巻きにされている。それだけでなく、京内では葬列という形を取らず、平生《へいぜい》の儀《ぎ》で行うことも多かった。葬式は人目を憚るものだった。

後一条天皇の時代はそれでうまくいっていたようだが、院政期になると、徹夜で見物する野次馬《やじうま》が絶えないようになった。白河法皇の葬儀では、骨拾いのときになって人々の従者が荒垣の中に大勢乱入して見物したが、制止する者がなかったという話を藤原宗忠は聞いて慨嘆《がいたん》した（『中右記』大治四年〈一一二九〉七月十五日条）。藤原為隆《ためたか》によると、院御所で出棺しようとするときから騒ぎがあった。西北の築垣を壊したところ、夜になって「雑人《ぞうにん》」が乱入し、法性寺座主などは雑人に押されて北面に避難する有様で、輿も北の対に運びこんで入棺したという。棺が葬場殿に入ったときにも人々が続いて入ろうとし、狼藉《ろうぜき》きわまりなかった。あとで聞いたところでは、荼毘の間に山の上に登って見物したり、貴所に入ったりする野次馬があり、武士も手を拱《こまぬ》いた。物乞いも乱入してことごとに行事の進行を妨げた。検非違使の有貞《ありさだ》など野次馬に石をぶつけられたという（『永昌記』大治四年七月十五日・二十四日条）。

これに懲《こ》りて警備を強化し、近衛天皇の葬儀では数千人の警備体制が敷かれた（『兵範記』久寿二年〈一一五五〉八月一日条）。鳥羽法皇のときも「雑人一切停止《ちょうじ》」となった（『兵範記』保元元年〈一一五六〉七月二日条）。皇嘉門院の葬送では、葬車が最勝金剛院の門内に入ったところで、雑人《ぞうにん》が多数入ろうとしたが、兼実が彼らを制止して門を閉じた。ついで山中に棺を埋めたが、すでに雑人が樹林に隠れて見物しようとしており、これも侍をやって追い払った。これより先に山の東と南に武勇の士を配置して雑人を通行止めにしていたこともあり、今回は一切狼藉がなかったと、兼実は胸をなで下ろした（『玉葉』養和元年〈一一八一〉十二月五日条）。しかしそれでも後白河法皇の葬儀のときには雑人の狼藉があったようで、また路次で見物する者は人垣の切れ目がないほどだった（『明月記』建久三年〈一一九二〉三月十六日条）。

なお最近河内祥輔《こうちしょうすけ》氏は、鳥羽法皇が死の前に武士を招集したのは乱を予期していたからではなく、自分の葬式を警備させるためだったと解釈している（『保元の乱・平治の乱』）。少なくとも警備が必要な状況があったことは確かである。

中世人は葬式や死骸を見ることを好んだらしい。『今昔物語集』巻三十一第二十九話では、藤原貞《さだ》高《たか》が殿上の夕食の席で急死したのを見た貴族たちは慌てて逃げたが、頭中将《とうのちゅうじょう》藤原実資《さねすけ》はまず「東の陣から死体を出す」と触れた。すると蔵人所《くろうどどころ》の衆、滝口《たきぐち》、出納《すいとう》、御蔵女官《みくらのにょかん》、主殿司《とのもづかさ》の下部《しもべ》に至るまで多くの者が搬出を見ようとして東の陣口に集まった。そこを実資が反対側の西の陣から畳ごと死体を運び出したので、あとで貞高の霊が実資の夢に現れ、「死の恥」を隠してもらったことを深謝した。死穢は着座している場合に伝わり、また垣で囲まれた範囲がこれに感染する。そこで貞高がまだ死んでいないかもしれないうちに貴族たちは席を立ったのだろう。戸口で立って見る分には（制度上の）死穢にふれないので見物人も集まるのだが、さきに逃げ散った貴族たちは恐れたのか、はしたないと思ったのか集まって見たりはせず、下の者たちで人だかりになったように書かれている。「雑人」

ということになろうか。死んだ姿を人に見られるのは「恥」でもあった。『今昔物語集』巻二十八第十七話の僧は、立派な葬式を出してもらった仲間の僧が「恥」を見なくてすんだのはうらやましい、自分が死んだら大路に棄てられるだろうと言っていた。

私刑で殺された者の死骸が路次などに放置されたときは、当時の言い方では稲麻竹葦《とうまちくい》のごとく（稲、麻、竹、葦が生えているように見物人が頭を並べているさま）人々が集まってこれを見た。『閑居友《かんきよのとも》』の著者慶政《きょうせい》上人は文治五年（一一八九）に生まれたが、その幼いころというから十二世紀の末に、唐橋（九条坊門小路《ぼうもんこうじ》の異名）に近い河原に、女主人に虐殺された下女が捨てられたことがあった。主人が正妻に隠して下女と通じたのを知った妻が、夫のいない間に「いひ知らず言葉も及ばぬ事どもして」殺して捨てたという。見物人は稲麻竹葦のようだった。家の近くなので慶政も行って見たが、人の姿をとどめておらず、手足もなく木の端のようだったという（『閑居友』上二一）。慶政は藤原（九条）良経《よしつね》の子、道家の兄だったが仏門に入った。第一章でふれたように兼実邸周辺では五体不具穢が頻発していたが、それは近くの河原に遺棄された死体によるものだった可能性をこの話は示している。なおこの話の「唐橋」であるが、皇嘉門院の葬送のとき、路程に川があるから徒歩より車の方がよいと兼実が書いていること（一〇五頁参照）から考えると、実際に架かっていた橋ではなく地名であろう。

嘉禄二年（一二二六）六月には、六条朱雀に首を斬られた男女の死骸があった。侍従源親行《ちかゆき》が自分の異母姉（藤原基忠《もとただ》の妻）に通じたばかりか種々悪行を働いたため、親行の父雅行《まさゆき》が二人を殺させたもので、見物人が市をなした。女は本夫《ほんぶ》の家を捨てて親行についていた。子が悪逆をなしたとはいえ武士でもなく、官位を持つ雲客《うんかく》の身で子を斬罪に処したのを藤原定家は非難した。死骸は全裸だったらしく、道行く人が見るに忍びず、樗《おうち》の木の枝を折って女陰を隠したという(『明月記』嘉禄二年六月二十三日・二十四日条)。殺されたときには衣類をつけていたとしても、しばらくすれば着物は剝ぎ取られただろう。

のちの例では、さきにふれたように嘉慶元年(一三八七)三月二十日夜に行われた前関白近衛道嗣の葬儀で死骸が露出し、見物人に見られたのが恥辱だと評されている。焼かれているところを見られるなどは特に恥辱だったことだろう。だがこの時代になると、葬式を群集に見られること自体は貴族もすでにやむをえないものと諦めているように見える。天皇や貴族の葬式は中世後期にも夜に行われているが、このころになると足利将軍の葬儀は昼に行われるようになり、禅宗が豪華な葬具を発達させていくことになる。

第5章　貴族の葬法

1　玉殿と土葬

土葬された人々

この時代の天皇や貴族は火葬が多い。古記録でも「伝え聞いたが、(藤原)家成《いえなり》卿を東山《ひがしやま》の塔の中に葬ったそうだ。火葬ではなかったという」(『台記』久寿元年〈一一五四〉五月三十日条)とか「今夜、高松中納言(藤原実衡《さねひら》)の後家の尼上を葬送したという。一郭の中に竹垣《たけがき》で隔てたところに土葬したそうだ」(『山槐記』治承四年〈一一八〇〉十月三日条)というように土葬の場合はそう特記されることがあるのは、貴族にとって火葬が普通の葬法だったことを示すものだろう。

しかし、土葬もかなりの数を拾うことができる。十一世紀には「玉殿《たまどの》」という地上建造物に死体を納める葬法があるが、これを含めて十一〜十三世紀の貴族で土葬にされ、そのようすが比較的よくわかるのは、管見に入った範囲では次の人々である。

1　藤原行成の母と母の父(『権記』寛弘八年〈一〇一一〉七月十一日・十二日条)

2　藤原定子（一条天皇皇后）（『栄花物語』巻七）
3　藤原長家室（藤原行成女）（『栄花物語』巻十六）
4　藤原娍子（三条天皇皇后）（『左経記』万寿二年〈一〇二五〉四月四日条、『栄花物語』巻二十五）
5　藤原長家室（藤原斉信女）（『栄花物語』巻二十七）
6　篤子内親王（堀河天皇中宮）（『中右記』永久二年〈一一一四〉十月一日・二日条、『殿暦』同年十月一日条）
7　待賢門院（藤原璋子、鳥羽天皇中宮）（『台記』久安元年〈一一四五〉八月二十三日条）
8　藤原宗子（藤原忠通室）（『兵範記』久寿二年〈一一五五〉九月十六日条）
9　高陽院（藤原泰子、鳥羽上皇皇后）（『兵範記』久寿二年十二月十七日条、『台記』同日条）
10　鳥羽法皇（『兵範記』保元元年〈一一五六〉七月二日条）
11　平信範の妻（『兵範記』嘉応二年〈一一七〇〉五月十二日条）
12　建春門院（平滋子、後白河天皇女御）（『玉葉』安元二年〈一一七六〉七月十日条など）
13　皇嘉門院（藤原聖子、崇徳天皇中宮）（『玉葉』養和元年〈一一八一〉十二月五日条）
14　後白河法皇（『明月記』建久三年〈一一九二〉三月十三日～十六日条など）
15　藤原俊成（『明月記』元久元年〈一二〇四〉十二月一日条）
16　藻璧門院（藤原竴子、後堀河天皇中宮）（『明月記』天福元年〈一二三三〉九月三十日条）

女性が多く、特に女院《にょいん》が多いのが目を引くが、男性の例もある。またこの大部分は葬列を平生《へいぜい》の儀《ぎ》で行っている（4〜14）。残りの例も、1〜3は葬列の詳細が記録されていないし、15の俊成《としなり》は東山の法性寺《ほっしょうじ》の堂で死に、その近くの山に埋葬されたので車を使った葬列はなく、16は車は包んでいるらしいが、築垣《ついがき》を崩した記事は見られない。前述のように平生の儀は仮安置所に移すときに行うのであるが（堀裕「死へのまなざし」）、土葬にすることとも何か関係があるのだろうか。

以下、煩《はん》をいとわず、一つ一つについて述べる。

玉殿

十一世紀には、建物を造ってその中に棺を安置し、その建物を密封するという形の葬法が行われており、この建物を「玉殿《たまどの》」と称した（田中久夫「玉殿考」）。ここではこれも土葬の一種とみなす。

1藤原行成《ゆきなり》は寛弘八年（一〇一一）七月十一日に母を改葬した。母は長徳元年（九九五）正月二十九日に死んだが、当時は母の父源保光《やすみつ》が存命しており、保光は火葬を許さず、松前寺《まつがさきでら》の垣の西の外に「玉殿」を造って娘を安置した。同年五月九日に保光も死んだが、行成は保光の遺言を思い、その遺骸も北山《きたやま》に安置した。しかし行成はこの日改葬を行って母および保光の棺を改めて火葬に付し、翌日さらにその遺骨を松脂《まつやに》と油で完全に灰になして小桶に納め、鴨川《かもがわ》に投棄して海まで流れて行くようにした。

行成は妻の遺骨も白川《しらかわ》に流しており（『権記』長保四年〈一〇〇二〉十月十七日・十八日条）、風葬も普通に行われていた時代とはいえ、貴族としては変わった意識の持ち主だったようにもみえる。一方、行成の母についてはその父保光が火葬を許さなかったとあるのみで、母自身の遺志がどうだったのかはわからないが、父の意志で玉殿に遺体が安置された。

2藤原定子《ていし》は長保二年（一〇〇〇）十二月十六日、女児を出産直後に二十五歳で死亡した。遺詠がみつかり、それには「煙とも雲ともならぬ身なりとも草葉の露をそれと眺めよ」とあったので、普通の作法（火葬）は望んでいなかったのだと思って、兄の伊周《これちか》は葬送の準備を急いだ。鳥辺野《とりべの》の南の方に二町ほど離れて、霊屋《たまや》というものを造った（何から二町離れているのかは、『栄花物語』の文からはよくわからない）。築地《ついじ》を築き、黄金づくりの糸毛車《いとげのくるま》に棺を載せ、車ごと建物に入れた。

3藤原長家《ながいえ》室（藤原行成女）は治安元年（一〇二一）三月十九日、疫病のため十五歳で死んだ。あまりの哀れさに七日間は死者の扱いをせず、ただ寝入っているようにさせたが、北山に「霊屋」というものを造って納めた。

4藤原娍子《せいし》は万寿二年（一〇二五）三月二十四日に五十四歳で死んだ。三条天皇の皇后だったが、道長の女妍子《けんし》に押され、娍子の生んだ敦明《あつあきら》親王（小一条院）はいったん皇太子になりながら辞退するなど不遇だった。四月四日に遺体を雲林院《うりんいん》の西院に移した。西院は賀茂社の四至《しいし》内にあり、その斎月《さいげつ》の間に死体を運び込むのはどうかと源経頼《つねより》は眉をひそめた。十四日に玉屋を造り、皇后を「殯喪《ひんそう》」した（『左経記』）。遺言だったのか、「世の常のさま」では葬送しないことにされた。西院の戌亥《いぬい》（西北）の方に築地を築き、檜皮葺《ひわだぶき》の屋を建てて、遺骸は車ごとそこに納めた。敦明親王ら遺族は建物の中で灯火をともし食物も供えたが、夜が明けたので外に出、妻戸を密封した。火葬で雲煙にするのなら、ひどいと思っても諦めもつくが、このような別れは悲しいと人々は思った（『栄花物語』）。ただし、娍子は九月二十四日になって改葬されたという（『日本紀略』『小右記』）。

5藤原長家室（藤原斉信《ただのぶ》女）は万寿二年（一〇二五）八月二十九日、死産ののち死んだ。長家は「世の常の様」つまり火葬で葬るのは哀れに思え、陰陽師《おんみようじ》に日取りを占わせるときもそう告げた。九月十五日に法住寺《ほうじゆうじ》に移し、二十七日に葬送と決まった。十五日には平生の通行のようにして、棺には子供も入れて運んだ。法住寺の北の大門の側に築地を築き、檜皮葺の屋をこしらえて、その中に車ごと納めた。

玉殿の特徴

これらが玉殿・玉屋の例だが、遺体を建物の中に搬入し、その建物を密封して葬送が終了する。1・4は改葬しているが、1の改葬は当初の考えでないことは明らかで、改葬までに十六年間も玉殿に入れた状態が続いていた。この状態で葬送が完了したと思われていたものであろう。ただし、これが古代の殯《もがり》を思わせるものであることも事実である。

承平元年（九三一）七月十九日に死んだ宇多法皇の死体は翌二十日に「大内山魂殿《おおうちやまたまどの》」に移し、そこに安置されたが、八月五日に火葬された（『李部王記』）。長保元年（九九九）十二月五日の昌子《しようし》内親王の葬式では、「魂殿」の中に積まれた薪の上に棺を置き、魂殿内も薪で満たし、棺上に光明真言土砂加持を行ったのち建物を固めた（密封した）（『小右記』）。これは火をつけたとは書かれていないが、火葬しないのなら薪は意味がないので、おそらく宇多法皇同様、将来火葬することになったときのための準備であろう。これらの例によると、死者を火葬までの間に安置しておく建物が「魂殿」と呼ばれることもあったらしい。1〜5の玉殿は火葬を拒否しているのだから、これら火葬前の魂殿とは異なる面があるが、1〜5の玉殿もある意味では、永遠の奥津城《おくつき》ではないとみなされていたのかもしれない。

2・4・5で「車ごと」葬ったと書いたのは、原文では2「やがて御車をかき下《おろ》させたまひて、それながらおはしまさす」、4「やがて御車ながら舁《か》き据えておはしまさせ給」5「御車ながらにかきおろして斂《おさ》め奉る」となっている。4の前段には、はじめ雲林院の西院に死体を移したとき「御車の床《とこ》かきおろして」とあるので、屋形のついた車の床を車軸から外して、それに棺が乗った状態で人が舁いて納めたということで、車輪のついた牛車全体を入れたわけではないと思われる。

玉殿に死者を納めるとき車の床ごと舁いて入れるのは、そこからまた他の場所に移動する、つまり本葬する可能性があることを象徴的に表現する儀礼なのかもしれない。このやり方は10鳥羽法皇の葬式でも採られた。玉殿が古代の殯の形式を踏襲しているのなら、実際には再葬はしないとしても、本葬前の仮安置という形式であるから、そこに納めるのに車ごと入れるというのは筋が通っているともいえるだろう。ただ車の床を舁いて入れるという点を除くと、玉殿の例で葬列が平生の儀だと言われているのは4と5だけで、この二例は玉殿より前にまず仏堂に遺体を搬送している。そのことを平生の儀と言っているのかもしれない。玉殿に直接納める場合の葬列がどのようだったのかはよくわからない。

この玉殿は寺院ではないが、院政期になると仏堂や塔を建ててその地下に葬るという形態が登場する。

墳墓堂

6篤子《とくし》内親王は永久二年（一一一四）十月一日、堀河院において五十五歳で没した。その夜、雲林院の掌侍堂《しょうじどう》に平生の行啓《ぎょうけい》の儀で移された。この堂は春ごろから墓所にしようと準備していたところで、新築の堂の中に「土葬」する用意だった（『殿暦』）。二日夜、堂内への「殯」が行われた。建立ずみの小堂の中に壇を造り、その中に棺を収めた（『中右記』）。

この例で壇というのは須弥壇《しゅみだん》のことだろうが、これに棺を納めることが「土葬」とも「殯」とも表現されている。下の地面を掘っているかどうかはよくわからないが、玉殿に納める場合のように掘らずに壇の中に納めたとしても、それが（火葬でないという意味で）「土葬」と表記されることはありうると思う。

7待賢門院《たいけんもんいん》は久安元年（一一四五）八月二十二日に四十五歳で死んだ。入棺後、仁和寺《にんなじ》の三昧堂《さんまいどう》（法《ほう》金剛院《こんごういん》）に移されたが、その葬列は「生存のごとし」といわれた。石穴に安置されたという。この記述は短いので、石穴が堂内にあるのかどうかも不明確だが、12の建春門院が「待賢門院の例」とされていることからその可能性が高い。

8藤原宗子《そうし》は久寿二年（一一五五）九月十五日、洛東法性寺近くの忠通《ただみち》邸で死んだ。六十一歳。棺を車に載せ、法性寺の御堂の西南から東に進んで、滝から山中に入り、ここ一、二か月の間建造していた塔の近くに着いた。塔内の仏壇の面に穴が掘られており、仏壇の板敷や穴の蓋《ふた》を取りのけ、車から棺を下ろして塔の南の戸から搬入し、北に頭が来るようにして棺を穴の中に入れた。大板の蓋をし、その上に大石で蓋をした。この石は長さ七尺余、幅四尺余ある巨大なもので、工《たくみ》が轆轤《ろくろ》を備え付け、綱を引いて運んだ。石の上には小石に白土を混合したものを充填し、その上に石灰《いしばい》を塗り、最初からある板敷のように仏壇面を固め、その上の中央に三尺の阿弥陀如来像を立てた。この像は宗子が臨終のとき五色の糸をかけて引いた本尊だった。

この例では塔内の須弥壇（仏壇）の上には埋葬時にはまだ仏像が安置されていなかったようで、その板敷を取ると下の地面に穴が掘られていた。埋めたあとでは白土や石灰で固めて、仏壇の板敷まで来る高さにしたらしい。壇上に臨終の本尊を置いて、塔と墓が完成した。

9高陽院《かやのいん》は久寿二年（一一五五）十二月十六日に六十一歳で死んだ。十七日に存生の御幸の儀で白河殿に移され、生前の御願寺福勝院《ふくしょういん》の護摩堂《ごまどう》に「殯」されることになった。堂の中央の壇の底に棺を埋めたが、平信範《のぶのり》はこの白河の御堂は今熊野社《いまくまのしゃ》領の四至内になっているので、その中に死骸を納めることが神の怒りを招くのではないかと危惧し、また護摩堂の側にもその予定がなかったのに、にわかにこの議が起こって「壇の底」を掘ることになったとして批判している（『兵範記』）。藤原頼長《よりなが》は護摩堂の板敷の下と表現しているが、堂の仏壇の下のことであろう（『台記』）。

10鳥羽法皇は保元元年（一一五六）七月二日申刻（午後四時）、鳥羽の安楽寿院《あんらくじゅいん》御所で五十六歳で没した。遺言があり、それに従ってその夜のうちに安楽寿院の塔に葬られた。入棺ののち網代車《あじろぐるま》に載せて塔に移送し、棺を載せた車の床を舁いて塔の中に葬った。埋葬の詳細は書かれていないが、作業は翌日昼までかかった。

12建春門院《けんしゅんもんいん》は安元二年（一一七六）七月八日に三十五歳で死んだ。十日に蓮華王院《れんげおういん》の東に造られた法華三昧堂の床下に穴を掘ってそこに石の唐櫃を納め、その中に棺を安置した。これは待賢門院の例とされる。この堂は年来後白河法皇が終焉の場所にするため建造していたものだったが、『百練抄』によればこのときちょうど工事が完成したところだった。

13皇嘉門院《こうかもんいん》は養和元年（一一八一）十二月四日、六十歳で死んだ。九条の女院御所から棺を車に積んで法性寺の最勝金剛院《さいしょうこんごういん》に運び、役人五人と侍一人で棺に結んだ綱を持って、そろそろと棺を穴に下ろした。猶子《ゆうし》の藤原兼実《かねざね》がまず鋤《すき》を取って土を三度入れ、次に兼実の子良通《よしみち》が、そのあと役人や侍で穴を埋めた。まわりには釘貫《くぎぬき》をめぐらし、生前から用意して女院みずから銘を書いていた石卒塔婆《いしそとば》を立てた。翌年十一月十八日、この墓所に小堂を建立して供養した。堂の中には墓所に立ててあった石卒塔婆を安置したのみで仏像は入れなかった。

14後白河法皇は建久三年（一一九二）三月十三日、六十六歳の生涯を終えた。「待賢門院・建春門院の例」（『玉葉』）により、十五日に「平生の儀」で蓮華王院東法華堂に葬られた（『百練抄』）。葬られ方の詳細は不明だが、建春門院の隣に土葬されたものと思われる。

16藻璧門院《そうへきもんいん》は天福元年（一二三三）九月十七日、流産のため二十五歳で死んだ。三十日に棺を車に載せて東山の御堂の側に運んだ。堂の中には穴が掘られており、その石段を下りて石の唐櫃の中に棺を安置した。次に棺の四方に小石を入れ、上に石の蓋を覆い、その上を四寸半の分厚い板で覆った。その上に平石を敷き、土を加えて固め、石灰を塗った。

一般的な土葬

仏堂の下に棺を埋めるのは誰でもできるわけではないから、普通の土葬も広く行われていたと思われる。事例が少ないのは、記録に詳述されるのは中級貴族以下の身内の場合に限られるという事情もあろう。

11平信範《のぶのり》の妻は嘉応二年（一一七〇）五月十日、五十七歳で死んだ。十二日の暁、棺を車に載せて知足院《ちそくいん》（船岡山南東）に運んだ。能寂院《のうじゃくいん》の丈六堂《じょうろくどう》の南庭で車から棺を下ろして船岡山《ふなおかやま》の山中に運び、棺を覆った布を外し、穴の中に下ろしてからまた布をかぶせた。信範や子供たちでまず土をかけ、それから侍や下臈《げろう》、人夫たちで埋めた。この間僧が念仏読経合殺《かっさつ》を絶やさなかった。巳刻（午前十時）に「殯墓《ひんぼ》」ができあがった。二七日《ふたなのか》に当たる二十三日、墓に三尺の五輪塔を立て、仏事を行った。

15藤原俊成《としなり》は元久元年（一二〇四）九十一歳の年の十一月二十六日に病が重くなり、法性寺に移って、三十日に死んだ。十二月一日明け方、定家は法性寺近くの山の中の墓の予定地を見に行った。故御前（俊成室か）の墓の辛《かのと》の方（二十四方位で酉と戌の間。ほぼ西）に石を丸く並べて置いて目印にしていた。穴掘りを指示して帰り、入棺した。棺を舁いて山の中に入り、穴の口に安置してから僧が呪願と例時作法を行い、四人で綱を取って穴に入れた。定家の兄成家が鋤を持って三度土を入れ、雑人《ぞうにん》たちが埋めた。棺を担った朸《おうこ》を切って墓の中央に立てた。

このほか説話であるが、『今昔物語集』巻二十七第三十六話では、播磨《はりま》国の印南野《いなみの》で庵に宿った男が、夜中に葬列が来るのを見た。それは「西の方から鉦《かね》を叩《たた》き、念仏をして、多くの人が遠くから近づいてくる音がした。男が怪《あや》しく思ってその方角を見ると、多くの人がたくさんの火をともして列をなし、僧たちが鉦を叩いて念仏を唱え、俗人も多くまじえて来た」のだった。棺を置いて葬送をすませると、鋤《すき》や鍬《くわ》を持った下人が墓を築き、上に卒塔婆を立てたという。この場合は穴を掘って埋めるのではなく、棺は地表面に置いて、その上に塚を築いたようである。

玉殿から墳墓堂へ

これらの例の中で、地上の建造物である玉殿《たまどの》に遺体を納める方法と、堂塔の下に埋めるのとは同じとみてよいかどうかがまず問題になろうが、玉殿の例の1では死者の父が「火葬を許さなかった」とされ、2では「煙とも雲ともならぬ」という遺詠があり、また5では夫が「世の常」の葬法を望まず、いずれも火葬を拒否している。玉殿に入れるのと地下に埋めるのとがまったく同一と思われていたのかどうかはなお検討の余地があるにしても、火葬を拒んだ場合にこの葬法が用いられるという点で、土葬と共通した心意があったと考えてよいだろう。

また、土葬を「殯」と称する史料が多く、4・6・9・10・11でそう表現されている。ただ、火葬骨を埋める場合も「殯」ということはしばしばあるので、用語の差はこの場合はあまり重視できないかもしれない。

墳墓堂《ふんぼどう》の例の中には、埋めていないものもある。6篤子内親王は壇の中に棺を納めており、埋めてはいないらしい。10鳥羽法皇も掘ったとは書かれていない。このような納棺は玉殿と土葬の中間的な形態のようにみえる。また河内祥輔氏が指摘するように、これは奥州平泉の中尊寺《ちゅうそんじ》金色堂《こんじきどう》の壇下に納められた藤原氏三代の遺骸とよく似た葬法である（『保元の乱・平治の乱』）。白河法皇もこのような葬法を当初は望んでいたという。藤原長実が語ったところでは、法皇は年来、死んだら荼毘を行うな、鳥羽の塔中の石の間に納めよと言っていた。しかるに死ぬ年の春になってにわかに翻意し、火葬に決めたという。その理由は、故関白師通《もろみち》と叡山の大衆《だいしゅ》は険悪な関係にあったが、師通の死後その骨を掘り返して辱めるような議論が大衆の間でなされたからだという。法皇はもし自分の「屍骨」を葬らずにいたら、このようなことを考える者が出てくることを恐れて、火葬にすることにしたという（『長秋記』大治四年〈一一二九〉七月十六日条）。

これらの例から考えると、玉殿を仏堂に代えたのが堂塔の中に納めるという方法で、それがやがて堂塔の壇の下に穴を掘って埋める形式に移行したのかもしれない。

なお墳墓堂に納める事例では、仮安置所に入れていないにもかかわらず、葬列は平生の儀で行うことが多いが、これは京外の仏堂に移してから葬列を出す、というかつての形式の後半が省略されて、仏堂がそのまま墳墓となったからであろう。京から出るときに葬列であることを隠す必要があったのだろう。

堂塔の地下に埋めるのと通常の土葬との違いは、主として富力の差であるとみている。ただ堂塔には仏教の力で死者を救済する意図があり、また堂宇の永続を考えているが、一般的な土葬では永続的墓標を建てることは当時まだ少なかったようである。

2　葬法と霊魂

土葬の意味

では土葬を選ぶ理由は何だろうか。遺言でそう言われたから、というのは事実の一面であるが、火葬が貴族にとって「世の常のさま」であると考えられているにもかかわらず土葬を選ぶのはどういう心意によってか、というのが知りたいわけである。当時の人にとって非常識な葬法であったとしたら、いくら遺言しても採用されないだろうから、選択可能な葬法の一つとみなされていたことはまちがいない。しかし逆に、火葬も土葬も違いがないと思われていたとすれば、わざわざ遺言で火葬を拒否する人もいないだろう。

娍子が玉殿に入れられ、その扉が封印されたとき、残された人々は「雲煙とならせ給はんは、あさましながらもいふ方なくてやませ給ふを、これはあはれにいはむ方なし」と述懐した（『栄花物語』巻二十五）。藤原長家室（斉信《ただのぶ》女）のときも、「雲霧《くもきり》と見なし奉りつるは、しばしこそあれ、さすがに爽かなるに、これは更に（さっぱりしない）」と記されている（同巻二十七）。建物に入れるだけでは、火葬と違って死者と別れたような気がせず、諦めがつかないということであろう。現在の火葬で、少し前まで棺の中に寝ていた人が骨灰になって引き出されるのを見るのは遺族にとって衝撃の大きいものだが、その人が死んだことを改めて思い知ることでもある。反対に、建物の中に入るだけであれば、その中で生き続けているように思われることだろう。地下に棺を納めることも、死体の行く末が見えないことからいえば、同じような効果があるかもしれない。

五体連なった死骸

中世前期に庶民の世界では、上層農民を中心に屋敷墓《やしきばか》が造られるようになっていた。これは屋敷の一画に死者を埋葬するもので、近畿地方など各地で発掘されているが、屋敷墓に埋められるのは土地を開発し、家を建てた「先祖」であったらしい。私はこの慣行を、開発先祖が死後も開発地を守護するという観念と、墓の死体に魂が宿るという観念が複合したものと考えている（「中世の屋敷墓」）。興味深いことに、発掘された屋敷墓には土葬が多いのである。土葬のほうが、死者の魂が墓にいつまでも宿るという考えに適合するものであったらしい。

いきなり妙な話をするようだが、中世の説話では、死体がばらばらにならず五体連結した状態で残っているとき、その死体が「化ける」話がある。第二章でも引いた例だが、『今昔物語集』巻二十四第二十話では、夫に見捨てられ、家の中で一人死んだ女の死体が「屋の内に有りけるが、髪も落ちずして本の如く付きたりけり。またその骨みな次《つづき》かへりて離れざりけり」という状態で、室内で怪しい光や音があった。夫がこれを聞いて陰陽師に相談し、そのアドバイスに従ってその家に行き、死人に馬乗りになった。夜半になると死人が起き上がって男を探したが、背中にいる男に気づかず、朝になって死体は倒れ、男は救われた。

同じく『今昔物語集』巻二十七第二十五話では、妻と離れて国司について任国に下っていた男が帰京し、妻に迎えられたが、一夜明けると「掻き抱きて寝たる人は、枯々《かれがれ》と干《ひ》て骨と皮と許《ばかり》なる死人」だった。隣家の人に聞くと、女は男がいなくなってから病んで死んだということだった。

髑髏《どくろ》が法華経を誦《じゅ》すという説話は多いが、通常は舌だけ残っているものである。しかし熊野《くまの》の山中に宿って法華経の声を聞いた沙門壱睿《しゃもんいちえい》が翌朝になってみつけたのは「死骸の骨あり。身体全く連なりて、更に分散せず」という状態で、しかも舌が残っていた（『法華験記』上巻第十三話）。

このように、死骸がそのままの状態で残っていることと、それが霊力をもつということは、説話の中では関連があるようである。土葬はこの時代の人にとってはそういう死体保存の条件を確保することだったのではないか。もちろん埋められた死体は実際には腐敗してなくなってしまうのが普通だが、それは見えない。

鎌倉時代に、父祖の遺命に背いた子孫が「死骸敵対」の咎《とが》で訴えられることがあったが（勝俣鎮夫《かつまたしずお》「死骸敵対」）、この場合の死骸は、実際にはかなり前に死んだ人をさすようである。しかし、あたかも最近死んだかのような「死骸」という言葉が使われているのも、このような感覚によるものではないかと思う。

九条道家《みちいえ》は東福寺《とうふくじ》を建立途上に没し、寺中の光明峰寺《こうみようぶじ》奥院に葬られたが、建長二年（一二五〇）十一月、惣処分状で「遺身を御影堂《みえいどう》の下に納め、もって伽藍《がらん》を守護すべし。是非に余執《よしゆう》をこの地に遺《のこ》し、仏法《ぶっぽう》を守護せんがためなり」と遺言した。仏教的には「余執」ということになるだろうが、御影堂の下に埋葬された「遺身」が仏法や伽藍を守護するというのである。

いままでみてきた土葬には、女院など「家の先祖」になりえない人が少なくないから、屋敷墓と同一に論ずることができない面はあるが、それでも土葬を望む背景には、死後も何らかの意味でこの世にいつづけたいという思いがあったのではないか。

火葬派の立場

中世前期の「土葬派」の考え方をこのように推測してみたが、こうなると不思議なのはむしろ火葬後に墓を造ることの意味である。土葬で死体が残っていればそこに魂が宿る、ということなら、火葬で死体の肉部が破壊されて「雲煙になる」のはそれと逆の効果があるのだろうか。しかし、火葬すれば魂が体を離れてあの世に飛んでいってしまうのであれば、葬後に骨を拾って墓に納めることに何の意味があるのだろう。またもし火葬骨を納めた墓にも魂が宿るというのなら、しいて土葬を主張する必要もないことになるだろう。

これについては明確な答を持っているわけではないが、火葬したあとの骨にもまた何らかの意味で死者の人格が残っていると考えるがゆえに、墓を造ってそれを納めるというのも確かだろう。玉殿に納められた母を改葬して、骨を灰にして鴨川に流した藤原行成も、灰は小桶に入れて「これを流水に投じ、海中に入らしむ」と書いている（『権記』寛弘八年〈一〇一一〉七月十二日条）。灰をその辺に棄てるのではなく、桶に入れて川に浮かべ、海に行かせようとしていることから考えれば、詳細は不明だが、今日の散骨《さんこつ》葬と同じく、小桶の灰に母を見ていたということではないか。

ただ土葬がその場所に魂あるいは「余執」を残そうとする意図がはっきり現れているのに比べれば、火葬は死者を得脱させることを望む人々にとって適合的だったかもしれない。藤原（九条）兼実の嫡子良通は文治四年（一一八八）二月十九日、二十二歳の若さで急死した。良通はつねひごろ「火葬は功徳《くどく》あり。土葬は甘心《かんしん》せず」と言っていたという。父の兼実も同感だったので、良通は火葬に付された（『玉葉』文治四年二月二十八日条）。もう少し詳しく書いてくれたら「火葬派」の立場がよくわかったのだが、「功徳」という仏教語が使われているのは、そのあたりの機微を示しているのかもしれない。

嵯峨での火葬のあと良通の遺骨は二つの瓶《かめ》に分けて入れ、一つは宇治にある藤原氏累代の墓所、木《こ》幡《ばた》の浄妙寺《じょうみょうじ》に納めた。骨瓶《こつがめ》を首に懸けた者の話では、木幡まで歩く道すがら、二度まで良い香りが漂い、狩衣《かりぎぬ》の胸にまだその香りが残っているという。兼実はこれを聞いて、昔もそのようなことがあったと聞く、善人は骨も芳《こう》ばしいのだと思い、涙にくれた。四月四日には「墓所」と「この堂」（九条堂であろう。良通は九条亭で死んだ）で仏事を行った。五日にも女房三位局《さんみのつぼね》が「嵯峨墓所」で小仏事を営んだとあるので、他の一瓶は嵯峨の火葬の場かその近くに墓を造ってそこに納めたらしい。五月二十九日には良通の遺髪を納めた袋に阿弥陀の種子《しゅじ》を縫いつけた。また法性寺の座主が大卒塔婆を翌日に墓所に建てることになった。この卒塔婆は石とは書かれていないが、中には供養していた阿弥陀五仏と種子・真言を納めることになっていた（『玉葉』文治四年二月二十九日〜五月二十九日条）。このように火葬の人も墓所を無視しているというわけではない。

しかし良通の一周忌は文治五年二月十四日に法性寺の最勝金剛院で行われており、十六日には嵯峨の堂でも良通のために修善《しゅぜん》を行っているが、墓所のことは見えない（『玉葉』文治五年二月十四日・十六日条）。この嵯峨の堂は良通が死んだあと火葬の前に棺を運び込んだところと思われるが、墓よりも堂での仏事が重視されているようである。当初は遺骨にも「余執」が残っているので墓を建立するが、法事を行って成仏を促進するのが趣旨である、ということなら整合的に説明できるが、石塔など永続的な施設を建てることも多いので、なお検討が必要である。

霊の行方のような問題については、一つの社会に整合しない観念が併存していること自体は、さほど不思議なこととはいえないだろう。貴族の中にも散骨をする人がいたし、庶民は「野棄て」になっていたが、貴族もそれ自体を非難しようとはしなかった。その死体が自分の家に持ち込まれることは嫌って、京内から排除しようとはしていたが。

火葬墓

ここで火葬骨を埋める墓のようすを見ておこう。藤原忠通の嫡男基実《もとざね》は摂政《せっしょう》になった翌年の仁安元年（一一六六）七月、二十四歳の若さで死んだ。その遺骨は火葬されたあと、しばらく雲林院《うりんいん》内の西林寺《さいりんじ》に安置されていたが、翌仁安二年になって木幡の藤原摂関家の墓地に葬られることになった。この改葬は家司《けいし》の平信範《のぶのり》が行い、そのようすを日記『兵範記《ひょうはんき》』に詳しく書いている。正月二十三日、信範は宇治《うじ》に行き、ついでに道長《みちなが》が木幡に建てた浄妙寺《じょうみょうじ》に参詣した。それから下検分《したけんぶん》に墓地に行ったが、墓守《はかもり》の国正丸《くにまさまる》の案内で、本願《ほんがん》（道長）以下代々の墓の在所を調べた。この時代には藤原氏の墓地は整備が行き届き、多くの人々の墓のありかを墓守が把握していたことがわかる。

七月二十六日は基実の一周忌の正日だった。信範は仏事のあと知足院に向かった。明暁出発しなければならないので、西林寺に近い知足院に宿ることにした。

二十七日、知足院の鐘の音とともに、信範は息子たちを連れて西林寺に赴いた。月来の懺法《せんぼう》の結願《けちがん》などの仏事が終わったのは寅刻（午前四時）ころだった。信範の子の信基と信季が御骨を取り出した。骨瓶は生絹《すずし》に包まれていたという。これを信基が首に懸け、二、三人の随身《ずいじん》が松明《たいまつ》をつけて先導した。侍従俊光朝臣、少将顕信《あきのぶ》、それに信範の子の信国・信季らが布衣《ほい》を着し、藁沓《わらぐつ》をはいて歩いた。西林寺の南には斎院《さいいん》があったが、その前を通るのを憚って、西林寺北門から西に行き、船岡あたりで南に折れた。一条大宮あたりで信基らは馬に乗った。

信範が自分で骨を首に懸けないのは、骨を懸けた者は三十日の穢になるからである。たとえば藤原頼長は久寿二年（一一五五）五月十八日に嫡母の源師子《しし》（忠実正室、忠通母）の遺骨を、それまで安置していた生蓮寺《しょうれんじ》から母の実家である村上源氏の墓地に改葬したが、骨を懸けた僧は三十日の穢、そのほかの扈従《こじゅう》の者は三日の穢になると書いている（『台記』）。当時、信範は蔵人頭になっており、穢れるわけにいかない立場だった。このためこの葬列とも別行動を取り、木幡でもひそかに「関所」で待っていた。

木幡で信基は下馬し、浄妙寺の門前を経て墓地に行き、墓守に案内されて山中に御骨を「殯」した。知足院入道（藤原忠実。基実の祖父、忠通の父）の墓の西に三丈ほど離れて、かなり北に寄った場所に穴を掘った。穴掘りは弾正忠頼継《だんじょうのちゅうよりつぐ》と前主殿允知広《さきのとのものじょうともひろ》が新しい鍬を使って行った。それから穴の底に御骨を埋めたが、骨瓶《こつがめ》を入れて首に懸けてきた革袋のまま、「うつふし（うつぶせ）」にして埋めた。これが故実だという。

遺骨を穴に納めたあとは土で埋め、その上に五輪《ごりん》の石塔を建て、釘貫《くぎぬき》を構えた。またその辺に六万本の小卒塔婆を立てた。これには法華経六部が書写されていた。次に墓前で供養があり、香花《こうげ》や灯明《みょう》、仏供《ぶっく》を供えた。三昧堂でも経供養や誦経があった。

骨壺の納め方

「うつふし」とあるのは、骨瓶を横にして埋めるという意味だろうか。遺骨の瓶は革袋に入れて首にかけることは『吉事次第』にも見えるが、革を使うことや、その袋ごと埋めるということから考えてみると、革の袋を遺骨を包む「皮膚《ひふ》」に擬していた、つまり遺骨を遺骸になぞらえていたのかもしれない。それなら骨瓶を立てた状態ではなく、寝かせて埋めるのが正しいということになるだろう。

もっとも、発掘された中世墓地でこのような埋め方をした骨蔵器《こつぞうき》があるかどうか筆者は知らない。信範の時代よりあとだが、静岡県磐田市の一の谷中世墳墓群で発見された骨蔵器は、報告書（『一の谷中世墳墓群遺跡』）の写真で見ると完形のものはいずれも立てた状態で出土している。陶器の壺で、口部は欠かれているものがあるが、こうするのは他の中世墳墓でもよくみられる。滋賀県蒲生《がもう》郡日野《ひの》町の日野大谷遺跡では二号墓から三個の骨蔵器が出土したが、その一つは口部を打ち欠かれており、その破片が墓跡の西端から発見されたので、墓前で打ち欠かれたことが明らかになった（近藤滋「日野大谷遺跡」）。口が欠かれていないものでも首の短い壺が多いが、その状態で灰骨が一杯に入っていれば横にするわけにもいかないだろう。各遺跡出土の骨蔵器は、上向きにして、口は土器などを伏せて蓋にしていることも多い。

古記録では骨瓶の口を欠くというのは見当たらないが、『類従雑例』では茶碗（陶器）で蓋をしたと書かれている。「うつふし」は『兵範記』の文章に即して考えればこういう意味になると思うのだが、このあとの時代とは骨蔵器に対する見立てが違っていたのかもしれない。

骨瓶を埋めたあと石塔を建てているが、これは墓に永続性をもたせるということである。貴族でもすべての火葬墓に石塔が建てられていたわけではないだろうし、また貴族の定期的な墓参や十三回忌などの遠忌《おんき》は鎌倉時代に一般化するのだが、火葬墓はしばらくして見捨てるというつもりでないことは確からしい。

なお、この四年前の応保二年（一一六二）、保元の乱以来六年間幽閉されていた知足院で没した忠実は木幡に葬られ、この史料でわかるようにその墓の側に孫の基実の遺骨も埋められたのだが、忠実の子で基実の父の忠通は長寛二年（一一六四）に死に、洛東法性寺領の山の貞信公（藤原忠平）の墓の近くに葬られていた（法性寺御領山指図）。

3 墓の選定

木幡

鎌倉時代になると、貴族の家の分立に伴って、それぞれの家の墓地が京都周辺に作られるようになる。たとえば九条家は法性寺《ほっしょうじ》の最勝金剛院《さいしょうこんごういん》近くの小松谷《こまつだに》に墓が集まり、『平戸記《へいこき》』の平経高《つねたか》は一切経谷《いっさいきょうだに》（現山科区日ノ岡一切経谷町）に家の人々の墓を持っていた。

院政期にはそうした家の墓所はまだ未成立で、家が分立する前の「一門《いちもん》」の墓が作られていた。さきに紹介した摂関家の木幡《こばた》はその代表である。

木幡の初見史料とされるのは藤原冬嗣《ふゆつぐ》の後宇治墓《のちのうじのはか》（『延喜式』諸陵寮《しょりょうりょう》）で、冬嗣は天長三年（八二六）に死んでいるから、かなり古い。ここを藤氏一門の墓所と定めたのは冬嗣の孫にあたる基経《もとつね》で、のちに道長が浄妙寺を建立供養したときの鐘銘《しょうめい》（『政事要略』巻二十九）には「木幡山は左青龍《せいりゅう》、右白虎《びゃっこ》、前朱雀《すざく》、後玄武《げんぶ》の勝地である。（略）昭宣公（基経）はこの地のよさを認め、長く一門の埋骨のところとした」と書かれている。

写真7　木幡の各所に散在する宇治陵の一つ

承平六年（九三六）、基経の子忠平《ただひら》が太政大臣に任命された慶《よろこ》び申しに醍醐天皇陵と木幡の基経の墓所に参ったが、あとで子の師輔《もろすけ》に語ったところによると、延喜九年（九〇九）に没した忠平の兄時平《ときひら》は病にかかったとき、自分の骨は基経の墓の辰巳《たつみ》の方（南東）に置いてほしいと遺言した。また良房《よしふさ》（基経の養父）や内麻呂《うちまろ》（冬嗣の父）の墓もこの近くにあるらしいが、はっきり場所を知らないと忠平は述べた（『九暦《きゅうれき》』〈九暦記〉承平六年〈九三六〉九月二十一日条）。これによれば木幡への葬送は内麻呂にまで遡ることになる。もっとも、忠平自身は洛東に法性寺を建立し、その東北の原に葬られた（『李部王記』天暦三年〈九四九〉八月十八日条）。

道長は木幡に浄妙寺を建立したが、それは先祖が鐘の声を聞かないのを憂えたからだという（『大鏡』）。浄妙寺には三昧堂《さんまいどう》が造られ、三昧僧が交代でたえず法華三昧の行《ぎょう》を行っていた。のちに藤原忠実は、三昧堂を造ると子孫が繁昌すると言った。それは、他の行法は四六時中続くわけではないが、三昧は昼夜不断に続くからだという。師輔は叡山に楞厳院《りょうごんいん》を建て、道長は木幡の三昧を、後三条院は円宗寺《えんしゅうじ》を、頼通は平等院《びょうどういん》を建てたが、それぞれ子孫は繁栄しているのがその証拠だと述べた（『中外抄』下巻第二十四話）。なお、あとで述べる「二十五三昧」は、この三昧とは別に成立したものである。

浄妙寺の三昧堂は近年の発掘で、木幡小学校のグラウンド地下から遺構が発見されている（『木幡浄妙寺跡発掘調査報告』）。墓域は小学校の南に広がる丘陵地帯であるが、現在はほとんど宅地化されていて、そのあちこちに宮内庁が治定した「宇治陵」がある（写真7）。

藤原氏出身の后から次々と未来の天皇が誕生した摂関期、その幸運には木幡の墓地の良さもあずかって力があると思われていた。寛仁二年（一〇一八）六月十六日、藤原実資は前年六月一日に死んだ藤原遵子《じゅんし》（円融《えんゆう》天皇中宮）の改葬の件で、遵子の兄の大納言公任《きんとう》から手紙をもらった。遵子の遺骨は火葬後、仏堂などに安置されていたらしい。公任の手紙には「源大納言（源俊賢《としかた》）から手紙をもらったが、それにはこうあった。『故宮（遵子）には子孫がない。一方、仁和寺親王《にんなじ》（敦実親王）の遺骨は散《さん》骨《こつ》された（あの一門では先祖の骨をそうした）。これは善いことだったろう。必ずしも木幡に骨をお移しする必要はない』と。これについてどう思われるか」と書かれていた（『小右記』寛仁二年〈一〇一八〉六月十六日条）。

＊『小右記』のこの個所には、「仁和寺親王御骨可移木幡事」という頭書《かしらがき》がついているが、『大日本古記録』が

「首付誤《かしらづけ》レリ」と注記しているように、これは後人の誤りで、敦実親王は散骨されている。木幡に移すべきだと議論しているのは遵子の骨のことである。原文「大納言（藤原公任）書云、一日源大納言（源俊賢）書云、故宮（遵子）子孫不御坐、仁和寺親王（敦実親王）御骨為粉失了、其彼可為善、不可必奉移木幡者、此事如何者」。

宇多天皇第八皇子敦実親王の子は源雅信・重信の兄弟で、この二十年ほど前には左右大臣に列し、また雅信の女倫子《りんし》は道長の正室となっていた。散骨が必ずしも子孫の繁栄を妨げるものではない、ということだろう。これに対して実資は「仁和寺はわが一門ではない。われわれの先祖が木幡山を占めて藤氏の墓所としたから、一門の骨はあの山に送るのだ。それは悪くないことだ。それ以来藤氏は繁昌し、帝王国母が絶えない。そもそも遺命があるのに、特別な理由なくそれに背くのはいかがか。ご高慮されたい」と答えた。二十二日に実資が改葬の件をどうしたか公任に問い合わせると、御骨は壺に入れた、来月に木幡に移すとのことだった。

この実資の意見を読むと、木幡への改葬は藤氏一門の繁栄につながるという考えが顕著であり、またそれは遵子自身の遺命でもあったのだが、公任は散骨に心ひかれるものがあったらしく、また実資も散骨自体を頭から否定してはいない。遺骨をどうするのが死者にとってよいことなのかという議論とは別のところで、木幡への納骨は一門にとって呪術的な重要性をもっていたように感じられる。

女性の墓

康治二年（一一四三）九月二十五日、藤原忠実は大外記《だいげき》中原師元《もろもと》に語った。「昔、故殿（祖父師実）のお供をして法輪寺に参詣する途中で、小松があるのに馬を近づけて手を触れようとしたら、故殿が言われた。あれは鷹司《たかつかさ》殿（源倫子）を火葬したところだ。そもそも墓所は骨を置くところだ。（この次「所放也。葬所ハ烏呼事也」とあるが意味不明。葬所つまり火葬された場所は大切ではないという意味か）骨は先祖の骨を置くところに置けば子孫が繁昌する。鷹司殿の骨も雅信大臣の骨のところに置いて以後、子孫は繁昌している、と言われた」（『中外抄』上六一）。

倫子は先にもふれたように道長の正室となり、頼通・教通・彰子らを生んだ女性で、道長政権に果たした役割は大きい。天喜元年（一〇五三）に九十歳で死去したが、太秦《うずまさ》の広隆寺《こうりゅうじ》の西北の原で火葬された（『大鏡』巻五裏書）。忠実たちは嵐山の法輪寺《ほうりんじ》に参詣する途中でそこを通ったのだろう。倫子の骨は父雅信と同じところに葬られたという。宇多源氏もその後は散骨などせず、一門の墓地に骨を集める方法を採るようになっていたらしい。

院政期までは、貴族の女性は死ぬと出身一族の墓地に葬られることが多かった（栗原弘《くりはらひろし》「平安中期の入墓規定と親族組織」）。藤原氏が天皇家に送り込んだ后も、死後は多くは木幡に葬られた。現在、木幡のいたるところに「宇治陵」があるのはそれらの后妃の墓であるということで宮内庁が指定したものである（ただし、どれが誰の墓かは不明。また道長などの墓も含まれていると思われる）。この話で「子孫は繁昌している」とあるのは意味が取りにくいが、倫子が生んだ藤氏一族のことをさすとすれば、雅信ら宇多源氏にとって男系の子孫ではないのが問題になる。また倫子が死んだとき、すでに藤原摂関家は繁栄の頂点にあったので、倫子の骨を雅信の骨のところに置いた「後」に繁昌したというのはそぐわない。雅信の子孫は政治家というより音楽家として名高いが、忠実のころにも活躍していたので、そのことを言うのであろうか。またそう解すれば、国母となった藤氏の后を死後に木幡に葬ることも、摂関家全体の繁栄につながることになるわけである。

そうすると、出世した子を生んだ母は、出身一族の墓所に葬りたいという実家の要望があるわけであるが、そうでない女性もいる。遵子には子がなかったので、公任は木幡へやるより散骨する方がよいと思ったのであろうか。またそれとは対照的な方法だが、玉殿に一人閉じこもるのも、一族の墓地へ行かないという点では共通するともいえる。そう思って前節の玉殿に葬られた女性たちを見ると、行成の母は一応別として、他の女性は産死したり、十代なかばで若死にしたり、道長系に圧迫されて不遇だったりしていることがわかる。彼女たちは別の方法で自分の遺骸とともに魂を残そうとしたのであろうか。

村上源氏の墓所

村上源氏も北白川に一門の墓地を持っていた。現在の京都市左京区北白川丸山《まるやま》町の丸山と考えられる（角田文衞「村上源氏の塋域」）。藤原師実の室源麗子《れいし》は源師房の四女で、師実に嫁して師通を生み、永久二年（一一一四）四月三日に死んだ。二十二日に火葬され、遺骨は大将軍の方角を避けるため、故重任《しげとう》の堂にいったん移された。藤原宗忠は「京極殿（麗子）は誕生以来、故山井大納言信家卿（藤原教通の子）に養育され、藤氏を名乗られてきたが、やはり本来の生まれにもとづいて源氏の人々の骨を埋めた墓所の辺に置かれるとのことで、木幡には渡されない」と書いている（『中右記』永久二年四月二十二日条）。

忠実の室源師子も村上源氏から迎えた妻で、源顕房《あきふさ》の次女だった。師子は久安四年（一一四八）十二月十六日に没し、十九日に火葬された（『台記』）。その遺骨は長らく生蓮寺《しょうれんじ》に安置され、頼長も時々生蓮寺で嫡母の骨を拝したが、久寿二年（一一五五）五月になって、忠実のはからいで北白川の寂楽寺《じゃくらくじ》北山にある村上源氏の墓地に改葬されることになった。師子の骨は麗子の墓所の前ほどに埋められた。年来供養していた阿弥陀経数百巻を竹筒に納めて穴の四方に立てめぐらし、中央の穴に骨瓶を安置し、埋め戻して卒塔婆や釘貫を立てた。ここは中務宮《なかつかさ》（具平親王《ともひら》）以下、村上源氏一門の墓二十一基が集まっていた。改葬が終わって、本堂で仏事があった。この堂は三昧堂で、故土御門右府（源師房）が父の具平親王の追善に建てたものだった（『兵範記』久寿二年五月二十日条）。規模は小さいながら、木幡と浄妙寺に似た構成の一門墓地が作られていたことがわかる。

村上源氏出身の女性も嫁ぎ先ではなく出身一門の墓所に葬られているが、これら一門墓地で史料に現れるものは平安時代後期には多くない。摂関家や村上源氏など、朝廷で高位にのぼる人々の家に限られているし、また骨をそこに埋めるのが子孫の繁栄につながるという考え方が顕著である。これらの一門が高位高官を輩出したという実績から、一門墓地にその幸運の源泉を求める考えが生まれ、それによって墓地が強化されてきたのではないかと思われる。中下級貴族の場合、死後それらの墓地に行くことは望めなかったろうし、みずからの「家」は院政期にはまだ形成途上にあった。平信範の妻は死後、知足院内の能寂院《のうじゃくいん》丈六堂に運ばれたが、能寂院は信範の妻が父の藤原有家の法事を行っていたところで、丈六堂は信範が八条から移築して自分の父母を祭祀する寺としたものだった（高橋秀樹《たかはしひでき》『日本中世の家と親族』）。しかし信範の妻はそこから「山」に葬られた。この山は船岡山以外に考えられないが、おそらく一家の墓域が船岡山の中にできていたわけではなく、共同利用の丘陵地の適当な場所を選んで葬ったのであろう。藤原俊成は法性寺近くの妻の墓の側に葬られたが、ここも御子左《みこひだり》家の代々の墓かどうかは疑問である。ただここでは妻と墓を並べるという、摂関家や村上源氏にはない形の墓が造られている。

散在する墓

一門墓地のような氏族共同墓地を院政期の墓の一般的な形態とすることはできない。庶民の間では風葬が行われていたこともちろんあるが、墓を造ることができる階層は日本中ではかなりの数にのぼったであろう。しかし発掘がこれだけ行われているにもかかわらず、全国で十世紀から十二世紀中期までの間の共同墓地は発見されていないようである。このころの墓は一〜数基程度が村落周辺の発掘で偶然にみつかる程度だという。平安時代の墓の状況について、河野眞知郎《かわのしんじろう》氏は「関東ですと、竪《たて》穴《あな》住居はかなり後まで続いていますが、墓は横穴墓のあとどうなるかよくわからないのです。横穴墓が終わってしまうと、そのあと遺体をどこにどう葬ったのか、全然わからなくなってしまう。中世になるとまたわかってくるわけです」と語り（『シンポジウム日本の考古学5　歴史時代の考古学』）、京都周辺について五十川伸矢《いそがわしんや》氏は「九〜十一世紀ごろの墓の遺跡に関しては、その検出例の少なさは著しく、なおかつ群をなして墓が形成されているという形跡も希薄である」と述べ（『古代・中世の京都の墓』）、大宰府《だざいふ》周辺について中間研志《なかまけんし》氏は「火葬蔵骨器は奈良〜平安前半期までみられ、更に平安末乃至《ないし》鎌倉期に再び盛行する」「釘使用木棺墓は平安前半期に集中し、十世紀中ごろ以降激減し、十二世紀以降再び散見されるようになる」と概括する（『大宰府の奥津城』）など、平安中〜後期の墓の少なさは全国的なもののようにみえる。

　このころは風葬が多かったことも事実だろうが、墓を造れる財力を持つ階層もこぞって風葬していたとは考えにくいので、墓が分散しているために見つかりにくいのかもしれない。共同墓地の出現前夜とみられる天養元年（一一四四）六月二十九日に書写された播磨《はりま》国の極楽寺《ごくらくじ》の瓦《かわら》経銘《きょうめい》（『平安遺文金石文編』二九九号）には、極楽寺の別当禅慧《ぜんえ》が二年前にこの寺に来て以来、「光明真言・尊勝陀羅尼《そんしょうだらに》加持《かじ》の土砂《どしゃ》をもって、当寺ならびに国中の尸蹤墓所《ししょうぼしょ》において散らしむること、幾千万処たるを知らず」と書いている。「幾千万処」という表現は、あちこちに少数ずつ作られている墓を丹念に探し歩いたという趣がある。「尸蹤」は放置死体が白骨化したものなどをさす可能性もあるから、この中で墓がどのくらいあったかはわからないし、逆に「当寺」と言っていることから考えれば、このときすでに極楽寺には共同墓地が全国に先駆けてできていたようにも見えるが、そのころ現地を歩けば、分散はしているものの墓も数はかなり見つかったのではないか。

空閑地点定墓制

ある場所でみつかる墓が一〜数基程度では、一つの家族構成員でさえ足りるかどうかだから、当時は先祖代々の墓を一か所に集めることは普通のことではなかったらしい。平安時代の墓のこのようなありかたは、一部を前にも紹介した『今昔物語集』巻二十七第三十六話からもうかがうことができる。播磨の印南野《いなみの》で日が暮れ、田の番をする小屋に宿った男は、夜中になって葬式がやってくるのに気づく。葬列は小屋から二、三段（二、三十メートル）離れたところに棺を運んできた。男は「葬送する場所はかねてからみなその用意がしてあって、はっきりわかるものだが、これは昼間そうは見えなかったのは怪しいことだ」と考えた。

この話はこのあと、葬送された塚の中から死人が現れて男を追いかけるが、実は野猪《やちょ》が化かしていたという怪異譚《かいいたん》になる。しかしこの男の発言からわかるのは、このころは墓を共同墓地ではなく適当な空き地に造ろうとすることが多かったらしいが、その場合は、昼のうちからその場所に囲いか何かをしておいて、夜になったらここに墓を造ろうと思っている者がいることを世間の人々にわかるようにしておくのが普通だった、ということである。つまり、いままで墓地でも何でもなかった空き地に墓ができること自体は不思議ではなく、よくあることだったと思われるのだが、そういうときは少なくとも当日の昼間からその予定地であることがわかるようになっているはずだから、それを見たらこちらもそんな場所を避けて別のところに宿を取ったはずなのに、そうは見えなかったのを不審がっているのである。ここでいう用意とは具体的にどのようなものかは不明だが、藤原俊成の墓の予定地に、石を丸く並べて目印にしておいたというのはその一例であろう。

この時代の日本は現代よりはるかに人口が少なかった。人間の手が加わった土地も少なく、未開の野が広がっていただろう。そういう山野を任意に選んで墓を造るのが普通のことだった。このような墓の作り方を「空閑地点定墓制《てんじようぼせい》」と呼ぶことにする。これは以前のシンポジウム『中世社会と墳墓』での私の発言を聞いた高田陽介《たかだようすけ》氏が命名した名前だが（『村の墓・都市の墓』シンポに寄せて」）、ありがたく頂戴することにした。

墓が分散している理由はよくわからないが、分散自体が目的ではないのだろう。屋敷墓を除けば、墓の中に長期にわたって死者の魂が残るとは考えていなかったのかもしれない。墓参の慣行があるかどうかにもよるだろう。墓参すればそれぞれの墓に死者がいるかのように祈ったり話しかけたりする。つまり死者の生活が墓の中で続いているかのように振る舞う。それなら夫婦など近い人は近くの墓に入れたいように思えるから墓が集まることになるだろうし、昔の人の墓のありかを忘れないためにも集めておく必要があろう。平安時代には末期を除くと石塔など永続的な墓標が未発達であることも考えれば、長期間墓を記憶する必要は多くの人が認めておらず、風葬など墓がまったく残らないやり方とも、そうかけ離れた心意ではなかったのかもしれない。

墓が集結するようになるもう一つの場合は、ある場所が墓を造る適地なので、そこに葬りたいという願望が現れるときである。次章で述べる、十二世紀後半から出現する共同墓地はこれにあたる。

京都周辺は他の地域に比べると格段に人口が密集していたはずだが、それでも京の邸宅街の付近でさえ、死体を放置することがしばしばあったことは前述した。院政期までの感覚ではそれが普通のことだったと思われる。

天皇陵

宇多《うだ》法皇以後の天皇は譲位後に死んで、国忌《こっき》・山陵《さんりょう》は停止するという遺詔が発表されることが多くなった。在位中に死んでも「如在の儀」で生存を装い、譲位したという形式を取って遺詔が発表されるので、「陵」は造られていない（堀裕「死へのまなざし」）。十一世紀以後は、堂宇に火葬骨を安置する葬り方が多い。またこの時代の天皇家は集団墓地を持っていない。一条・後朱雀・後冷泉・後三条・堀河の五人の陵が龍安寺《りょうあんじ》北方の同じ墓域にあるが、これは御願寺の一つ円融寺《えんゆうじ》が龍安寺の位置にあったことによる（現在の陵墓は幕末の治定）。

平安時代の天皇陵は、右京区の衣笠《きぬがさ》から鳴滝《なるたき》にかけての地域に比較的多いが、全体としては京都周辺の各地に点在している。陵墓《りょうぼ》の選定のしかたがわかる天皇は少ないが、一つは生前から特定の場所に決めたり、墓地を選ぶ方針を指定しておくものである。嵯峨《さが》上皇は「山北幽僻不毛之地」にせよと言い（『続日本後紀』承和九年〈八四二〉七月十五日条）、淳和《じゅんな》上皇は骨を砕いて山の上に散らせと遺言した（『続日本後紀』承和七年〈八四〇〉五月六日条）。清和《せいわ》天皇は退位後に遊覧した嵯峨水尾《みずのお》の地を愛し、水尾山寺に仏堂を造っていたが、死の直前にここを終焉の地と定めた（『日本三代実録』元慶四年〈八八〇〉八月二十三日条・十二月四日条）。宇多法皇も生前、仁和寺北方の大内山《おおうちやま》に登って自分で陵地を決めた（『貞信公記』延喜十九年〈九一九〉八月十六日条)。院政期の白河・鳥羽・後白河の三法皇も生前から葬られるための寺院を用意していた。

遺言で墓所を決めていなかった天皇の場合は、陰陽師がよい方角を決め、その方向にある適地を選んだらしい。後一条天皇のときは、陰陽助安倍時親《ときちか》が「甲《きのえ》の方」(二十四方位で寅と卯の間。東よりやや北に寄った方位。刊本では「申方」とあるが、実際に決められた葬地の位置から考えて甲方の誤写と考えられる)と答申し、遺体を仮安置した上東門院から甲の方角にある神楽岡《かぐらおか》付近を藤原資業《すけなり》朝臣と時親が巡検して、山作所《やまつくりしょ》の設定場所を決めた(『類従雑例』長元九年〈一〇三六〉四月二十二日・五月十三日条)。後一条天皇は火葬後しばらく遺骨を浄土寺に安置したのち、火葬地に造営された菩提樹院に葬られたが、火葬地がそのまま墓所になった天皇は多い。

自分で場所を選ぶ場合でも、その場所は天皇個人の思い思いのところで、特に決まった墓域はない。后をいっしょの墓にすることは、仁明天皇女御藤原貞子《ていし》を天皇の「深草山陵兆域内」に葬ったり(『日本三代実録』貞観六年〈八六四〉八月三日条)、後朱雀天皇の皇后陽明門院を「後朱雀院御骨の傍」に葬った(『中右記』嘉保元年〈一〇九四〉二月五日条)などわずかな例はあるが、天皇の遺志として后との合《がっ》葬《そう》を望むことは、次に述べるように平安末期を除けばみられない。このような天皇陵のありかたは、当時一般に見られた、空閑地を適当に点定して墓を造るという墓制と通ずるものがある。

夫婦墓

十二世紀後半になると、墓制にはいろいろな変化が検知できるようになる。最大の変化は丘陵上の大規模な共同墓地がこのころから次の世紀にかけて全国各地に出現することだが、これは章を改めて述べることにしたい。貴族の墓制での変化の一つとして、夫婦いっしょの墓がこのころから文献に登場する。

仁安三年（一一六八）六月、高倉《たかくら》天皇の外祖父母に正一位などの官位を追贈することになった（『兵範記』仁安三年六月二十九日条）。高倉は後白河法皇の第七皇子で、母は建春門院平滋子である。滋子の父は兵部権大輔平時信、母は権中納言藤原顕頼の娘祐子だが、二人ともすでに死去していた。物故者に官位を追贈するときは、勅使《ちょくし》が宣命《せんみょう》・位記《いき》を墓前で読み上げ、それから位記を焼くのである（『兵範記』保元二年〈一一五七〉三月二十日条）。

時信は桓武平氏高棟《たかむね》流で、清盛などとは異なり官人の道を歩んだ流れで、知信の子。弟は『兵範記』の記主平信範である。信範の記すところによると、勅使は院の近臣として知られる少納言高階泰《やす》経《つね》で、二人の墓所である東山四条末の十楽院《じゅうらくいん》東の墓地に向かった。ここは「故顕尋法眼結界之地」で、縁あってここに「殯斂《ひんれん》」されていた（おそらく土葬であろう）。存生のとき連理の契りがあったので、死後も一所に葬られたという。このため位記・宣命は二人分だが、勅使は泰経一人だった。

鳥羽法皇は寵愛する美福門院（藤原得子）と墓を並べることを望み、かねて鳥羽東殿の安楽寿院に二基の塔を建立していた。一基は自分用、一基は得子用のつもりだった。法皇は保元元年（一一五六）に死に、塔の一つに葬られた。美福門院は安楽寿院で仏事を勤めたが、のち白河押小路殿に移り、永暦元年（一一六〇）十一月二十三日に没した。翌日火葬にされ、遺骨はいったん安楽寿院の塔に安置されたが、実は女院の遺言は、高野山《こうやさん》に納骨してほしいというのだった。女院の塔の三昧僧は天台僧六人で、法皇の塔にも同じく六人いたが、両者は力を合わせて、遺骨が高野山に渡されるのを阻止しようとした。僧たちは「なにゆえ弘法大師《こうぼうだいし》を貴んで伝教大師《でんぎょう》を賤しめるのか。故鳥羽院が定めておいたことを今になって改易するのは不当だ」と抗議したが、遺言だからと説明すると、それなら分骨せよと言った。しかしそれも退けられ、御骨はなくても三昧の勤めを怠らないよう僧には言い含めて、十二月二日に遺骨は高野に運ばれた（『山槐記』永暦元年十一月二十四日・十二月六日条）。最後に法皇は袖にされてしまった。なお、この塔にはのちに美福門院の生んだ近衛《このえ》天皇の遺骨が納められた。

後白河法皇の場合は、寵愛する建春門院が先に死んで、前述のように蓮華王院東の法華三昧堂の下に葬られた。ここは法皇が自分の墓堂にするためかねて建造中のものだったが、女院を納めることにした。藤原兼実は、法皇は女院をこの堂に納めて法皇用はまた別に作ろうと思ったが、前大僧正覚《かく》忠《ちゅう》や仁和寺宮守覚《しゅかく》が法皇用に作られた堂に女院を納めることに反対したので、急遽新造したと書いている（『玉葉』安元二年〈一一七六〉七月十日条）。しかし死から葬送まで二日しかなく、その間に堂を新造することはできないから、この記述は何かの誤聞かもしれない。『百練抄』は、造営中だった新法華堂に建春門院は葬られたが、葬儀のときになってようやく作事が終わったと記しているが、この方が自然である。後白河法皇自身の葬送については各古記録の記事が簡単だが、『百練抄』は蓮華王院東法華堂と書いているから、建春門院の葬られたのと同じ堂と思われる。

このように十二世紀中期から、夫婦墓やその計画が記録に見えているが、これは貴族の「家」の成立にむかう流れと関係があるものだろう。またさきにも書いたように、夫婦の墓を隣接させることは、夫婦いっしょの暮らしが墓の中でも続いているように扱うことでもある。分散する墓が普通だった時代から、いろいろな面で墓に対する感覚が変化しようとしているのかもしれない。鎌倉時代には墓参の慣行もかなり史料に現れるのである。

第6章　共同墓地の形成

1　諸人幽霊の墓所

結界の地

前章で紹介した平時信《ときのぶ》夫婦の墓は、東山の十楽院《じゅうらくいん》東の墓地にあったが、これは故顕尋法眼《けんじんほうげん》が結界《けっかい》した地だったという。十楽院は現在の青蓮院《しょうれんいん》の背後の地にあった寺院で、永久三年（一一一五）に延暦寺の東陽房《とうようぼう》の里坊として忠尋《ちゅうじん》が開いた。『京都市の地名』には「十楽院跡の東に山門東陽坊の別院東陽坊があった。その跡地に墳墓があるが、四六代天台座主《てんだいざす》忠尋のものとも、当坊七世顕尋の墓ともいい、定かでない」と記す。顕尋法眼は鳥羽法皇の葬儀では、安楽寿院《あんらくじゅいん》御堂から棺が出たあと堂で阿《あ》弥陀護摩《みだごま》を修したことが見える（『兵範記』保元元年〈一一五六〉七月二日条）。この顕尋が結界した地に、縁あって夫妻が葬られた（「故顕尋法眼結界之地、有縁殯斂」）というのだが、この表現から考えると、当初から時信夫妻だけの墓地として顕尋が選んだ地というわけではなさそうである。僧が墓地に適した地を設定し、おそらく当初は自分を含めた寺僧の墓地にするつもりだったのが、縁あって俗人も葬られたということではないかと思う。

僧が選んだ墓地に貴族が葬られる例は他にもみえる。寿永二年（一一八三）十二月八日、吉田経房《つねふさ》の長女の比丘尼最妙《さいみょう》が二十五歳で死んだ。昼ごろ臨終の行儀として手に印契《いんげい》を結び、阿弥陀如来像の方を向いて五色の糸を引いて念仏したが、午後には意識不明になり、戌時（午後八時）に入滅した。十日夜に葬礼が行われた。大原を墓所としたが、これは「時叙《ときのぶ》少将鎮《しず》め置くところの山」だったという。葬儀万端は大原の明定《みょうじょう》上人に沙汰《さた》させた。輿で運び、如在《にょざい》の儀を用いた。十七日、ある「青女房」が夢を見た。死んだ最妙が広い野中に変わらぬ姿で立ち、そのあたりには火炎が見えたが、苦しそうなようすはなかった。亡者は「極楽の蓮《はちす》のことを思ふには炎の中も涼しかりけり」という歌を示した。最妙が顔を向けた方を見ると、蓮花が雨のように降り注ぎ、地にも積もっていたという。後日、明定上人がこの夢について、野は中有《ちゅうう》であろう、九品《くほん》の中で下品中生《げぼんちゅうしょう》は一葉の花が雨のように降るというから、往生《おうじょう》の望みがあると語った（『吉記』寿永二年十一月八日・十日・十七日条）。

墓所を鎮めたという時叙少将は『拾遺往生伝』中巻十四話にも見える著名な往生人である。一条左大臣源雅信《まさのぶ》の子で、十九歳で世を捨てて出家し、法名を寂源《じゃくげん》と称し、大原に住んで勝林院《しょうりんいん》を開いた。治安四年（一〇二四）三月二日入滅（『小右記』）。

時叙少将が「鎮め置いた」というのは、具体的にはどのようなことか不明だが、墓所として結界し、そこが聖地化するような儀礼を行ったということであろう。寿永からはかなり昔の人だが、勝林院近くの墓山にそういう由緒があることを明定上人から聞いていたのかもしれない。

この葬送で注意を引かれるのは、京都で火葬して遺骨を大原へ納めたというのではなく、死体を輿で大原まで運んだらしいことである。京都中心部からの直線距離では、大原は木幡《こばた》とほぼ同じである。しかも牛車が通れない山道があるので輿を使ったのだろう。そこまでして死体を運んだことや、「如在之儀」（平生《へいぜい》の儀に同じ）を用いたとあることから土葬と思われるが、このような処置は墓所との関係が何かあるのかもしれない。また、「一向明定上人に示してこれを沙汰せしむ」とあるように葬儀全体を僧に仕切らせているが、貴族の葬儀で僧が全般を沙汰するというのはこれが早い例ではないかと思う。他にはかなり遅れるが、『経俊《つねとし》卿記』建長八年（一二五六）六月九日条に、この日死んだ吉田為経の葬儀をその夜に吉田の浄蓮華院《じょうれんげいん》で行うのを「その間の事、善知識戒音上人一向その沙汰を致す。亡者存生に委細示し置くとうんぬん」とあるように次第にこのやり方が普及してくるようである。葬儀においてしなければならないことのどの範囲までをすることが「一向」なのかは必ずしも明らかではないが、『文保記』によれば、籠僧《ろうそう》に依頼された僧が入棺をしたり、棺を担ったりすることがあったらしい。

一の谷中世墳墓群

いま検討した十楽院と勝林院の二例はさほど大きな墓地ではないようだが、十二世紀後半から十三世紀にかけて、全国的に大規模な共同墓地が出現することが知られている。その代表は静岡県磐田《いわた》市の一の谷中世墳墓群遺跡である。磐田市北方の見付《みつけ》は遠江《とおとうみ》国府の所在地であり、中世には守護所も

写真8　一の谷中世墳墓群　南区　集石墓（磐田市教育委員会提供）

置かれて古くから都市として発展していたが、見付を見下ろす北方の台地上に巨大な中世墓地が埋もれていたことが発掘調査によって判明した。墓と火葬遺構を含めて千二百基以上が集結し、特に石を方形に積み上げた集石墓が累々としているさまは全国の研究者に大きな衝撃を与えた。一の谷が都市見付の住民の墓地と考えられたことから、都市史研究の面からも注目を集めた（写真8）。

報告書（『一の谷中世墳墓群遺跡』本文編）によれば、一の谷中世墳墓群は十二世紀後半に始まる。最初に出現するのは塚墓《つかぼ》と名づけられた墓で、土を盛り上げ、周囲を溝または削り出しで区画している。百六十一基を数える。土葬墓が圧倒的に多いが、火葬墓も少数ある。これが十二世紀後半か遅くとも十二世紀末には造られはじめ、十三世紀には衰退しつつ十四世紀後半まで造られている。この被葬者は見付の在庁官人層と考えられている。

十三世紀前半には塚墓の系譜をひくと考えられる土坑墓《どこうぼ》が出現する。二百七十七基を数えるが、この多くは土葬で、骨は出土していないが側臥屈葬《そくがくっそう》が多いと思われ、また釘《くぎ》の出土状況から棺の使用率は低かったとみられるという。土坑墓は十四世紀まで造られた。

土坑墓と並行して盛んに造られるのが集石墓《しゅうせきぼ》で、十三世紀後半から現れ、十六世紀まで続いて総数四百二十九基に及ぶ。火葬墓である。塚墓や土坑墓とは葬法や墓の構造が異なり、被葬者は台頭してきた町人層ではないかとも考えられるが、集石墓を造る理由は今日まで解明されていない。

二九頁でも紹介したが、この遺跡では塚墓の周溝上にのちに集石帯が造られており、その上から釘が発見された。この釘は棺の釘と推定され、塚の間に棺を放置する『餓鬼草紙』の絵が実景であったことが裏付けられた。一の谷の墓の数は多いとはいえ、数百年間の見付の町の全住民を葬ったにしては足りない。少なくとも鎌倉時代までは、多くの人々はこのようにして風葬されていたのであろう。

造墓運動

このような丘陵上の共同墓地はこの時代、必ずしも都市周辺に限らず各地に造られていた。十二世紀後半から十三世紀にかけて造立され、十六世紀には衰退するものが多いが、大和などで現在も多くみられる惣墓《そうばか》（郷墓）は、これらの中世墓地が現在まで存続しているものと考えられる。惣墓は周辺数か村の入会の墓地であるが、中世の共同墓地もこれと同じように周辺のかなり広い範囲から被葬者を集めていたものと思われる。多くの地域で十六世紀にはこれらの中世墓地が衰退するのは、個々の村が自立性を高め、村ごとの共同墓地を造るようになること、都市では寺院境内墓地に吸収されること、によるとみられる。広範囲から被葬者を集めた中世墓地がより小単位の共同墓地へと分解してゆくのである。

十二世紀後半までの人々は一般に共同墓地をもたず、空閑地に任意に墓地を設定するというやり方がとられていたであろうということは前にも述べたが、平安時代から中世までの墓地の傾向は、おおまかには、

空閑地点定《てんじょう》墓制（〜十二世紀）＋ 屋敷墓（十世紀〜）

広域共同墓地（十二世紀後半〜十六世紀）

村落単位の墓地・寺院境内墓地（十六世紀〜）

と推移したものと考えている。

京の鳥辺野や蓮台野もそのような全国的なうねりの中で十二世紀後半から新たな発展をとげてゆくと思われるが、それについてはあとで改めて述べたい。この時期に共同墓地が出現するのは、社会的な需要もあっただろうが、それはむしろ墓地が設営されてはじめて顕在化する性質のものかもしれない。共同墓地がある場所に最初に出現する契機は、宗教者の活動によるものと考えられる。さきに見

たように京都周辺でも、十二世紀後半には高僧が結界した墓所に貴族が「誘致」されはじめていたが、同時期には後述するように蓮台野もすでに形成されていた。

経塚と墓地

墓地の初発に何があったのかを明確にできる例は少ないが、まず経塚《きょうづか》が造られたことが確かめられる例もある。三重県松阪《まつさか》市の横尾《よこお》墳墓群は十二世紀後半から十六世紀に至る中世墓地で、松阪市伊《い》勢寺《せでら》町横尾の山の尾根上や斜面から集石墓《しゅうせきぼ》三百七十基余、墳丘墓《ふんきゅうぼ》七基、土壙群《どこうぐん》三百九十七が発見された。集石墓と墳丘墓は火葬墓で、土壙群には火葬施設の跡と火葬墓とがあるが一部土葬墓と推定されるものもみられる。集石墓のうち三五号墓は十五世紀後半〜十六世紀の新しいものだが、その盛り土の中から十二世紀後半〜十三世紀前半の複数の経筒外容器の破片が発見され、また尾根筋の高所から伊勢市の朝熊山《あさまやま》経塚に類似した土壙が発掘されて、かつて経塚があったことが推定された。この土壙に近い少し下がった尾根筋にこの古墓群の最古の墓が造られている（宮田勝功《みやたしょうこう》・田阪仁《たさかひとし》「横尾墳墓群」）。

京都府福知山《ふくちやま》市今安《いまやす》の大道寺《だいどうじ》経塚は、大道寺跡の発掘によって検出された。鎌倉時代以降の掘立柱建物跡に隣接する一段高いところに二十七基の火葬墓と一基の経塚があり、鎌倉〜南北朝期の埋葬遺構と考えられる。経塚は古墓群の南西端で最高所からみつかり、須恵器《すえき》の外容器の中に経筒三口があった。このうち二口は筒身が竹製で底と蓋が木製であった。中に入っていた紙本経巻残塊は法華経八巻と阿弥陀経一巻の計九巻と判明した。経塚は古墓群よりやや先行するようで、霊地的な意味でまず築かれたものと推定される（杉原和雄《すぎはらかずお》「経塚遺構と古墓」）。

これらの例にみられる経塚の造営は丘陵を霊地化する試みで、その周辺に墓が展開すると藤澤典彦《ふじさわふみひこ》氏は考えている（「墓地景観の変遷とその背景」）。文献史料では、兵庫県川西市《かわにし》に所在する真言宗の古刹満願寺《まんがんじ》の文書の中に、当寺を外護していた多田《ただ》荘の政所《まんどころ》沙弥《しゃみ》が文永十年（一二七三）閏五月二十二日に満願寺近くの「池山」の殺生を禁断した禁制《きんぜい》がある（満願寺文書、『鎌倉遺文』一一三二八号）。そこには池山は「満願寺仏前たるの上、如法経《にょほうきょう》数部奉納の地たり、諸人幽霊の墓所なり」と書かれている。如法経とは一定の規則に従って経典（特に法華経）を書写して、これを埋める行事である。確かに埋経の場所が「諸人幽霊の墓所」になっているのである。

満願寺の池山の所在地は、住職にお尋ねしてもはっきりしなかったが、奥《おく》の院《いん》跡のあたりに昔は大きな池があり、この付近が明治以前は一山の中心だったと伝えている。現在この池のあたりにある霊園は戦後に開設されたとのことだった。しかし中世の満願寺が「池山」の墓所を管理していたことは文書から明らかである。大道寺経塚の例もそうだが、これら寺院との関係が明らかな経塚・中世墓地は、その寺院の僧によって造られたものであろう。もともと寺院と墓地との関係はうすく、今日のような境内墓地は中世後期に発展するのだが、この時代には顕尋法眼が墓所を結界したのと同様の僧侶による活動が各地で行われるようになっていたのである。

墓地全体をひとつの経塚で霊地化するのではなく、個々の墓に経を埋めることもあった。京都府熊《くま》野《の》郡久美浜《くみはま》町品田の権現山《ごんげんやま》経塚は古墳の墳丘上に営まれた経塚群だが、五基の経塚のうち四基は円形土壙と組になっており、この土壙は火葬骨を埋納したものと推定されている（杉原和雄前掲論文）。

このような個別の墓への埋経の例も文献から拾うことができる。『明月記』建仁二年（一二〇二）五月二十二日条によると、この日定家は良経の供をして法性寺殿に赴いた。宜秋門院《ぎしゅうもんいん》（藤原任子。兼実の娘）も密々に来ていた。この日は「如法経埋めらるる日」だったが、定家は道家の社参のお供があるので、この日は墓所に入らなかったと記しているので、墓所に経を埋めたものだろう。法性寺殿は兼実の父忠通の邸宅で、忠通は長寛二年（一一六四）に没している。相当前の人だが、『明月記』には元久元年（一二〇四）二月十五日条にも故法性寺殿のために墓所で一万本の卒塔婆を供養し、また日ごろ写経してきた如法経十種を供養して墓所に納めたという記事があり、忠通の墓所に対する埋経《まいきょう》は死後四十年たっても行われていた。このころ復活しつつあった九条家への加護《かご》を忠通の霊に祈っていたのかもしれない。

建永元年（一二〇六）九月六日、前大僧正慈円《じえん》が故藤原（九条）良経のために九条家の墓所小松谷で如法経供養を行い、その経を墓の傍に埋めた（『三長記』）。良経はこの年三月七日に急死していた。慈円は兼実の弟であるが、のちに彼は、兼実の子が良通《よしみち》に続いて良経まで急死したのは、保元の乱後に知足院《ちそくいん》に幽閉されて死んだ忠実（忠通の父）の悪霊のしわざであろうと書いた（『愚管抄』巻六）。

弘安六年（一二八三）九月十一日には、大宮院《おおみやいん》藤原姞子《きっし》（後嵯峨天皇中宮）が如法経十種の供養を行い、一部を先公の墓に奉納した。大宮院の父は西園寺実氏《さいおんじさねうじ》で、文永六年（一二六九）に没していた。また正和三年（一三一四）十月一日には、准后藤原貞子《ていし》の十三回忌に如法経を墓所堂に奉納する行事が行われた。これまでにも毎年行っていたという（この二例は『公衡公記』）。

これらの例から、貴族が追善《ついぜん》のために墓に経典を埋めることはよく行われていたことがわかる。

勝地

中世にできる共同墓地は、尾根の上や台地上など、日当たりがよく眺めのよい場所が多い。一の谷もそうだし、京都では現在も墓が集結する鳥辺山など、現代人がみても墓の好適地と感じられる。

このような場所は古来「勝地《しょうち》」と呼ばれてきた。この語は形勝の地、何かを行うに適した地を意味する。前述したが、摂関家が平安時代初期から墓所としてきた木幡《こばた》のことを、浄妙寺の鐘銘（『政事要略』巻二十九）では「勝地」と書いていた。天台座主良源《りょうげん》が天禄三年（九七二）に書いた遺告でも、墓所は自分で点定するつもりだが、もしまだそうしないうちに自分が死んだら「北方の勝地」にせよ、と遺命している（廬山寺《ろざんじ》文書、『平安遺文』三〇五号）。また二十五三昧会を結成した源信《げんしん》も、起請（十二か条本）で「兼ねて勝地を占めて安養廟と名づけ、卒塔婆一基を建立し、まさに一結の墓所となすべきこと」という一条を設けていた。千々和到《ちぢわいたる》氏はこの表現と、一の谷中世墳墓群や横尾墳墓群の光景、それに関東各地で板碑《いたび》が建立される場所の景観をあわせて、中世ではこのような景色の良い場所が聖別されて「勝地」とされ、そこに墓が造られると説いた（「板碑・石塔の立つ風景」）。滋賀県坂田《さかた》郡米原《まいはら》町番場《ばんば》の蓮華寺は、足利尊氏に攻め滅ぼされた最後の六波羅探題《ろくはらたんだい》北条仲時《なかとき》主従の墓があることで知られるが、この寺の梵鐘《ぼんしょう》は弘安七年（一二八四）に鋳造されたもので、その鐘銘には「右、当寺は、弥陀安置の道場、念仏勤行《ごんぎょう》の霊砌《れいせい》なり。よって近隣の諸人等、寺中の勝地を葬殮《そうれん》の墓所となす」と刻されている（『鎌倉遺文』一五三二八号）。中世ではこのような景観の場所が「勝地」とされて、近隣の人々がそこに墓をもつようになっていた。故中野豈任《やすひで》氏の研究で世に知られた新潟県北蒲原《きたかんばら》郡笹神《ささかみ》村出湯《でゆ》の華報寺《けほうじ》近くの「蓮台野」と呼ばれる中世墓地（中野豈任『忘れられた霊場』）はいまは旅館が建てられているが、そのあとを訪問すると西に向いた山裾の緩斜面で、かつてはそのような勝地だったと思われた。また奥山荘と荒川保との境界で、「非人所」があった入出山《いりでやま》に比定されている（田村裕《たむらやすし》・丸《まる》山浄子《やまきよこ》『「蓮妙之非人所」考』）北蒲原郡中条《なかじょう》町平木田駅前《ひらきだえきまえ》の韋駄天《いだてん》山の一角からも発掘で葺石墓《ふきいしぼ》や宝篋《ほうきょう》印塔《いんとう》残欠、大量の火葬骨が出土しているが、ここも平野にある孤立した丘陵である。中世にさかのぼるかどうかわからないところでも、現在まで使用されている地方の墓地の中には、そうやって中世に「勝地」として選定されたものも多いことだろう。

摂関家の木幡の墓地の南部には、木幡古墳群とよばれる古墳が群集していたことが知られている（前掲『木幡浄妙寺跡発掘調査報告』）。丘陵上の中世墓地と同じ場所から古墳がみつかっているところは多い。三重県の横尾墳墓群もそうだった（前掲「横尾墳墓群」）。中世人も古墳が墓であることは知っていたとみられるので、その場所を選んだとも思われるが、中世人にとって「勝地」であるところは、古墳時代の人も良い場所だと思ったということでもあろう。しかし、そういうことなら各時代に連綿と墓が造られてもよさそうなのだが、これらの地では古墳のあと墓は中絶し、中世のはじまりに再び忽《こつ》然《ぜん》と姿を現すのである。

2　二十五三昧

杉谷中世墓

三重県四日市《よっかいち》市の善教寺《ぜんきょうじ》の本尊阿弥陀如来立像の胎内から、鎌倉時代前期に伊勢国北部に暮らしていた藤原実重《さねしげ》という有力者の作善《さぜん》日記や摺仏《すりぼとけ》、経巻などが発見された。作善日記は元仁元年（一二二四）から仁治二年（一二四一）までの間に実重が行った神仏への作善とその費用の記録だが、莫大な財物を各寺社に施与しており、寛喜の飢饉のさいには京都で救恤《きゅうじゅつ》を行ってもいた。近年『四日市市史』第十六巻別冊として全文の写真・翻刻が刊行されたのを機に注目されている史料である。

倉橋真司《くらはししんじ》氏の研究（「藤原実重の信仰」）によると、実重は嘉禎二年（一二三六）母の十三回忌を機に、「杉谷《すぎたに》」という寺院との関係を深めることになった。十三回忌を行った杉谷の堂には阿弥陀如来像と不動明王像を安置し、また杉谷にあった「池堂」で行われていた毎月十五日の念仏の僧膳料として一石二斗（月別一斗）を支出するようにもなった。願文《がんもん》によれば、これは父母と子息二郎冠者の孝養のためだった。実重は嘉禎四年（一二三八）には杉谷で如法経の書写を行い、埋経を行ってもいた。

『満済准后日記《まんさいじゅごう》』永享五年（一四三三）十月二十三日条に、伊勢国の杉谷と号する山寺が守護のため破却されたという記事があるが、現在の杉谷集落の西の山にかなり大規模な伽藍《がらん》を持っていた寺院らしい。そしてこの一角にあたる山の半腹では、杉谷中世墓と呼ばれる墓群が発見されている。十二世紀末から十五世紀後半に及び、十三世紀を最盛期とするという。倉橋氏はこの杉谷中世墓と「池堂」での毎月十五日の念仏を関連づけ、念仏は二十五三昧会《にじゅうござんまいえ》のものであり、中世墓は杉谷で念仏を修する僧たちが営んだものと推定した。そして実重が母の十三回忌を機に杉谷に結縁《けちえん》することから、やがては彼もこの墓に葬られたのではないかと推定している。残念ながら善教寺文書には墓に関する記述はみられないのだが、池堂での念仏が毎月十五日に行われていることから、これが二十五三昧会であることはほぼ間違いないであろう。

二十五三昧会

二十五三昧会は比叡山横川《よかわ》の源信《げんしん》僧都が寛和二年(九八六)に組織した念仏結社で、二十五人の結《けっ》衆《しゅう》で構成され、この結衆は極楽に往生できるよう助け合い、阿弥陀の縁日である毎月十五日の夕には集まって念仏三昧を修するように定めた(『二十五三昧式』)。結衆の勤めとしてはこのほか、往生院《おうじょういん》という別所を建てて結衆が病気になったらそこに移し、香花《こうげ》や幡《ばん》・天蓋《てんがい》に囲まれて死ぬことができるようにするとか、結衆の墓所を定めて花台廟《けだいびょう》と名づけ、卒塔婆《そとば》を立てて陀羅尼《だらに》をこめておき、結衆が死んだら三日以内にここに葬る、死者は結衆が協力して葬送し、終夜念仏し、遺骨を埋めてその周りで念仏を施し、一緒に帰るなど、葬送に関する規定も定めていた(『横川首楞厳院《よかわしゅりょうごんいん》二十五三昧起請《にじゅうござんまいきしょう》』八か条本)。ことに葬送協力に関する規定はこれ以前に例を見ないもので、「世俗の諱《いみ》を憚りて、もって存生の契りを違《たが》うることなかれ」として、世俗の禁忌を顧慮せず葬送協力を行うことを宣言している。血縁者以外は葬送してはならないという禁忌があり、『今昔物語集』巻二十八第十七話の僧が「□が葬料を給わって立派な葬式をしてもらい、恥を見なくてすんだのはうらやましいことだ。自分などが死んだら、大路に棄てられてしまうだろう」と言ったように寺院内部でさえ葬式互助がなかった当時としてはまさに画期的なものだった。

鎌倉初期に行われた二十五三昧の例としては、『玉葉』寿永二年（一一八三）八月十五日条に、藤原兼実が御堂（九条堂）に赴いて、弟の慈円《じえん》が弟子たちを率いて修した「廿五三昧念仏」を聴聞《ちょうもん》した記事がある。兼実は「源信僧都がこの行を始めたという。最上の功徳である。この法印（慈円）は年来住房でこれを修していたが、今月はこのあたりにおられるので、御堂にお呼びして修してもらった。私も結縁のため女房を連れて聴聞する」と書いている。兼実は九月十五日にも二十五三昧を聴聞している。杉谷の池堂の念仏も二十五三昧会の流れである可能性は大きく、杉谷中世墓もここの寺の結衆が墓所として設定した地だったのかもしれない。

ところで十二世紀の初めから、二十五三昧会に死去直前の貴族が入会して、その火葬場を利用することがあったらしい。保安元年（一一二〇）九月十九日に藤原宗忠の養母西御方《にしのおんかた》が死んだが、葬送は二十六日に「日野南廿五三昧地」で行われた。火葬で骨は木幡に送った。宗忠は「存命中の十七日にこの廿五三昧に入らせたので、地鎮をしなかった」と書いている（『中右記』保安元年九月二十六日条）。高田陽介氏はこの個所について、「廿五三昧地」は「会員制の火葬場」であって、十七日に宗忠はこの火葬場を運営していた二十五三昧会に養母を加入させていたが、未加入の者が利用するときは地鎮をしなければならなかった、と解釈している（「葬送のにないて」）。西御方は京の家で死に、二十二日に入棺して日野に運んだので、「入れる」は場所に入れるという意味には取れないから、高田氏の解釈のように入会させたということであろう。日野は現在の伏見区日野で、縁あって宗忠が造立に尽力していた法界寺《ほうかいじ》をさしている。同寺の南方に葬場があったものだろう。

　これより以前に藤原宗忠の祖母が死んだときには「去十五日入棺、入蓮台廿五〔三〕昧給也、平生之時入給也、」（『中右記』康和五年〈一一〇三〉三月二十一日条。陽明文庫本による）とされているが、ここに見える「蓮台廿五〔三〕昧」も、二十五三昧会の施設かもしれない。この部分は『史料大成』本では「入蓮台廿五膝給也」となっているのだが、陽明文庫本の写真（陽明叢書）では「廿五《三歟》昧」としているので、それに従った。「平生のとき入り給うなり」という注記から二十五三昧には生前に入会していたことがわかるので、この日の「蓮台廿五三昧に入れた」という表現は組織ではなく棺を送った「蓮台」という場所を示すのではないかと思われる。しかし十五日にここに入れて、二十一日に火葬が行われているので、火葬場と解するにはそこで待つ期間が長すぎる。十五日にここに送るときは「万事平生《へいぜい》のごとし」とあって平生の儀を用いたとされているので、仮安置所的な施設であろうか。この「蓮台」については、蓮台野に関連があると考えられるので、あとで詳しく述べることにしたい。

五三昧

二十五三昧が転じた「五三昧《ござんまい》」が墓地を意味する例も、十二世紀中期にみられる。保元《ほうげん》の乱《らん》で重傷を負った藤原頼長は七月十四日に木津《きづ》で死に、その夜輿に載せて「般若山辺」に土葬された。この報告を受けた朝廷では使いを派遣して実検することになった（『兵範記』保元元年〈一一五六〉七月二十一日条）。頼長が葬られた場所について『百練抄』は「大和国般若野五三昧に葬る」、『保元物語』（金刀比羅本）は「般若野の五三昧に送り収めたてまつり」（中、左府御最後）、「彼所は大和国添上郡河上の村般若野の五三昧也。大路より東へ入事一町余、玄円《げんえん》律師、実済得業《じつせいとくごう》が墓の猶東へ、ゆがめる松の下に新五輪有けり」（下、左大臣殿の御死骸実検の事）、『撰集抄《せんじゅうしょう》』七は「奈良の京般若寺の五三昧に土葬したてまつりけるを」と、諸書が「般若野の五三昧」という表現を用いている。同時代史料の『兵範記』が「般若山辺」としか書いてないところにやや不安が残るが、玄円律師や実盛得業の墓の近くだったという表現は現実味がある。この付近に共同墓地があったことは、のちになるが文永六年（一二六九）三月二十五日、律宗《りっしゅう》寺院として再興された般若寺《はんにゃじ》に叡尊《えいそん》が文殊菩薩《もんじゅぼさつ》像を安置したさい納めた願文《がんもん》でも「ここに一の霊場あり、称して般若寺といふ。南に死屍の墳墓あり、亡魂を救ふ媒《なかだち》となす。北に疥《かい》癩《らい》の屋舎《おくしゃ》あり、宿罪を懺《く》ゆる便《たより》を得《う》」と記され（般若寺文書、『鎌倉遺文』一〇四〇四号）、また叡尊の自伝『感身学正記《かんしんがくしょうき》』にも、この年三月五日に「当寺西南野五三昧北端」に非人施行《せぎょう》の場を設けたとあって、京街道の東に位置する般若寺の南側に「五三昧」とよばれる墓地があったことが知られる。

この「五三昧」は、廿五三昧の省略形であろう。遅くとも『保元物語』などが作られた十三世紀前半にはそう呼ばれる共同墓地があったに違いない。もし僧の墓の記述が正しく保元の乱当時に遡るものであれば、当時はまだ僧の墓地であったのかもしれない。しかし叡尊の願文の表現をみると、文永期には一般にも開放されているように思われる。

他の「五三昧」の例としては、親鸞《しんらん》の生涯を描いた十三世紀末の絵巻『善信聖人親鸞伝絵』(高田専修寺本)の親鸞の火葬場面で、火葬の火の上方に「延仁寺《えんにんじ》の五三昧処也」という書き入れがある。この例では、火葬場のことを「五三昧処」と呼んでいる。

二十五三昧会は十三世紀後半からは次第に一般社会にも浸透し、「念仏講」という形で葬式に大きな役割を果たすようになっていくのだが、十二世紀の段階ではまず天台系の寺院でこの組織が普及し、当初は自分たち結衆だけで葬送活動を行っていたのだろう。これに惹かれる京の貴族が死没前に加入して火葬場として利用させてもらったり、のちには必ずしも二十五三昧の結衆とは限らないが天台の僧が結界した墓所に葬られるようにもなっていた。藤原実重も二十五三昧の結衆を援助して、その墓所に葬られることを望んでいた可能性は十分あるだろう。十二世紀後半から共同墓地が出現する契機としては、天台宗を中心とする寺院の僧による結衆用墓地の選定→一般への開放、というひとつのコースが、史料の上からある程度確かめられそうである。後述するが、京の蓮台野も鎌倉時代にはそのはじまりを二十五三昧会と関係づける起源伝承をもっていたし、実際にその形成期には雲林院《うりんいん》の二十五三昧と関係があったらしい。

ただこれがすべての共同墓地についていえるかどうかについては、なお検討が必要である。たとえば、もし結衆の墓地として出発するとすれば、僧侶は通常火葬が多いので、当初から火葬墓が卓越するのが自然である。実際にも発掘された中世墓地に火葬墓が多いのは事実であるが、一の谷中世墳墓群では墓地の起点で出現する塚墓《つかぼ》が土葬墓である。これと関連して、さきにふれたように吉田経房の娘がわざわざ大原まで運んで土葬された理由も気になるのだが、僧の考えと一般人の考えとはまた違うのかもしれない。ある場所に墓を造るのがよいと考えることは、そこで死後の生活が続くとみなすことでもある。この場合、土葬のほうが墓の中に魂が残りやすいという、屋敷墓などにもみられる心意が働くことも考えられる。ただし、最初から火葬の中世墳墓群も多いから、ひとつの考え方だけではなかったのだろう。

結衆の広がり

埼玉県比企《ひき》郡小川《おがわ》町の能満寺《のうまんじ》墓地にある弘安九年（一二八六）銘の板碑《いたび》には、紀年銘《きねんめい》の両側に「□為毎月十五日一結、現世安穏後生菩提也、一結衆已上四十人敬白」とあり、二十五三昧会と同様に十五日に念仏を唱える「一結衆」がこのころすでに関東でも結成されていたことを示している。十四世紀になると、同じく埼玉県川口《かわぐち》市新堀《しんぼり》の歓喜院《かんぎいん》にある貞和六年（一三五〇）の種子《しゅじ》板碑には「二十五三昧結衆、三十余人逆修敬白」と見えて、はっきりと二十五三昧をうたっていた（播磨定男『中世の板碑文化』）。これらは人数からいっても一寺の僧衆というレベルではなく、地域住民を含んだものになっていただろう。京都府亀岡《かめおか》市西町《にしまち》の西光寺《さいこうじ》本堂前庭にある五輪塔地輪は建武三年（一三三六）のものだが、「二十五三昧結衆等」として十八名の人名を連ねている（濱田《はまだ》謙次《けんじ》「亀岡市・西光寺の五輪塔地輪」）。

十三世紀末から戦国期にかけて畿内各地の惣墓《そうばか》に建立される五輪塔や板碑にも「結衆」「一結衆」「念仏衆」が建立したと記すものが多い。初期のものは必ずしも浄土信仰に限られないが、僧の主導を物語っている。坪井良平《つぼいりょうへい》氏の先駆的研究（『山城木津惣墓墓標の研究』）で知られる京都府相楽《そうらく》郡木津《きづ》町の木津惣墓五輪塔は正応五年（一二九二）に建立されたもので、「和泉木津僧衆等廿二人同心合力、勧進五郷甲乙諸人造立之、各毎二季彼岸光明真言一万反、阿弥陀経四十八巻誦之、可廻向法界衆生、正応五年壬辰八月日」と刻されている。また大阪府南河内《みなみかわち》郡河南《かなん》町の寛弘寺《かんこうじ》神山墓地の高所に立つ五輪塔は正和四年（一三一五）のもので「正和四年乙卯卯月八六斎日／六道講衆造立之／願主八斎戒敬念」の銘文があるが、細川涼一氏はこの「八斎戒」は律宗の下級僧侶で葬送の作業に従事した斎戒衆《さいかいしゅう》のことであると指摘している（『中世の律宗寺院と民衆』）。藤澤典彦氏によると、この五輪塔の他に凝灰岩《ぎょうかいがん》の層塔があり、墓地の生成は鎌倉初期に遡るという（「中世の墓地ノート」）。鎌倉後期になって二次的に律宗化され、その段階で五輪塔によって改めて墓地の供養―聖化が行われたのであろう。

奈良県山辺《やまべ》郡山添《やまぞえ》村大西《おおにし》極楽寺の五輪塔は正中二年（一三二五）のもので、「正中二乙丑四月日／大願一結衆／念仏衆敬白」と刻まれている。大西のほか、春日《かすが》、菅生《すごう》、下津《しもつ》、上津《かみつ》、中峰山《ちゅうむざん》、中之庄《なかのしょう》、広瀬《ひろせ》、片平《かたひら》の各集落にもこのような五輪塔があり、この塔のことを「郷墓《ごうばか》」と称するが、塔を中心に墓域が発達しているところとそうでないところがあり、墓制は両墓制《りょうぼせい》だという（木下密運《きのしたみつうん》「中世の念仏講衆」）。この五輪塔は必ずしも惣墓の供養塔ではないようであるが、「結衆」「念仏衆」が建てたものであること、郷墓と称することから、葬送と関係をもつ念仏団体の建立したものであることは確かであろう。

鎌倉時代末期には各地で結ばれるようになった地域住民の「結衆」や「念仏衆」が共同で葬送を行っていたことを直接証明するのは難しいが、源信の二十五三昧会は葬送協力を行う団体であり、その系譜をひく鎌倉時代の寺院内の集団もまた共同で葬送をしていた。鴨長明《かものちようめい》の『発心集《ほつしんしゆう》』巻七第十三話には、高野山《こうやさん》の新別所《しんべつしよ》について「彼の所の習ひにて、結衆の中にさきだつ人あれば、残りの人集まりて、所の大事にて、これを葬るわざしけれど」と述べ、また大和国海龍王寺《かいりゆうおうじ》の僧が貞永元年（一二三二）五月に定めた制規には「一　当寺一結寺僧入滅の時、中陰《ちゆういん》七々の追善を修すべきこと」として、「そもそも界内の病人の依怙《えこ》なき者は、次第に看病し、勧誘教化して、静かに終焉せしめ、葬送処分はすべからく律文に訪《はか》るべし。亡者をして功徳を得せしめんがためなり。横死して悪趣に堕せしむるなかれ。無常院に逮《おく》るは専らこの意のみ」と記している（海龍王寺文書、『鎌倉遺文』四三二八号）。このように寺院内の葬式互助が鎌倉時代には確認されることや、現行民俗で地域の葬式互助を念仏講が行う例がかなり一般的であることから考えて、鎌倉後期から室町・戦国にかけて次第に成長してくる各地の念仏講も同じ役割を担っていたとみてまちがいないだろう。寺院内の僧の集団が、血縁のない人々が葬式の手伝いをするというモデルを創り出し、それが広まっていくのである。家族が少ないため風葬を余儀なくされていた人々も、このような互助組織が普及することによって、その村でのあるべき葬法で葬られることができるようになっていくであろう。

しかしそれが村落のすべての構成員を包み込むのは、おそらくは近世までかかる長い道のりであろう。この本ではそこまで扱うことはできない。少し話を戻さなければならない。

十二世紀後半から十三世紀にかけて成立する各地の共同墓地が、始発において二十五三昧会などの宗教活動と関係していて、その聖地として成立したとしても、この墓地が民間に開放された当初は、まだその利用者の間には念仏講などは広まっていなかったと考えられる。ありえたかもしれないのは、藤原宗忠が養母の死の直前に二十五三昧に加入させたように、僧をメンバーとして作られている念仏組織に個別に加入するという形態だが、それが機縁となって地域社会にもそのような結衆が作られていくのは、現存する金石文《きんせきぶん》から判断して鎌倉時代もかなり遅くなってからであろう。

3　蓮台野の形成

蓮台野

さてこのような中世初期の共同墓地の動向をざっと見た上で、もう一度京に戻ってみよう。京の代表的な墓地、鳥辺野《とりべの》や蓮台野《れんだいの》はこの時期どのような状況だったのだろうか。この検討は、本書の最初に述べた京中の死体の行方をたずねる上でも重要な意味を持つのである。

蓮台野は船岡山《ふなおかやま》西南の野で、鳥辺野と並ぶ京の代表的共同墓地である。蓮台野付近については私もかつて調べたことはあるものの（拙稿「『京師五三昧』考」）、それは近世の地誌類を使ったもので、古い時代の起源的な探求を行うという姿勢ではない。最近、蓮台野については山本尚友《やまもとなおとも》氏が詳細な研究成果を公にしたので（「上品蓮台寺と墓所聖について」）、それを参考にしつつ改めて述べてみたい。

結論的には、平安時代の終わりころにならないと「蓮台野」という地名自体が見えないため、そのころになってようやく一定の範囲をもつ墓地として確立したと思われるが、平安時代を通じて、のちの蓮台野を含む広い範囲が葬送の場として史料に現れている。船岡山の周辺から、岩陰《いわかげ》（北区の左大文字山東麓）、さらには北野社《きたのしゃ》の西で道祖《さい》大路の北にあたる香隆寺《こうりゅうじ》付近が天皇や貴族の火葬の場になっていた。これらがすべて単一の「野」であったわけではなく、当時は平安京西北に広がる野の各地がそのときどきで任意に点定《てんじょう》されて葬地となったということであろう。この点は鳥辺野もやや似ており、平安時代の鳥辺野は非常に広い範囲をさしたが、中世の鳥辺野は鳥辺山を中心とする一帯に範囲が縮小してくる。とりあえずこのように概括すると、空閑地点定型から共同墓地へという流れは蓮台野や鳥辺野についてもあてはまりそうに思われる。

蓮台野の起源については、鎌倉末期の永仁三年（一二九五）ころ成立した『野守鏡《のもりのかがみ》』が次のような説話を掲げている。

恵心《えしん》先徳（源信）は、念仏して往生した衆生が十三の大劫《だいこう》をへたのち蓮花《れんげ》の中から出生するというのは、妙法蓮華経に結縁していない往生のことであって、この経に値遇《ちぐう》し奉ったならば、速やかに妙蓮花より出生し、須臾《しゅゆ》の間に悟りを開くはずだとして、二十五人の智徳を選んで、二十五三昧を始め、行《ぎょう》を行われた。その次第は、昼は法華経を講じ、夜は念仏を行じた。これ以来その法衆はおのおの皆順次に往生を遂げられ、叡山の峰に紫雲《しうん》が常にたなびいた。蓮台野の定覚《じょうがく》上人がこれをうらやみ、また行をされたところ、蓮花が化生《けしょう》したので、そこを結界し、このところに墓を占める人は必ず引摂《いんじょう》しようと発願《ほつがん》した。それより蓮台野と名づけて、一切の人の墓所となった。

これによれば定覚は源信と同時代の僧とされており、その結界した地が蓮台野と名づけられたというのだが、この説話をそのまま事実とするのは問題が多い。これによれば十一世紀初期から蓮台野が墓地として確立していたことになるが、「蓮台野」という地名はその時代にはまだ見えないのである。

蓮台廟

しかし、ほぼその時代に「蓮台廟」というものがあった。葬墓制研究者には知られた史料だが、『類従雑例』(左経記)の長元八年(一〇三五)六月二十五日条によると、この日前斎院の選子《せんし》内親王の葬儀が行われた。以下やや煩雑になるが、関係部分を現代語訳して出しておこう。

(前略)戌刻(午後八時)に北門を出た。判官光兼《はんがんみつかね》が灯火を掲げ、布衣《ほい》だが当色《とうじき》を着ていた。亥刻(午後十時)ばかりに蓮台廟に着いた。くだんの所が御在所《ございしょ》(安置場所)に設定されていた。まず葬所(火葬する場所)から一町ほど離れたところで葬礼の準備をした。車には雨革を張り、車輪には手作の布を巻いた。(葬列の順は)先火、次に幡《ばん》。幡は案主《あんじゅ》が持った。次に御前僧六人、みな当色を着ていた。次に御車。行障《ぎょうしょう》九基を太政官の史生《ししょう》と内蔵寮の史生が持って御車を隠した。その次に入道中将以下が葬列に祗候《しこう》した。（山作所では）迎え火の七人が灯火を掲げて鳥居の左右に分かれて立った。（略）まず鳥居の外に御車を立て、榻《しじ》に轅《ながえ》を懸けた。次に導師の法橋祈統《ほっきょうきとう》が表白《ひょうびゃく》、次に呪願《じゅがん》の前大僧都光康《こうこう》が呪願を読んだ。それから御車を舁《か》いて葬所に入れなければならない。私は前伊勢守光清《みつきよ》に指示して、車を呪願に、牛を導師に与えた。私は内蔵頭・阿波前守の二人とともに外の鳥居の西辺に祗候した。晩に及んで帰京し、御骨は光清朝臣が持って、入道中将とともに三井寺に向かった。御堂の建設予定地に置き奉ることになっているという。葬所の作法は、外の垣には調布《ちょうふ》を引きめぐらし、鳥居には手作の布を懸けていた。内垣の鳥居には生絹《すずし》を引き懸けていた。また火屋《ひや》の上にも同じ絹を覆っていた。火葬が終わり、これらの木材や絹布などは蓮台廟聖に施《ほどこ》し与えたという。

この史料に見える蓮台廟聖は、山作所の資材を下げ渡されていることから、後世の三昧聖《さんまいひじり》、つまり遺体の火葬処理をする人のような印象を与え、従来そう解釈されることが多いが、この聖が火葬の作業を行ったとも書かれていない。蓮台廟は「御在所」として使われていた。この語は死体の安置場所を意味し、葬送関係の古記録にはよく出てくる。一条上皇の葬儀では、火葬後に骨を安置した円《えん》成寺《じょうじ》の一室のことを「御在所」と称しており（『権記』寛弘八年〈一〇一一〉七月二十日条）、後一条天皇のときは、遺体が安置されている上東門院のことを「御在所」と言っている（『類従雑例』長元九年〈一〇三六〉四月二十二日条）など、そのときどきで尊貴な死者が安置されている場所をさす。葬地近くの寺堂にいったん棺を置いてから改めて火葬の場まで葬列を出すのは本書でこれまでに見てきた例にも多くあった。「亥剋ばかりに蓮台廟に到る。くだんの所、御在所に点ぜらるるとうんぬん。まず葬所を去ること一町ばかり、喪礼を備う」とあって、次に葬列の次第が書かれているので、「喪礼を備う」は葬列を整えたということだろう。今日では「葬礼」というと僧侶の読経《どきょう》や会葬者の焼香《しょうこう》などの儀礼をさすことが多いが、この時代では葬送と同義、つまり死者を葬地に運んで火葬・土葬に付すことをさし、たとえば「葬礼は二条大路を通ってはならない。堀河院の葬礼は二条を通らなかった」(『永昌記』大治四年〈一一二九〉七月十五日条)などとあるが、この例では葬礼とは葬列の意である。

この葬列を整えた場所は一町ほど火葬の場から離れていたというが、蓮台廟のことかどうか不明確である。しかし類似の表現が『本朝世紀《ほんちょうせいき》』久安四年(一一四八)正月十三日条にあり、藤原顕頼《あきより》の棺を「故丹後守為忠入道堂」にいったん運び込み、「この堂で葬礼の準備をした(葬礼を備う)という。しかるに戸部《こぶ》(顕頼)の葬車が出て行った直後にこの堂は焼亡した。これは下人が松明を取って投げ捨てたからで、また堂守りがいなかったためである」とあり、棺を安置した堂で葬列の準備をしている。蓮台廟は火葬場に近かっただろうが、蓮台廟聖が火葬作業までしていたかどうかは即断できない。

火葬後に山作所の資材をどうするかについてだが、この時代では『類従雑例』長元九年(一〇三六)五月十九日条の後一条天皇の場合、近辺の寺々に与えていた。また『吉事略儀』は「御近辺無縁寺」に与えるとしている。この無縁寺については、貴顕の帰依《きえ》などの縁故を持たない寺、というぐらいの意味だと思うが、すくなくとも「近辺」という表現から考えて、葬式で火葬など特定の業務を果たすことがあらかじめ決まっている寺というわけではないようである。蓮台廟は葬礼の場を提供したので資材の下賜《かし》を受けたということなら、この聖を三昧聖のように解釈する必要もないであろう。ただ、「蓮台廟」という名は、二十五三昧起請の八か条本（慶滋保胤《よししげのやすたね》筆）で、結衆が死んだら葬るべき墓地を「花台廟《けだいびょう》」と名づけるべし、と定めていたことを思い出させる。この名は十二か条本（源信《げんしん》撰）では「安養廟《あんようびょう》」に変えられているのだが、名前から考えると、「蓮台廟」は二十五三昧の影響をうけているように思われる。この点は、不思議にも『野守鏡』が伝える蓮台野の縁起と呼応するかのようだ。また、蓮台廟という名が普通の寺堂の名らしくないもので、葬式と関係ありそうな名前であることや、一般の僧侶社会に属さない「聖」の名で呼ばれる人物がいたことも確かである。前述のように朱雀法皇の葬儀では僧二人が荼毘を行っているが、後世の三昧聖のように専業化していないまでも、蓮台廟聖も火葬のノウハウを持っていて、作業に関与していた可能性はある。

この蓮台廟の所在地については、火葬の場に近かったことはまちがいないが、そもそも前斎院の御所（室町殿）からどの方角に向かったのかも明らかでない。

雲林院と蓮台

『中右記』康和四年（一一〇二）四月一日条には、三月二十八日に死んだ天台座主仁覚《にんかく》を「従雲林院西寺葬蓮台辺者」という記事がある。読みにくいが、『大日本古記録』は「西寺」の「寺」は「堂」か、と傍注で指摘している。また土葬のところでも引いた『左経記』万寿二年（一〇二五）四月四日条には、藤原娍子を「雲林院西院」に移したとある。雲林院の西側に「西寺」「西院」などと呼ばれるところがあったのだろう。「雲林院の西寺より蓮台のあたりに葬るてへり」と読めば、雲林院の西寺にいったん棺を安置してから、「蓮台」という場所のあたりに送り、そこで葬ったという意味になろうか。またこれは「蓮台野の中」という意味ではなさそうである。蓮台という地点もしくは建物があって、その辺、というニュアンスが感じられる。

なお、娍子のときは玉屋《たまや》（玉殿）を作ったのだが、まず「雲林院の西院」に移したのち、「雲林院西調の戌亥の方にくだんの屋（玉屋）を作るとうんぬん」とある（『左経記』万寿二年四月四日・十四日条）。この「西調」は「西院」の誤りかもしれないが、雲林院には「西洞」という一画があったことが『本朝文粋』巻十の大江以言《もちとき》の詩序に見え、「雲林院西洞は天下の名区なり」とされているので、字形も考慮すると「西洞」の誤りとも考えられる。『左経記』の「西調」が「西洞」だとすると、その前に「西院」も出てくるため、西院と西洞が同じかどうかは必ずしも明らかではないが、『栄花物語』が玉屋の場所を「西院の戌亥の方」と書いているのを見ると、同一の場所であろう。雲林院西院の西北方に玉屋が作られたことからは、十一世紀前半からこの付近が葬送の場とされていたことが推測される。娍子の時代は蓮台廟聖の時代とも近いが、蓮台廟が近くにあったとしても、この史料には現れていない。

雲林院西寺の蓮台に葬送したという康和四年の記事の一年後には、宗忠の祖母が死んだときの「去十五日入棺、入蓮台廿五《三歟》昧給也、平生之時入給也、」（『中右記』康和五年〈一一〇三〉三月二十一日条。テキストは陽明文庫本〈陽明叢書〉による）という記事が現れる。この蓮台は仮安置所的な施設ではないかと二十五三昧の項で考証したが、十五日にここに送って二十一日に火葬されているので、火葬場にしてはそこに棺を置く時間が長すぎると思われるからである。これは雲林院との関係が記されていないが、蓮台が同じものだとすれば、それが二十五三昧の関連施設らしくみえる点は重要である。

『中右記』大治五年（一一三〇）七月二十六日条には「早朝雲林院に行って宰相中将と僧都を訪った。かの母堂の尼上が昨日暁に入滅された」とあって「夜前入棺、今夜於此蓮台喪礼、自本入女五三昧無極鎮、是近代之例也、老者重病兼日之案也、仍迎申此雲林院也者」と書かれている。ここにも蓮台が見えるが、「この蓮台において喪礼す」とあるので、この近くで火葬にしたのだろう。その次の「自本入女五三昧無極鎮」について、高田陽介氏は「もとより廿五三昧に入りて地鎮なし」と校訂して、雲林院の二十五三昧に入会していたので地鎮の必要がなかった、と解釈している（「葬送のにないて」）。この校訂は説得力があるが、そうすると、この記事は康和五年の「蓮台廿五〔三〕昧」とも結びついてくる。

この蓮台が具体的に何を意味していたのかは不明だが、雲林院の二十五三昧と関係があり、しばらく棺を安置して葬列の準備をするような施設で、火葬場そのものではないが近くで火葬も行った、というのが、これらの記事から浮かび上がるイメージである。今日、共同墓地にある石の棺置き台を蓮台といい、周囲に蓮花が彫られている。ここに棺を置いて引導をするのだが、この時代にはまだ後世の引導のような成仏儀礼に重要な意味を持たせてはいなかったと考えられる。

所在地については、当時の雲林院のすぐ近くで火葬したとは考えにくい。康和四年の記事では雲林

写真9　雲　林　院

院の西寺が安置場所になって、そこからまた蓮台に送っていることから考えて、雲林院の西側やや離れたところに蓮台があったのだろう。すると船岡山の東辺または北辺にあたることになるので、それと蓮台野とのつながりの可能性には捨てがたいものを感じる。また蓮台が雲林院の二十五三昧と関係がありそうだと判明したことは、それが「蓮台廟」ともつながりをもつのではないかとの考えを抱かせる。

　雲林院はかつては大寺だったが、現在は大徳寺の南東にその名跡を継承した小堂を残すのみである（写真9）。雲林院の菩提講は『大鏡《おおかがみ》』の舞台にもなって有名だが、『中右記』承徳二年（一〇九八）五月一日条によると、この菩提講は源信僧都が始めたもので、そののち夢告によって無縁《むえん》聖人が引き継いだという（柴《しば》田実《たみのる》「雲林院の菩提講」）。源信と雲林院とのつながりがあったとすれば、二十五三昧が結成されるのも自然である。

『法然上人絵伝』巻四十三には、法然の弟子湛空《たんくう》が嵯峨の二尊院において「楞厳《りょうごん》・雲林両院の法則を移して、廿五三昧を懃行《ごんぎょう》し、（法然）上人の墳墓を建てて、専ら彼の遺徳をぞ恋慕」したとされている。横川の楞厳院と並び称されていることから、法然が入滅した建暦二年（一二一二）のころには雲林院は二十五三昧の一中心と目されていたらしい。

また『中右記』は菩提講が行われた堂は雲林院の「西洞」にあると書いているので、葬送のとき遺体を安置した「西院」とも結びついてくる。菩提講と二十五三昧の担い手は院政期には同じ僧たちであったのかもしれない。

船岡山と蓮台野

三条上皇は「舟岳東北方」で火葬され（『御堂関白記』寛仁元年〈一〇一七〉五月十二日条）、尚侍藤原嬉子は「船岡西野」で火葬（『左経記』万寿二年〈一〇二五〉八月十五日条）、後冷泉天皇も「船岡西野」（『扶桑略記』治暦四年〈一〇六八〉五月五日条）、郁芳門院は「船岳北」（『中右記』永長元年〈一〇九六〉八月十六日条）、近衛天皇は「船岡」（『山槐記』久寿二年〈一一五五〉八月一日条）で火葬されるなど、船岡山周辺が火葬の場になった例は枚挙に遑《いとま》がない。これらの例では「蓮台野」とは呼ばれていないわけだが、もし船岡山の東北方に「蓮台」または『類従雑例』のいう「蓮台廟」があって、十二世紀はじめには付近が葬地になっていたとすれば、それがのちの「蓮台野」の名の起源になるということは考えられることである。

「蓮台野」の地名は、私の見るところでは『兵範記』保元二年（一一五七）三月二十日条が初見であろう。このとき、東宮《とうぐう》（のちの二条天皇）の母に位を追贈することになった。東宮の母は故女御《にょうご》藤原懿子《いし》（藤原経実女）で、その陵に平信範が勅使となって向かったが、そのコースは「三条坊門より西行、大宮より北行、一条より西行、達智門《たっちもん》大路より北行、蓮台野に向かう。野中にくだんの陵あり」というものだった。

達智門大路は壬生《みぶ》大路と同じ路線なので、もしこの道がまっすぐ北に伸びていて、それを進んだとすれば、船岡山より東に陵があったことになる。天台座主を葬った「雲林院の西の寺（堂）」近くの「蓮台」とはぴったり合う位置関係である（図5）。

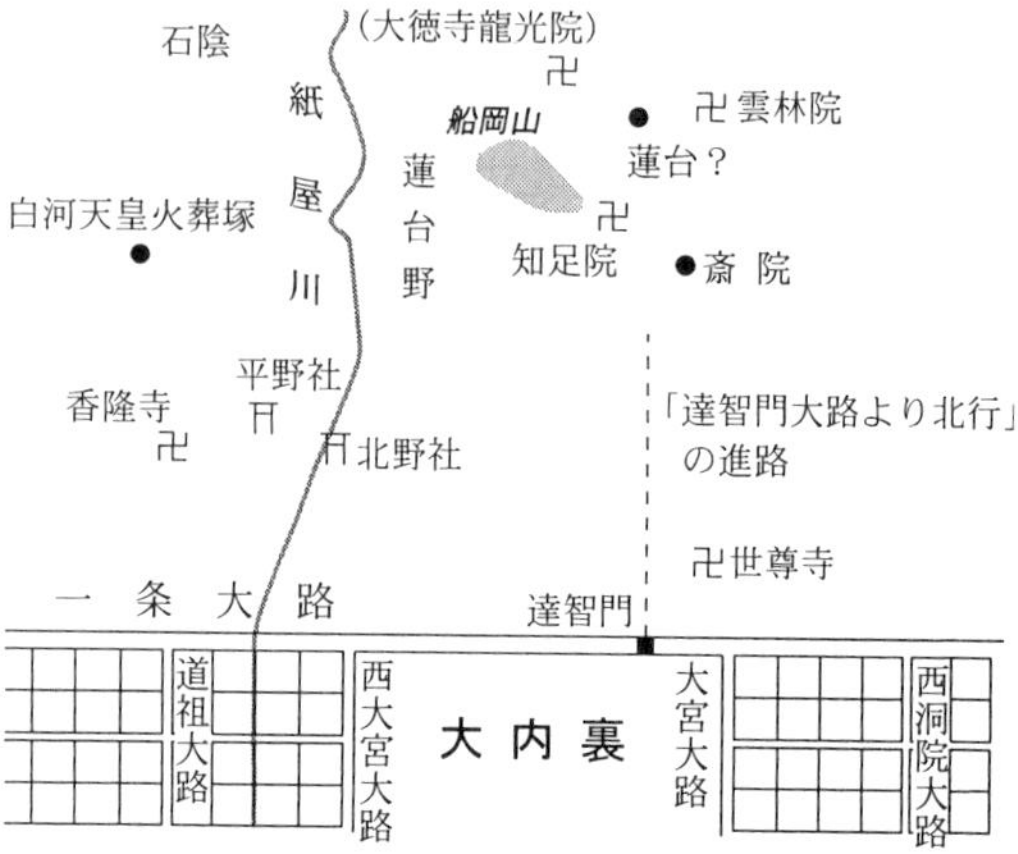

図5　船岡山・蓮台野周辺

一条より北に達智門路と呼ばれる道が延びていたことは、早く一条上皇の火葬について記した『権記』寛弘八年（一〇一一）七月八日条にも記されているが、そこでは大宮大路を一条から北行し、世尊寺の北で西に折れ、「達智門路の末」から斜めに進んで船岡山の南西の麓をめざし、そこから紙屋川に沿って北上し、山作所へ行ったとされている。すなわち、北西に進路を取って後世の蓮台野の方角に向かっていた。またこの史料の「達智門路末」という表現からは、達智門路は当時あまり北へは延びていなかったようにもみえる。そこで『兵範記』の記事についても、いったん北へ進んだが途中で北西方向つまり後世の蓮台野の方角に行ったと解釈することも可能かもしれない。しかし『兵範記』の記事には斜め方向の進路を取ったとは書かれていないので、ここでは達智門大路を北へまっすぐ直進し、十二世紀前半の史料に記されていた雲林院西方、船岡山東方の「蓮台」周辺に出たと考え、そのあたりが当時まだ「蓮台野」の中心だったとみておきたい。

ところでこの記事は、陵が蓮台野の「中」にあると言っている。この表現は、蓮台野という範囲が定まっているという印象を与える。

蓮台野の範囲

のちの蓮台野は、船岡山より西にある上品蓮台寺《じょうぼんれんだいじ》一帯をさしたが、院政期には船岡山より東の墓が蓮台野の中だったとすれば、その時代には船岡山を中心として、それを囲んで蓮台野という墓地が形成されていたということではないだろうか。地名の起源となった「蓮台（廟）」はもともと船岡山より東にあって、雲林院の二十五三昧と関係していたが、その名をのちに上品蓮台寺が継承したと見るのである。

＊山本氏によると、天徳四年（九六〇）九月九日に、寛空《かんぐう》が「北山蓮台寺」を供養したといい（『日本紀略』）、この

蓮台寺は十一世紀中期まで史料に現れるという。ただ、これは「北山之脚」に所在したとされる（『本朝文集』巻三十六）。寛空が香隆寺に住んだこととともあわせて、のちの上品蓮台寺の名の由来になった可能性はあるが、位置的にも性格的にも前記の「蓮台（廟）」とは別のものであろう。

船岡山周辺が火葬の場とされていたことは前述した通りだが、船岡山自体も葬地だったことは、平信範の妻の葬儀で、船岡山東南にあったと考えられる知足院内の能寂院丈六堂にまず運んだあと、牛を放って車をしばらく引いて行き、それから棺を下ろして「山中に移す」とあることからも知られる（『兵範記』嘉応二年〈一一七〇〉五月十二日条）。また保元の乱で敗れた源為義らは、義朝の手によって「船岡辺」で斬られたというが（『兵範記』保元元年〈一一五六〉七月三十日条）、これは山の上なのかどうかはっきりしない。説話では『古今著聞集』五八七話で、藤原清長が蔵人頭のとき、殿上人と連れ立って船岡で虫取りをしたが、風が吹いて冠が飛ばされ、死人の頭骨（こうべ）があったところに、人がわざと着せたようにかかったという話がある。清長は承元三年（一二〇九）に蔵人頭になり、建保二年（一二一四）に死んでいるので、事実とすれば十三世紀初頭の話だったことになる。

この山に「船岡山のはかじるし」といわれる巨大な石塔があった（黒川道祐『遠碧軒記』下之三）という伝承が事実とすれば、船岡山が葬地だったことの裏付けとなろう。この石塔は千利休《せんのりきゅう》が取って、上部を自分のものにし、『遠碧軒記』が書かれた延宝三年（一六七五）ころは大徳寺《だいとくじ》の聚光院《じゅこういん》にあった。中の方は芳春院《ほうしゅんいん》の水鉢になり、下の方は高桐院《こうとういん》にあるという。この石塔は二条院の墓だといわれていたので、そのために利休は終わりをよくしなかったという。もし船岡山に巨大な石塔があったとすれば、鎌倉後期から南北朝期にかけて各地に作られた墓地の惣供養塔と考えられる。

大徳寺が建立される前に寺地が寄進されたときの元亨四年（一三二四）五月、開山の宗峰妙超《しゅうほうみょうちょう》が寄進者に対して、この地の乾《いぬい》（北西）角にあなたのご先祖の墳墓があるが、今後代々相続する門弟もこの墓を整備して弔うと約束している。この寄進された土地は「雲林院辺菩提講東塔中北寄弐拾丈」であった（大徳寺文書、『鎌倉遺文』二八七四三号）。保立道久《ほたてみちひさ》氏は雲林院と大徳寺との位置関係から考えて「菩提講東塔」といっても雲林院の東側にあったとは考えにくいとし、これは大きな石塔で「紫野から船岡山・蓮台野にかけての葬地の東の入り口、雲林院側の入り口に立っていた石塔であった」と推測している（「都市の葬送と生業」）。現在、引接寺《いんじようじ》（千本閻魔堂）の境内に至徳三年（一三八六）銘の大きな石造層塔があるが、これは寺伝では白毫寺《びやくごうじ》とともに紫野《むらさきの》から移されたという（『京都坊目誌』上京第三学区之部）。これは元亨四年より六十年もあとの塔だから同じものではないが、移動伝承が事実とすれば、紫野が蓮台野に連続する墓地だったことを示すものであろう。同じく近世の伝承では、昔の蓮台野の火葬場はいまの大徳寺塔頭龍光院《りゆうこういん》のあたりで、老松が残っているとの古老談を『山州名跡志』巻七が載せている。龍光院は大徳寺境内の西南に位置するので、このあたりまで蓮台野だったと近世には伝えられていた。大徳寺建立のとき寺地の北西隅に墳墓があったこととともあわせて、この蓮台野から紫野にかけての葬地の広がりは、雲林院の西寺の付近に「蓮台」があったという『中右記』の記事ともスムーズに接合できそうだ。

ただ船岡山を含んでその東の方まで「蓮台野」だったとすると、鎌倉時代の史料と合わないところは出てくる。たとえば『延慶本平家物語』（第一本、新院崩御之事）には、二条上皇の遺体を「同八月七日香隆寺に白地《あからさま》に宿《やど》し進《まいら》せて後、彼寺の艮《うしとら》に蓮台野と云ふ所に納め奉る」とするが、香隆寺の東北というのは現在の上品蓮台寺付近に適合する。また紫野について「此紫野と申は蓮台野の東に蒼々たる小松原あり、昔念仏の行者侍りき、常に紫の雲の聳《なび》けるによて紫野と名付たり」（第一末、成親卿出家事）ともあるが、もし船岡山の東辺や北辺まで蓮台野だったとすると、むしろ紫野は蓮台野の「北」になるが、『平家』では蓮台野の中心は船岡山の西方と見られているようである。のちの上品蓮台寺の前身になる中心的寺院が、『平家』の成立した当時すでに船岡西部に出現していたか、または船岡の東から西に移動していたため、このような記述になっているのかもしれない。ただ、前述の『法然上人絵伝』の記述では十三世紀前半にも雲林院の二十五三昧が盛んだったようだし、また仁治三年（一二四二）十二月にも近衛家実《いえざね》の火葬が雲林院の西林寺《さいりんじ》近くで行われている（『平戸記』仁治三年十二月二十八日条）など、雲林院の性格は十三世紀前半にはあまり変化していないように見えるのだが、この点については今後の課題としなければならない。

共同墓地の形成期

『野守鏡』は、蓮台野の定覚上人がここを「結界」したと述べていた。ということは、この書が書かれた十三世紀末には、蓮台野にははっきりした境界があったのだろう。これは平信範が東宮の母の墓に位記を捧げに行ったときの「（蓮台）野の中」という記述とも呼応し、境界の定まった「蓮台野」

という共同墓地が十二世紀中期には出現していた。発掘で明らかにされている他の共同墓地よりやや先行する時期である。

鎌倉時代の蓮台野に決まった境界があったことは、『明月記』嘉禄元年（一二二五）五月二十八日条の記事からも裏付けられるかもしれない。これには、昨今蓮台野に送る死人が「一日之内六十四人云々」と述べられている。情報源は不明だが、蓮台野の範囲がはっきりしており、また「受付」のようなものがあるのでなければ、数字の出しようがないように思える。

ところで、蓮台野の形成時期が十二世紀中期らしいことは興味深い。発掘された中世墓地は、十二世紀後半とか十二世紀末に形成されたものが多い。それ以上明確な時期は考古学的には断定できないのだろうが、このころは源平内乱があった時期でもある。梶原景時《かじわらかげとき》の墓が「ある木陰に石を高くつみあげて、目に立《たつ》さまなる塚」つまり集石墓だったことが『東関紀行』に見えているが、一の谷中世墳墓群遺跡をはじめとして発掘された中世墓地には集石墓が多い。もし集石墓のつくられる契機として戦死があったとすると、全国的な共同墓地の形成の背後には、内乱の戦死者を弔う宗教者の活動があったのかもしれないと考えたことがあった。たとえば一の谷中世墳墓群遺跡に関するシンポジウムで、そのような発言をして、自分で疑問を呈している（『歴史手帖』一九九四年十二月号）。それは一の谷では集石墓が墓地の形成期ではなくそれよりあとに作られはじめることや、すべてが戦死者の墓とは考えられないことが理由だった。しかし蓮台野が明らかに源平内乱より前に形成されているとすれば、合戦が契機ではないことになる。ただし、全国の共同墓地のどれにも合戦の影響がないとまではいえないかもしれない。

比良山古人霊託

最後に余談であるが、延応元年（一二三九）五月に九条道家が病気になったとき、西山の慶政《きょうせい》上人が法性寺に赴いて祈禱し、その間に邸内の女房に憑いた天狗《てんぐ》と問答するということがあった。道家の娘で六年前に産死した藻璧門院《そうへきもんいん》はどこに生まれたのかと慶政が問うと、天狗は「この道（天狗道）に来ておられる。十楽院僧正（仁慶《にんきょう》）といっしょだ。いつも蓮台野の辺に住んでいる。かえすがえすもかわいそうなようすとお見受けする。天狗たちのなぶりものになっているようだ。尼になっていらっしゃる」と、奇怪なことを述べていた（『比良山古人霊託』）。

第三章1で紹介したように、藻璧門院竴子《しゅんし》は瀕死の状態で受戒出家していたが、女房はそれは知っていたのだろう。しかし竴子は東山に葬られた（一三七〜一三八頁）。それが天狗になって蓮台野にいるというのは、当時の蓮台野に対する感覚がそう言わせたのだろうか。この託宣の天狗の多くは「回向《えこう》を求める一種の亡魂」（高橋昌明「鬼と天狗」）であった。なお、餓鬼《がき》が墓地にいるというのもこの時代によく言われたことらしい。『餓鬼草紙』のほか、嘉元三年（一三〇五）成立の無住《むじゅう》法師の『雑談集《ぞうたんしゅう》』巻六にも、無住が幼いころ、召し使っていた小童が桑原（墓所の名か）に行ったところ、餓鬼と思われる「青衣《しょうえ》の小童」に取り憑かれたという話がある。山伏《やまぶし》に加持《かじ》させると、小童は「ただ飢えて苦しいので母と二人でこの塚に住んでいる」とかきくどき、米や酒を食して去った。無住はその憑依《ひょうい》のさまを確かに見たという。

4　鳥辺野と清水坂

鳥辺野

鳥辺野《とりべの》については角田文衞氏の論考があり（「鳥部山と鳥部野」）、私も調べたことがあるが（「鳥辺野考」）、蓮台野に比べて史料は多い反面、歴史的な変遷がつかみにくい。平安時代以後「鳥辺野（鳥部野、鳥戸野）」は多くの史料に名が登場するが、その範囲が明確ではない。永仁三年（一二九五）に覚如《かくにょ》が制作した『親鸞伝絵』は、「鳥部野の南辺延仁寺《えんにんじ》」で親鸞を火葬に付し、「鳥部野の北辺大谷《おおたに》」に遺骨を埋めたと記している。延仁寺は滑石越《すべりいしごえ》（東山区今熊《いまぐま》野南《のみなみ》日吉《ひよし》町）にあったとされる寺院だし、大谷は現在の知恩院《ちおんいん》のあたりなので、この表現が事実なら鳥辺野といわれる地域の範囲は広大なものである。もっとも、四条末には祇園社《ぎおんしゃ》があって、境内に穢が侵入するのを嫌っていたから、この範囲すべてが葬送地とされていたとは考えがたい。上東門院《じょうとうもんいん》も「大谷」で火葬されている（『扶桑略記』承保元年〈一〇七四〉十月三日条）ので、大谷は鳥辺野とは別個に葬地として古来利用されてきたが、『親鸞伝絵』はそれを鳥辺野の北辺とみなしたということかもしれない。

また鳥辺山は現在では大谷本廟の背後の丘陵をさすが、建久元年（一一九〇）成立の顕昭《けんしょう》『拾遺《しゅうい》抄註《しょうちゅう》』には、「トリベ山」とは阿弥陀峰《あみだがみね》のことで、その裾《すそ》を「鳥部野」と言うとある。そうすると現在の鳥辺山あたりは阿弥陀峰とは谷を隔てており、その「裾」ともいいがたいので、鳥辺野が移動したという説もあるが、範囲が縮小したのであろう。阿弥陀峰で上人《しょうにん》が焼身したという記録もあり（『百練抄』長徳元年〈九九五〉九月十六日条）、比叡山の僧隆暹《りゅうせん》が無常処を求めて阿弥陀峰に登ったともいわれる（『後拾遺往生伝』上巻第十五話）ので、阿弥陀峰のあたりが葬地だったことは事実と思われる。

摂関家は鳥辺野で火葬にされることが多いが、九世紀の末に、山城国愛宕《おたぎ》郡㮈原《ないはら》村の地五町を施薬《せやく》院《いん》に与えたが、もともとこの山は藤原氏が昔から葬地として用いてきたところ、仁明天皇女御沢子《たくし》の中尾《なかつら》陵が造られてその領域に編入されたため、嘆願して旧に復したという記事があり（『日本三代実録』仁和三年〈八八七〉五月十六日条）、古来の葬地だった。火葬にして遺骨は木幡に葬るのが普通である。

京から五条大路、現在の松原通を東に行くと、五条の橋の向こうには清水寺《きよみずでら》に通じる道（清水坂）がある。少し行くと南に六波羅蜜寺《ろくはらみつじ》があるが、空也《くうや》がこの前身の西光寺《さいこうじ》を応和三年（九六三）に創建したときの金字大般若経供養会の願文（『本朝文粋』巻十三）には「荒原《こうげん》古今の骨、東岱《とうたい》先後の魂、併《なら》びに薫修《くんじゅ》に関《あず》かり、咸《みな》妙覚を証せん」とあり、「東岱」は中国の泰山、転じて魂の集まる墓所を意味するが、山田邦和氏はこの表現は京の東にあった鳥辺野の葬地をさすと指摘している（「京都の都市空間と墓地」）。

六道の辻

六波羅蜜寺の東の六道珍皇寺《ろくどうちんこうじ》は現在も八月七日から十日まで「六道参り」で賑わうが、古くは愛宕《おたぎ》寺《でら》と呼ばれ、院政期にも盂蘭盆《うらぼん》の盆供《ぼんく》をこの寺に捧げる人で賑わった（『今昔物語集』巻二十四第四十九話）。康和～嘉承年間（一〇九九～一一〇八）成立とされる『東山《とうざん》往来』には、盂蘭盆の七月十五日にある人が愛宕寺の塔のもとで金鼓を打とうと思ったら、塔の基壇が水浸しになっており、下女が集まって餓鬼に施すと称して水を掛けるのだという話がみえる。民俗学者の故高谷重夫氏はこの記述と、曹《そう》源寺《げんじ》本『餓鬼草紙』で人々が木の卒塔婆に水をかけ、それを餓鬼がなめている絵を関連づけ、この絵は盂蘭盆の珍皇寺門前を描いたものだと考えた（「『明月記』の盆」）。天永三年（一一一二）八月六日の「珍皇寺諸堂注文」（東寺百合文書ト、『平安遺文』一七七〇号）によれば、珍皇寺四至内に「左衛門大夫堂」「伴入道々《（堂）》」など人名をつけた多くの堂が存在し、築垣の中に二十、その外を含めると四十八もの堂があった。その名の人を追善するための堂であろう。

珍皇寺門前あたりを六道の辻《つじ》というが、この名は鎌倉初期の説話集『古事談《こじだん》』巻四第二十四話にも見えている。珍皇寺の門前から南へ分かれて鳥辺山へ向かう道があり、その途中には近世に「南無地《なむじ》蔵《ぞう》」と呼ばれた無縁墓地があった。近世初期まではここに鶴林《かくりん》という火葬場があったのだが、建仁寺の西、恵比須神社の南に移転し、そこからさらに西三条に移転した。なお五条の橋（現在の松原橋）以南には中世には橋がなかったらしい。鴨川の通常の流量なら渡河は困難ではないが、橋を渡れるならそれに越したことはないし、増水することも多い。したがって平安時代から鳥辺野に葬送する人は大部分が五条の橋を渡ったはずで、珍皇寺や南無地蔵は必ず通るところだった。

写真10　鳥辺山に林立する石塔

鳥辺山

五条橋を通るというアクセスの制約から考えると、鳥辺野は古来、六道の辻の南の野を中心としていたのではないかと思われる。道は南無地蔵を経て鳥辺山にゆく。鳥辺山は西大谷の背後の丘陵をさすが、この丘を東西に縦貫する小径を「延年寺辻子」といい、鎌倉時代には延年寺という寺があった(『吾妻鏡』建仁三年〈一二〇三〉七月二十五日条)。寺は早く廃絶したが、その名を冠する延年寺という火葬場が中世後期までは存在した。現在この小径をはさんで北側が日蓮宗寺院とその境内墓地、南は大谷本廟つづきの浄土真宗の墓地になっていて、石塔が林立している(写真10)。丘の上の方北側に妙見堂《みょうけんどう》があるが、その少し上手を「延年寺跡墓地」と称する。このあたりに延年寺があったのだろう。

鳥辺山の南の馬町《うままち》には十三世紀末に二基の十三

重石塔が建てられた。現在は京都国立博物館の庭に移されている。南塔には「永仁三年二月廿日立之願主法西《ほうさい》」とあって、永仁三年（一二九五）の建立であることがわかる。北塔は無銘だが、南塔より古いという。これは畿内の惣墓の石塔と同様、鳥辺野の墓地の供養塔と思われる。また現在は存在しないが、近世前期の鳥辺山にも要法寺《ようぼうじ》の墓所に至る道（延年寺辻子）の茶店の後ろに、昔は九重だった石塔があったという（『山州名跡志』巻三）。これも鳥辺山の惣供養塔だったのではなかろうか。これらの塔が鎌倉末期に建てられたとすれば、そのころには鳥辺山から馬町付近に至る一帯にかなりの墓が集結していたと考えられる。つまり、鎌倉初期の顕昭が故実《こじつ》の知識か、あるいは当時の常識かで「鳥辺山とは阿弥陀峰のことである」と書いたとしても、十三世紀末までには現在いう鳥辺山、つまり西大谷背後の丘陵に墓が集中するようになっていたことは確かだろう。

鎌倉時代に「鳥辺野」の範囲が定まっていたかどうかについては史料がないが、蓮台野と異なり、鳥辺野にはそれ全体を管理する単一の寺院があったわけではないとみられるので、地域名称以上のものにならないまま、中世後期に鳥辺山自体が寺院墓地に分割されることになったのかもしれない。

清水坂非人

鳥辺野について、というより中世京都の葬式について論じる場合、清水坂《きよみずざか》非人との関係を抜きにすることはできない。十一世紀以来、清水坂の下には非人が集まっていた。中世の非人はハンセン病などの病者を中心とし、社会的に排除された人々だが、この時代には集団を作るようになっていた。非人についてはすでに多くの研究の蓄積があるが、中世には清水坂非人は京都市中での葬儀に関して、死者の衣類や葬具を取得する権利など、強固な得分権を持つようになった。

藤原実資は道長死去直前の万寿四年（一〇二七）十二月四日、作善のために「悲田病者」（悲田院に収容されている病人）と「六波羅密坂本之者」に米を施そうとして、その数を調べさせた。悲田の病者は三十五人、六波羅密は十九人だったという（『小右記』）。長元四年（一〇三一）三月十八日には「清水坂下之者」に塩を施すという話がみえ（同）、このころ清水坂の下に居住する人々が救恤《きゅうじゅつ》の対象として、悲田の病人・鴨川堤の病者などと並んで姿を現してきた。

同時期に祇園四至内で葬送を行った僧がいた。長元四年八月、長雨の原因を探るため朝廷で占いを行ったところ、巽《たつみ》の方にある神社の祟りではないかとされた。このため祇園社を調べると、同社が主張する四至の内部で、二か所に死人が置かれている（風葬されている）のがみつかった。神社の建物がある区域とはかなり離れていたのだろうが、鴨川の東は四至内であると認められ、このため死人を置いた法師は祓《はらい》を負わせられることになった（『小右記』長元四年八月二十七日条・九月二十六日条）。この法師は後世の非人のようにキヨメすなわち穢物を除去する作業をする身分の低い者だと見られることが多かったが、大山喬平《おおやまきょうへい》氏は「これは清水坂に住む犬神人《いぬじにん》ではありえない」と指摘し（「中世の身分制と国家」）、また最近高田陽介氏は『左経記』同年九月十七日条でこれが「祇薗僧」と呼ばれていることから、特に身分が低いわけではなく、単に誰か死者の遺族に頼まれて死体を野に置いたが、鴨川以東は祇園四至に入ると主張されていたため騒ぎに巻き込まれたものとした（「葬送のにないて」）。私もこれに同感で、この僧は第二章1で紹介した、母が死んで困っている娘のために死骸を野に置いてやった説話の僧を思わせるものがある。ちなみに、鎌倉初期には同じ説話が六波羅蜜寺の地蔵を主人公にして伝えられていた（『宝物集』巻四）。

しかし、祇園がこののち、三条末以南、五条末以北、東山以西、鴨川以東の広大な地域を後三条天皇に認められた四至であると主張し、その内部から死穢を排除しようとすることは確かである。これが鎌倉時代になって、坂非人の一部を犬神人として編成する動きとなって現れる。

清水坂の非人は平安時代には施しの対象として史料に現れることが多いが、鎌倉時代には組織を持ち、畿内近国の各地にある非人宿の支配をめぐって奈良坂と争うまでになった。寛元二年（一二四四）の奈良坂非人等陳状・陳状案（『部落史史料選集1　古代・中世編』一一七〜一四一頁）によると、清水坂は長吏《ちょうり》法師をトップとする九人の幹部から構成されていたが、幹部の一人阿弥陀法師が長吏を追い出し、のち奈良坂の援助をうけた長吏に逆襲されて祇園林に遁《のが》れるという事件が起きていた。この事件は後鳥羽上皇の院宣《いんぜん》が出ているので承久以前のことである。またこのとき、奈良坂勢は「延年寺之引地」まで進出したというが、大山喬平氏は「引地」は「敷地」ではないかとしている（「奈良坂・清水坂両宿非人抗争雑考」）。前述した鳥辺山の上の延年寺に奈良坂勢が陣取ったのであろうか。

清水坂は清水寺に所属しており、奈良坂は興福寺を仰いでいた。ところが清水寺は興福寺の末寺だったので、のち両坂が争うと、清水坂は動揺した。十三世紀中ごろまでに祇園が坂非人上層部を犬神人に編成する動きの背景にはこうした坂側の事情もあった。またこの本末関係について、奈良坂は

「彼（清水坂）は末寺清水寺一伽藍の清目《きよめ》か。これ（奈良坂）は本寺最初社家方々の清目、重役《じゆうやく》の非人等なり」と主張しているが、ここから非人の職掌が「清目」であることがわかる。

葬送得分権

本書にとって重要なのは、鎌倉時代から清水坂が京中の葬送に関する権利を持っていたことである。叡尊の『感身学正記』によると、建治元年（一二七五）八月に叡尊《えいそん》は非人宿（清水坂）で塔供養を行い、八百七十三人におよぶ多数の非人に斎戒を授けた。非人たちは叡尊が坂に来てくれるのなら、今後過分の振る舞いをしないといい、十三日付けの請文を出していた。その請文の第一条には、

諸人葬送の時、山野において随身《ずいじん》せしむる所の具足は罷《まか》り取ると雖《いえど》も、その物なしと号し、葬家に群臨《ぐんりん》して、不足を責め申す事、これを停止《ちょうじ》せしむるべし。

（『部落史史料選集1　古代・中世編』二三〇頁）

とある。これによると、清水坂の非人は京都の人々が葬送するとき、山野つまり葬地で死者が身につけていた衣類や葬具などを得る権利があったことがわかる。その権利は留保しているが、もしそれらの「具足」が少なかったとしても、葬式を出した家にまで押し掛けて不足を責め取るようなことはしない、と誓約しているのである。

中世後期にもこの権利が続いており、それは主として輿の独占権という形で現れることが知られている。観応二年（一三五一）十二月に上北小路室町に住む宮内大輔益成《ますなり》の妻が死に、ある遁世者に頼

んで伏見で葬式をしたが、犬神人がそれに使った輿をよこせと言って譴責《けんせき》したため、益成は犬神人を抑えてくれるよう翌年正月に祇園社に要請した（『祇園執行日記』正平七年〈一三五二〉正月二十六日条）。正平七年七月には梶井宮から祇園執行に書状が届いた。十相院《じっそういん》僧正が死んだので葬送のために栂尾《とがのお》山本坊の輿を借りたところ、犬神人がこの輿を差し押さえたので、返してくれとのことだった。結局山本坊が一貫五百文を支払い、輿を返してもらった（同、正平七年七月二十三日・二十七日条）。十五世紀なかば、東寺は寺僧の葬式を出すための輿を自前で用意しようとしたが、そのためには坂の許可を得る必要があり、六貫七百文もの権利料を支払わなくてはならなかった（馬田綾子《うまだあやこ》「中世京都における寺院と民衆」）。十六世紀になると京中の寺院は葬式一回あたりいくらの権利料を支払って、独自の葬式を出すことができるようになるが、坂への負担は減少しながらも近世初期まで続いていた。

これほど強力な権利をなぜ坂が握ることができたのだろうか。貞享元年（一六八四）に刊行された『雍州府志《ようしゅうふし》』巻八の「千本」の項で、黒川道祐《どうゆう》はこの権利の起源を次のように説いた。

昔、感神院《かんじんいん》の犬神人は祇園会の祭礼の日に、神幸の先に立って道の行く手にある不浄の物を取り棄てていた。もし死屍があればこれを運んで他所に埋めた。平生も祇園の境内を巡検して、もし死屍があれば祭礼の日と同様に処理した。これにより、他所で死人を埋めてもそれを自分の仕事だとして、毎年諸寺院の墓地を巡察し、新しく葬った跡があればその寺院から葬埋料を徴収した。近年では諸寺院は正月と七月の毎年両度、犬神人にあらかじめ米銭を施しているが、それ以来墓地を巡見することはなくなった。蓮台寺の六坊には坊中にそれぞれ土葬場がある。これも春秋両度、米銭を犬神人に贈っている。犬神人はいまの清水坂の弦指《つるめそ》である。清水坂の権利は蓮台野にまで及んでいた。この『雍州府志』の説明については、これをほぼ受け入れて、祇園社が必要とするキヨメの機能が坂非人の権利の淵源となったというのが現在でも一般的な見方ではないかと思う（丹生谷哲一「非人・河原者・散所」など）。この通説に対しては疑問を持っているが、それは章を改めて述べたい。京中の死骸が十三世紀はじめに急減するという現象と、これが関係しているかもしれないと考えるからである。

＊ 鳥辺野・蓮台野とならぶ葬地として著名な嵯峨の化野《あだしの》は、平安時代以来の歌枕であるが、『天禄三年八月二十八日規子内親王前栽歌合《せんざいうたあわせ》』には、「あだし野」のありかを知る人は少ないと記し、また順徳院の『八雲御抄《やくもみしょう》』には、単に「あだなる（はかない、うつろいやすい）」ことにたとえて言うまでで名所ではないと書いている。鎌倉初期までは特定の場所をさす名ではなかったのかもしれない。しかし著名な『徒然草《つれづれぐさ》』第七段の「あだし野の露消ゆる時なく、鳥辺山の煙立ちも去らでのみ住みはつるならひならば、いかに物のあはれもなからむ。世は定めなきこそいみじけれ」という表現では鳥辺山と並んでいることから実在の地名が念頭に置かれていると考えれば、鎌倉末期までには現在の化野が共同墓地として形成されていたようである。化野念仏寺《あだしのねんぶつじ》周辺からは鎌倉時代から近世にかけての墓が多数発掘されている（百瀬正恒《ももせまさつね》「都市京都における死、浄土とかわら」）。嵯峨で火葬にされた貴族も藤原良通はじめ少なくないが、化野念仏寺付近は嵯峨が都市的な発展をとげる鎌倉時代以降にその墓域として発達してきたのかもしれない。なお、化野念仏寺は寺伝では空海が野ざらしの屍を葬った五智山如来寺が起源と伝える。境内の八千体にのぼる石仏・石塔は付近に散乱・埋没していた墓標を明治中期に集めたものである。

第7章　死体のゆくえ

1　可能性の検討

長期的過程

本書も終わりに近づいた。十三世紀前半に京中の死体が減少する原因について、何らかの結論を出さなければならない。しかしこれは難題である。最初に結論を出し惜しみしたわけではなく、減少の原因を明らかに示す史料はないからである。減少した事実は確かであると思うが、その原因については推測にとどまる。

第二章3で整理したことを振り返ってみると、放置死体には(A)遺族が風葬したもの、(B)他人によって棄てられたもの、(C)息のあるうちに主家から追い出されて路上で死んだ病人、があった。これらのどれが減少したことによって、五体不具穢が減るのだろうか。

放置死体に占めるおのおのの比率も不明であるが、減少のしかたは急激であるようにみえる。したがって、減るためには長期間にわたる社会的変化を要するものが原因ではないだろうと思われ、それがひとつの手がかりになる。

たとえば風葬だが、長期的には減少していくことは確かである。しかし風葬をやめて土葬や火葬をするためには、貧しい人でもそれができるような社会的関係が成立しなくてはならない。前述のように念仏講などの組織がこれを担うと考えているが、京都のような都市で、しかも他の地域で金石文《きんせきぶん》によって知られる結衆《けっしゅう》の成立より先んじた十三世紀前半という時点で、町中で一気にそのような組織が成立するとは考えられない。結衆などの協力集団ができていくにしてもそれはゆるやかな歩みになるだろうから、それだけが原因なら五体不具穢の減少も徐々に起こるはずである。

病人を追い出すのも、それがなくなるには貴族の行動が変化する必要があるが、その徴候が見られない。横井清《よこいきよし》氏は室町時代でもこれがしばしば行われたことを明らかにしている（「中世の触穢思想」）。別の文化を持った、たとえば武士などが京都で大勢力になれば京全体としての傾向は変化するかもしれないが、承久の乱後に六波羅探題《ろくはらたんだい》が設置されるとはいえ、京都全体が武士の都と化すほどの勢力交代が急にあったわけではない。また、もともと単身住み込みの使用人でなければそういう運命にはあわなかったはずで、家があればそこで死んだだろう。史料的には家から出される病人は下女が多い。疫病流行時は別として、平時には数としてはあまり多くなかったのではないかと思う。

都市管理の状況

可能性が高いのは次の二つだろう。

(a)　風葬地が京内から郊外の墓地へ移動した。
(b)　京内の遺棄死体を排除する都市管理機能が強化された。

まず(b)について考えてみる。単純化して、神泉苑《しんせんえん》のような空き地に死体を放置する人々の行動が変化せず、放置は十三世紀も続いているが、放置されるやすぐさまそれを都市管理者が河原などに撤去するようになった、というようなことがありうるだろうか。検非違使庁の働きが格段に強化されなければならないだろうが、それは考えにくいように思える。一時的に対策が取られることはあっても、やがて元の木阿弥になりそうである。しかし五体不具穢の減少は寛喜の飢饉などの異常時を除くと継続しているようにみえる。

ただ鎌倉時代には坂非人がかなり大きな組織を持つようになっていたから、それが「清目」として活動したことは考えられる。しかし町の中で死体を見かけても、非人が自発的に無料でそれを河原なり鳥辺野なりまで運んだとは考えにくい。藤原定家は嵯峨の家の近くでみつかった死人の頭を「浄目」に頼んで棄ててもらうために、少分の物を支払っていた。高田陽介氏は『春日社記録』（中臣祐賢《すけかた》記）文永二年（一二六五）十月二十五日条で、春日社が童の死体を非人に棄てさせようと考えたが、鹿の死体を棄てるのは非人のいつもの仕事だが、これは死人なので非人も難色を示すのではないかと考えて、公文所《くもんじょ》から非人に命じてもらうことにしたという記事に基づいて、非人が死体を棄てるのは平常業務ではなかったとしている（「葬送のにないて」）。

家族が少数のとき、それが清目を頼んで死体を棄ててもらうことは院政期にもあったらしい。四四頁でも紹介した『台記』仁平四年（一一五四）四月二日条によると、故右少弁《うしょうべん》有業《ありなり》堂に住む者、『兵範記』によれば承仕《しょうじ》だが、それが病になった。検非違使庁での尋問によると、男の妻は清目に相談して、この堂は自分たちの家ではなく、自分が穢すわけにはいかないから、夫を外に出してくれと頼んだ。清目はこの人はまだ生きていると言ったが、妻はもしこの人がすぐ死なないようなら外に小屋を造ってほしい、ともかく早く外に出してほしいと言った。そこで清目は男を外に運び出してしばらく見守っていたが、息が絶えたので死体を棄てたという。男が堂内で死んだ疑いがあり、穢が伝染していないか調べるために検非違使が尋問したのでこれが記録に残されたのである。

この話で不思議に思われるのは、妻は夫を清目に渡しているだけで、死ぬところも見ていないし棄てるのにも同行していないらしく読めることである。清目は男を単にどこかに棄てただけであろうが、妻が同行すればそれでも「葬り」の形にはなっただろう。ただ、『八幡愚童訓（乙）』下巻第三話、『発心集』巻四第十話、『宝物集』巻四、『沙石集』巻一第四話などの僧が死者を葬って棄てたとされている説話では、母が死んで娘が一人で困っているとき通りかかった僧は死体を背負って棄てているが、これも娘がいっしょに行ったとは述べられていない。この事件の清目も『兵範記』では「河原法師」と呼ばれているので、僧形《そうぎょう》をしていたのであろう。それが念仏を唱えてくれるなら、葬式にあたるということだろうか。遺族が一人の場合はこういうこともあったのかもしれず、風葬と遺棄の区別は曖昧になる。

いずれにしても、この事件のように死んだ時点で相談することもあったとすれば、いったん大路や空き地に棄てられた死体を清目がさらに河原などに運ぶ、という二段階になることはない。すでに路上などにある放置死体をそこからさらに河原などへ運ぶ作業は、命令や報酬がなければ清目もしないだろうから、放置死体がある時期に急減することは考えにくい。報酬としては、死者の身につけていた衣服をもらうことは慣例になっていたと考えられるが、それで十分な報酬になるのであれば、院政期から死体はすみやかに河原に運ばれていたことだろう。また、清目が来る前にすでに衣を奪われていることもあったはずである。一二七〜一二八頁で紹介した、貴族が息子とその情婦の首を切って六条朱雀に放置した事件（『明月記』嘉禄二年〈一二二六〉六月二十四日条）では、見物人が市をなして死体を見たが、そのときすでに死体は裸だった。『今昔物語集』巻二十九第十八話の羅城門上層の死体も、盗人に衣を奪われていた。このようなことも多かったと考えられるので、たとえば神泉苑のような場所にある放置死体がすぐ河原に運ばれるようになる状況はなかなか考えにくい。

しかしもしはじめから遺族が清目に依頼することが多くなり、そのような場合に清目が死体を運ぶ場所が京外になったとすれば、五体不具穢は起きにくくなるかもしれない。棄て場が京外になるためにも何らかの規制が必要だろうが、こう考えると(a)と(b)が相互に連関する面が見えてくる。

共同墓地へ

次に(a)について考えてみたい。風葬がすぐになくなることは考えられず、一の谷中世墳墓群遺跡の塚墓周溝の集石帯上の釘や『文保記』の記述などからも、棺に入れた状態で野外に置いたり、莚の上に置いたりする葬法が鎌倉時代にも行われていたことは確かである。鎌倉時代の一世紀半を通じてみれば、徐々に減少していくかもしれないが、十三世紀前半に急減することは考えがたい。しかし、風葬地が京外に移動することはありうるかもしれない。つまり「空閑地点定墓制」から共同墓地へ、という墓制の上での変化が風葬に関しても起こっており、風葬死体が鳥辺野《とりべの》や蓮台野《れんだいの》などの共同墓地へと「誘引」されていった可能性である。

このように考えると、蓮台野が形成されたのが十二世紀なかばであるらしいことは重要である。当初の蓮台野は比較的上層の墓地だったろうが、数十年をへて、墓をもてないような庶民もそこに運ばれていくようになったのかもしれない。私の年表では五体不具穢は一二一〇年代に減るように見えるのだが、あたかもそれと入れ替わるかのように、藤原定家が嘉禄元年（一二二五）に「去《さ》んぬるころ蓮台野に送る死人、一日のうち六十四人とうんぬん」と書いていた（『明月記』嘉禄元年五月二十八日条）。『野守鏡《のもりのかがみ》』は定覚《じょうがく》上人がこの野を結界し、ここに墓を占める人は必ず引摂《いんじょう》しようと発願《ほつがん》したので、それより蓮台野と名づけて一切の人の墓所となった、と記している。もし「蓮台野に葬られたら、あなたは必ず極楽往生できます」などという具合に宣伝されていたら、誰でも死んだら行きたいと思うだろう。「京中に死人あるべからず」といった死体排除の論理をふりかざすだけでは放置死体は容易に減らないだろうが、この時代には死者が葬られるべき「勝地」が出現して、それが人々を惹きつけるようになったということが前代と比べた大きな違いである。放置死体の減少と共同墓地の形成が相互に関連しているのはおそらく確かだろう。

私が十六年前に中世の死体遺棄に関する論文を書いたときは、主に説話などを素材としていた。このため時代区分も大まかなものになり、古代〜中世前期と、中世後期〜近世の二分法のようになっていた。風葬が多いか少ないか、という基準では、この二期に区分するのは妥当であると現在も考えているが、今回五体不具穢などのリストを作ってみて、十二世紀と十三世紀の間にも違いがあることが判明したので、何か説明が必要になった。しかし思えば私が以前の論文を書いた直後には、すでに一の谷中世墳墓群遺跡が学界の注目を集めており、各地で十二世紀後半以後に共同墓地が形成されることが知られるようになっていた。これだけの大変化が生じていたのなら、それが風葬にも何らかの影響を及ぼすことは当然考えられることであった。

しかし、たとえ蓮台野や鳥辺野などの共同墓地にみなが死後は行きたがるようになったとしても、そのためには死体をそこまで運ばなければならないが、貧しい人にはそれが容易でない。死体を運ぶような作業を近所の人などが手伝うのはこの時代にはまだ禁忌が強かっただろう。放置死体が減少する十三世紀前半からは百年ほど前になるが、『今昔物語集』巻二十第四十四話の下毛野《しもつけの》敦行《あつゆき》の家人は、隣家の棺を自宅の敷地を通して出すという敦行の発言に対して、穀断《こくだ》ちの聖人でもそんなことはしないと猛反対していた。

以下は推測だが、この部分で非人の活躍する局面があったのではなかろうか。つまり、諸人の葬送において棺や、それもなければ筵の上に乗せた死体を、簡単な輿《こし》を使って鳥辺野や蓮台野に運ぶサービスを行うようになった。その代わり、彼らは死人の衣などを所得とする権利を得た。これが非人の葬送得分権《とくぶんけん》の起源だったのではないか。

京中の放置死体が減るのと歩調を合わせて蓮台野が大規模共同墓地として成長し、また同時期に坂《さか》非人《ひにん》の組織が史料に現れることを結び付けたのだが、直接の証拠になる史料、つまり非人が人々の葬式のときに棺を運んでいたことを示す史料は存在しない。しかし最後に結論を出さなければならないので、現在あるデータにできるだけ整合するような推論をし、もって結論としたい。

2 輿の力?

坂非人と河原者

叡尊《えいそん》のもとに出された非人の請文《うけぶみ》では、「諸人葬送の時、山野において随身《ずいじん》せしむる所の具足《ぐそく》」を非人が取る権利を持っていた。これを死者の衣やその他の葬具と解するのが普通だが、私もそれでよいと思う。貴族の葬儀や法事のときに非人に対する施行《せぎょう》が伝統的に行われてきており、もらえないと押し掛けて催促することもあったので(『山槐記』保元三年〈一一五八〉九月七日条)、得分権はその延長で生じたとも考えられるが、中世後期に史料にみえる輿の独占権などは、施行請求権から生じたというにはあまりに強力な権利であるように思われる。坂は輿を保有してそれを貸していたが、そのようなサービスの開始時には死体の運搬も行い、それによって輿独占権が正当化されたのではないか。そうだとすれば、京中の死体の減少という事実と整合すると考えたのである。

また非人の葬送得分権がキヨメという職務に伴うものであるという説明をするにしても、キヨメは非人が独占していたわけではない。確かに寛元二年（一二四四）四月の奈良坂非人等陳状（『部落史史料選集1　古代・中世編』一二三頁）では、非人がみずからを「清目《きよめ》」と称しているし、坂非人の上層部が犬神人《いぬじにん》として組織されてからは、祇園社の神輿の先触れをして路上の穢物撤去などをしたことも事実だろうから、坂非人はキヨメを行っていたのだが、仁安四年に堂の死人を棄てた「清目」は、『兵範記』では「河原法師」と呼ばれていた。河原者は非人とは別であろう。つまり、放置死体の清掃は非人が独占しているわけではなく、河原者と分担していたと考えられるのだが、河原者の方は葬送得分権をもっていないようにみえる。ずっとあとの戦国時代になって、大永五年（一五二五）の大徳寺涅《だいとくじね》槃堂式目《はんどうしきもく》（『大徳寺文書』二四七四号）では、一回の葬儀ごとに二百文を河原者に出すこと、火葬施設のうち火屋《ひや》は河原者に与えるとされていて、河原者にも権利が生じているから、これがまったくないとはいえないが、南北朝時代以後の輿独占権は明らかに坂だけがもつ権利である。また犬神人が行うようなキヨメは穢物の清掃で葬送そのものではなく、葬地まで死体を運ぶことは非人の手を借りなければできないことではない。したがってキヨメの仕事から輿独占権が無媒介に出てくるとは考えにくいものがある。

応安四年（一三七一）四月一日、智恵光院《ちえこういん》にいた土佐《とさ》国の佐川という武士が四国管領《かんれい》の細川頼之《よりゆき》に討たれ、本人は逃亡したが家来などが戦死した。四日になって智恵光院に犬神人数十人が押し掛けた。佐川の下人の死体は「川原者」が取り棄て、その衣裳を取っていたが、犬神人がそれは自分たちの権利だから、河原者から衣裳を取り返して自分たちに与えるよう智恵光院に要求したのだった。しかし河原者が甲冑をつけて大勢押し寄せたので、犬神人は引き下がったという。侍所で犬神人と「川原者番」が問答した結果、河原者側に理があるとされた（『後愚昧記《ごぐまいき》』応安四年四月一日・四日条）。

この事件から、この当時は非人と河原者とは別の組織をなし、キヨメをめぐって競合する関係にあったことがわかる。死体を棄てる作業をした場合にその衣を取る権利は、河原者は自分たちがしたのだから自分に権利があると考え、犬神人はどのような死体でも自分たちにその権利があると考えていたことがうかがえる。この強い姿勢は何を根拠にしているのだろうか。

輿の独占

前述のように南北朝時代以後、坂非人の葬輿に対する独占権が史料に現れている。自分たちの管轄にない輿を押収することまでしているのだが、ということは、坂はそれまで京中の葬輿を独占管理していたことになろう。それはただ輿を持っていて貸すというだけではなく、それを用いた死体の運搬にも従事したのではないか。さきに非人が死体を「簡単な輿を使って鳥辺野や蓮台野に運ぶサービスを行うようになった」と書いた根拠の一つはこれである。

本書第三～四章でみたように、平安時代の貴族の葬儀では輿は天皇や上皇のとき以外はあまり使われず、通常は牛車《ぎっしゃ》が用いられた。しかし吉田経房《つねふさ》の娘を大原《おおはら》に葬るのに輿で運んだという記事があるので（『吉記』寿永二年〈一一八三〉十一月十日条）、輿の種類にもよるだろうが、輿一般が禁止されていたわけではないらしい。

当時、一般に死体をどのようにして運んだかであるが、まず何ら道具を使わず人が直接持って運ぶというのがもっとも費用のかからない方法だろうが、運びにくい。板などの上に載せることも考えられるが、大きな板はこの時代には削って作らなければならないので、貴重品であろう。三〇頁で紹介した『文保記《ぶんぽうき》』には、野棄ての死人の骨が「篼《あんだ》」というものの上にあるという描写があった。これは竹などを編んだ輿で、『真名本曾我物語《まなぼんそがものがたり》』巻第二では、山道で射殺された河津助通《かわづすけみち》の死体を搬出するのに「俄《にわか》に編駄《あんだ》といふ物を造りて、空しき屍《かばね》を舁《か》きてぞ返りける」とあって、鎌倉時代にはよく使われていたらしい。ただ『文保記』の記事によれば、この篼は死体とともに放置され、再利用はされなかったようである。

棺に入れる場合は、棺を縛った紐《ひも》に枌《おうご》を通し、それを担って運ぶということもあったことは、『餓《が》鬼草紙《きぞうし》』の放置された棺の絵でもわかり、『北野天神縁起《きたのてんじんえんぎ》』にはこのようにして運搬するところが描かれている（一一六頁の写真6）。藤原俊成の葬式では、土葬にしたあと枌を切って墓の上に立てたという（『明月記』元久元年〈一二〇四〉十二月一日条）。ただこのようにして運ぶためには棺に入れていないと不便であろう。

枌を切って埋めた場所に立てるのと類似した行為は発掘でも確認されている。福岡市の博多《はかた》遺跡群の第二十六次調査で発掘された十二世紀後半～十三世紀初めの木棺墓では、木棺の北東側に木の棒二本と竹の棒一本が置かれていたが、木の棒は接合でき、もともと長さ二五七㌢の枌であったことが判

明した（大庭康時《おおばこうじ》「都市『博多』の葬送」）。

朸や輿を使い捨てにするのは、それが死人を運んだ不祥《ふしょう》の物だからである。貴族は車も焼いたり、僧に与えたりしていた。運搬手段を葬式を出す家で用意するとすれば、それを持って帰ってまた別の用途に使うのは躊躇されるだろう。

ただ輿が共同管理、または葬具であることを意に介さない人や機関の管理下にあれば、再利用もできるし、それは簡便で死者に対しても礼を失わない運び方であろう。現行民俗では多くの土地で昔は輿に竪棺《たてかん》を載せて運んだものだが、その輿はふだんは村の堂や寺などに置いていた。二十年ほど前に岡山県新見《にいみ》市（東寺領備中国新見荘の故地）で調査したとき、あちこちの堂で輿を見たが、老朽化しており、当時すでに使われていなかったと思う。今もし捨てていなければ、まだあるかもしれない。

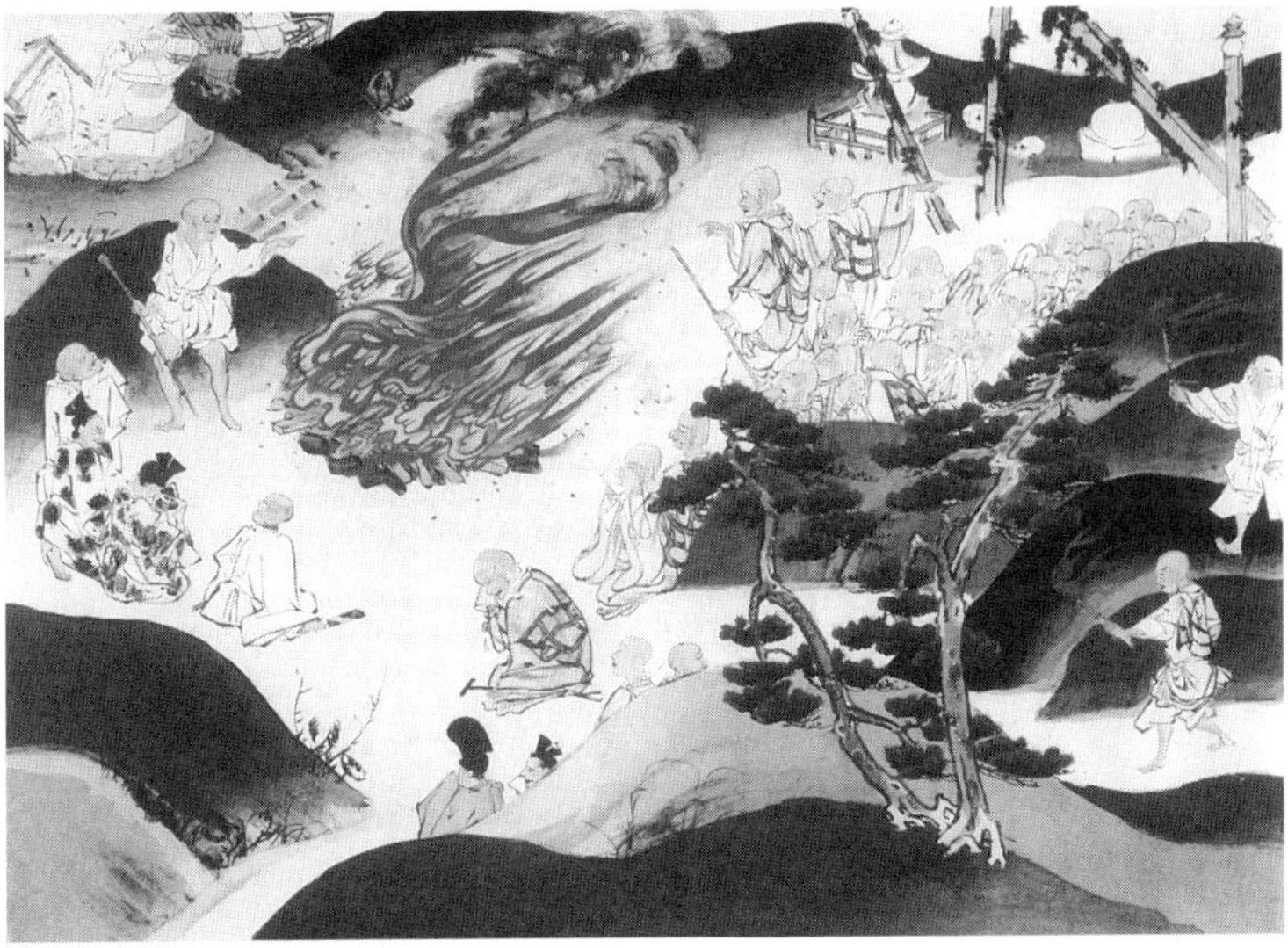

写真11　『本願寺聖人伝絵』(東本願寺所蔵)

風葬と輿

坂非人が輿の独占権を主張していることから、坂は輿をいくつも持っていて、「諸人葬送」のとき、それで死体を運ぶことがあったのではないかと思う。

犬神人を描いた最古の絵画資料とされる『親《しん》鸞伝絵《らんでんえ》』の親鸞葬送の場面について、西本願寺《にしほんがんじ》本・高田専修寺《たかだせんじゅじ》本・東本願寺《ひがしほんがんじ》本の三本の写真を対比しながら黒田日出男《くろだひでお》氏が論じている(「『親鸞伝絵』と犬神人」)。三本とも網代車《あじろぐるま》の車体を舁き台に取りつけた立派な輿(網代輿)に親鸞の棺を載せて、弟子の僧たちが舁いている。東本願寺本の輿には八葉《はちよう》の紋がついている。

輿と非人の関係については、永仁三年(一二九五)の原本の制作から二か月後に作られたとされる高田専修寺本では、火葬の場面で犬神人

写真12　『一遍上人絵伝』巻9（清浄光寺・歓喜光寺所蔵）

二人の姿を山の陰に描いているが、輿との関係は明確でない。一方、制作がやや遅れて康永二年（一三四三）になる東本願寺本では、火葬場面の手前で空の輿が地に置かれ、棒の数からわかるが九人もの犬神人がそこへ向かうところを描いている（写真11）。これは黒田氏が指摘するように用済みの輿を受け取りに来ているのだろう。

　輿引き渡しの場面が南北朝期の東本願寺本になってはっきり現れるところにやや問題を残すが、専修寺本が犬神人二人を描いているのも、輿の回収を暗示したものだったかもしれない。親鸞が死んだ弘長二年（一二六二）の実景かどうかは別としても、作品が作られた十三世紀末にはこのような輿を坂から借りることができたのだろう。

『親鸞伝絵』の葬送で弟子たちが舁いている輿は、坂が持っているうちでも上等な部類だろう。『一遍上人絵伝《いっぺんしょうにんえでん》』巻九の如一《にょいち》上人荼毘《だび》の場面では切り妻屋根の輿を二人が舁いて運んでいるが（写真12）、このような輿もあったろうし、また『文保記』が風葬死体といっしょに棄ててあると記していた簾《あんだ》のような簡単な輿も用意していたのではないか。人手がなくて死体を運べない人のためには非人がそれを舁くこともし、輿だけの貸し出しもやった。その対価として、彼らは「具足」を得る権利をもった。坂非人がそうするようになったのが十三世紀前半のことで、その結果として、それまで京中の空き地に放置されていた死体が、鳥辺野や蓮台野まで運ばれていくようになり、五体不具穢の急激な減少をもたらした、というのが私の思い描いている筋書きである。つまり葬送得分権は非人の身分的性格から必然的に生じるものというより、当初この時代の特定の社会的需要と結びついて発生したものだろうと考える。

もっとも、こう考えた場合に問題なのは、家族の人数が少ない人は、非人に輿舁きまでしてもらう必要があるが、人数が多い家なら輿だけ貸してもらえば自分たちで舁くことができるし、上級貴族ならそもそも坂の輿など必要とせず、車一台捨てる葬式をやっていたというように、サービスの対価が支払えない人たちほど、手厚いサービスが必要なことである。そのせいで家まで非人が押し掛けることがあったのかもしれないともいえるが、輿についてはかなり上層まで需要があったとすれば、坂の葬送サービス全体の採算はそれでまかなっていたのかもしれない。『親鸞伝絵』に出てくるような立派な輿を借りられるのなら、多少値が張っても借りたい人は多いであろう。それから、貴族の葬式では伝統的に非人施行《せぎょう》が行われてもいた。

ただ、建治元年（一二七五）の非人の請文にいう「随身せしむる所の具足」について、死者の衣類が中心だったと理解すると、それを非人がもらうことができるのは風葬の場合なのではないか。土葬なら棺には蓋《ふた》がしてあって、そのまま埋められてしまうから、あとから掘り返すようなことをしない限り死者の衣は取得できないし、掘り返したとは思えない。土葬の場合はほとんど何もないのではないかと思う。また火葬なら点火の前に取らなければならないが、これも遺族の面前でそんなことをするとは考えにくい。上層の火葬なら火屋《ひや》、荒垣《あらがき》、幕《まく》などの施設があるから、それを取得することができたかもしれないが、それらを「随身せしむる所の具足」とは言わないだろうと思う。風葬する人が相当あり、その「具足」を遺族が帰ったあとで取得する、ということをこの条文では想定しているように思える。そうだとすると、非人が家まで押し掛ける対象は風葬していた人々だったことになり、そのような葬法しか取れない人たちのために非人が運搬の手助けをすることも、ありえたことであろうと考えている。

輿独占権が実際に史料に現れる南北朝期以後ともなると、風葬は減少している可能性がある。しかし京の町の地縁《ちえん》団体や講《こう》などが葬送協力を行うようになったとすると、それらは葬式のとき棺を輿に載せたいと思うであろうが、葬輿のような不祥のものを町などで管理はせず、坂のものを借りていたのであろう。この段階では坂は風葬死体の衣類を取るより、輿の賃貸で収入を得るほうに重点を移していたと考えている。

3　変わりゆく葬儀

政策との関連

さて、この筋書きをとりあえず認めていただくとすれば、あとはこの変化が自然発生的に起こったのか、それとも何らかの政治的バックアップがあったのかという点が問題であろう。「自然発生的」というのは、共同墓地の成立、そこへ葬送したいと思う人たちの増加、非人集団の形成などがあいまって、その需給関係だけで形成されたという意味である。そうだったのか、それともそうなるようにしむける何らかの政策があったのか。中世後期の非人の輿独占権はそれに真向から異を唱える者がなかったようだが、それは独占権が何らかの公権力によって保証されたものだったことを示唆するかもしれない。寛元二年（一二四四）と思われる年未詳の奈良坂非人等陳状は、追放された清水坂の前長《ちょう》吏《り》が奈良坂に援助されて返り咲きを果たしたさい、還任《かんにん》を命ずる「隠岐《おき》法皇」（後鳥羽上皇）の院宣《いんぜん》が下されたと書いていた（『部落史史料選集1　古代・中世編』一三九頁）。上皇が非人の争いに関与することもあったのである。ただこれ以上想像を広げるのは慎むべきであろう。

十三世紀前半には、承久の乱をへて六波羅探題が設置されるという変化もあったわけであるが、鎌倉武士が何らかの干渉を行ったという可能性はなさそうに思う。もし素朴な道徳をもつ鎌倉武士が都の町中に死骸を棄てる京都人の野蛮さに驚き、急遽改善させたというようなことなら、それはそれで面白いのだが、鎌倉の前浜（由比ヶ浜《ゆいがはま》）で出土したおびただしい白骨からは、当時の鎌倉がこの点で模範になるとは考えにくい。由比ヶ浜南遺跡から出土した三千体以上にのぼる白骨の大部分は折り重なるように集積して埋葬されており、しかも全身骨格よりは頭蓋骨や四肢骨を集めたものが圧倒的に多く、これらが犬などの動物遺体といっしょに埋められている。また死後まもないものから、かなり時間がたったものまで含まれ、刀創《とうそう》をもつ人骨もいくつかあるという（齋木秀雄《さいきひでお》「都市鎌倉と死のあつかい」）。この埋葬形態からは、京都でいえば路上などに放置された遺体やその骨化したものを二次的に鴨川の河原などに集めることとの類似性が感じられる。そうであればこれらの死体のかなりの部分はもともと放置死体だったのかもしれない。由比ヶ浜南遺跡の集積埋葬は十四世紀と考えられているので、このころまではそれが珍しくなかったのであろう。

　鎌倉では弘長元年（一二六一）二月二十日に新制が出され、病者・孤子（孤児）・死屍などを路辺に棄てることを禁止しているが（式目追加条々、『鎌倉遺文』八六二八号）、生きている病人や孤子は無常堂に送り、また「死屍ならびに牛馬の骨肉に至りては、これを取り棄つべし」とあって、十三世紀後半にも路辺に死体があることが少なくなかった状況を示している。また建治三年（一二七七）ころには小袋坂《こぶくろざか》で葬送された死人の肉を切り取った僧がいたといわれた（中山法華経寺文書、『千葉県の歴史　資料編　中世2』。石井進「都市鎌倉における『地獄』の風景」参照）。

遺棄のゆくえ

坂非人の協力の結果として遺族のいる死者が京外の墓地へ運ばれるようになったために五体不具穢が減ったという結論を出すとしても、まだ解けない問題は多い。本章のはじめで、ありうるシナリオとして提示した(a)(b)のうち、(b)については曖昧なままである。行路《こうろ》死人など葬り手のない死者は河原などに遺棄されることが戦国時代いや近世になっても行われていたのであるから、鎌倉時代では普通だったと思われる。葬り手のいない死者のうち、家に一人で住んでいて死んだ人などは、次第に隣人が墓地に葬るようになってゆき、戦国時代にも棄てられるのは乞食などが多いと考えられるが、鎌倉時代では孤独に死んだ人を葬ることはまだ少なかったと考えている。京内の家にそのまま置いておくわけにもいかないので、近所の人も仕方なく手近な大路か空き地に運んで棄てるぐらいのことはしただろうし、家の前に行路死人があった場合もそうしたかもしれないが、遠い河原まで持っていくとは考えにくい。もしこのような場合にすぐ清目に頼んで棄ててもらい、そのとき清目が河原などに運んでいくようになれば、それも五体不具穢の減る一原因になるだろう。

前にも述べたように、空き地などにいったん死体が棄てられてしまうと、その死体がそれからすみやかに河原へ運ばれるかどうかには疑問もあるのだが、五体不具穢の減少の背景にはこうした遺棄死体の処理における何らかの変化、または遺棄自体の減少が反映しているのか、それとも十三世紀にも少数ながら見られる五体不具穢の原因が、そうやってまだ続いている遺棄によるものだったのか、などの点についても、今後の課題としなければならない。第二章2でふれたように鳥羽殿の溝から発掘でみつかった頭骨には、建仁三年（一二〇三）の供養木簡《くようもっかん》が伴っていたが、もし明らかに鎌倉中期以後の人骨が側溝などから発掘されるようなことがあれば、これについても何らかの見通しがつけられるようになるかもしれない。

京内の墓地

本書で詳しくふれることができなかった事柄のうちでも重要なのは、十三世紀になると京内に墓地が作られるようになったことである。山田邦和氏のまとめによると、左京八条三坊二町跡では職人の居住地と思われる鋳造遺構の出土する遺跡の近くの町中心部の空き地に、木棺墓《もっかんぼ》・甕棺墓《かめかんぼ》・土坑墓《どこうぼ》などからなる墓地が鎌倉〜室町前期にかけて存在した。左京七条三坊・四坊付近では「東本願寺前古墓群」といわれる鎌倉〜室町時代の二百基以上の墓が発掘されており、左京六条二坊六町跡（本圀寺《ほんこくじ》跡）の東北部では十三世紀前半に土坑墓が多数作られたが、十四世紀後半には本圀寺が移転してきたため廃絶した。山田氏は八条三坊の墓地を、その北に存在した平安京の商工業地区の名を取って「七条町型墓地」と呼んで鳥辺野型墓地と対比させ、七条三坊・四坊や六条二坊も七条町型に属するものではないかと推定している（「京都の都市空間と墓地」）。

現段階ではこれらの墓地に葬られるようになったのは京都住人の中の一部であると思われるので、郊外の鳥辺野や蓮台野に死者が運ばれるようになったという推定を覆すものとは考えないが、京中に墓地が取り込まれてくることは注目すべき変化といわなければならないだろう。またこれらは、二十五三昧会から葬送互助が普及したというのとはまた別の、地縁による葬送協力の出現という方向を暗示しているのかもしれない。文献史料によってこれらをしかるべく位置づけることができるかどうかは、中世後期の史料探索とあわせてこれも将来の課題である。

一乗谷の子墓

最後に中世後期について簡単に展望しておきたい。戦国大名朝倉《あさくら》氏の城下町として知られる越前一《えちぜんいち》乗谷《じょうだに》（福井市）では、城下町の一角、サイゴー寺跡の南に隣接する寺院跡から墓地が発掘された。寺院は日蓮宗《にちれんしゅう》だったらしいが、墓地からは桶《おけ》、曲げ物《まげもの》、木箱に遺体を入れた十八基の墓が検出されたが、うち八基の人骨を鑑定した結果、いずれも乳幼児または少年前期の全身骨格であったという（月輪泰《つきのわやすし》「骨と火葬場」）。谷の北、下城戸《しもきど》を出た武者野では中世の火葬場が発掘されているので、一般の死者はここで火葬に付されることが多かったのだろうが、寺院跡の幼児墓は七歳以下の子どもに対する特別な扱いを示していると考えられている。現行民俗でも古くから火葬が行われていた地方で幼児のみは土葬にしたところがあるが、小さい子供は火葬すると骨が残りにくいことも一因かもしれない。いずれにしても、第二章1でみたように平安〜鎌倉時代には幼児は上皇の子であっても山野に棄てられていたものが、戦国時代には境内墓地に埋葬するようになっているのである。

京都では文明三年（一四七一）九月、甘露寺親長《かんろじちかなが》が誓願寺に参詣すると、ことし死んだ子供たちがその墓地に埋められており、卒都婆数千本が立っているのを見て落涙したと書いている（『親長卿記』

文明三年九月八日条)。この年閏八月には疱瘡《ほうそう》が流行したため疱瘡神送りが行われた記事もあるので、それによる死者であろう。京都でも子供が墓地に埋葬されるようになっていることが知られる。

幼児葬法をただちに一般化するのは問題があるとしても、中世後期には風葬が減少して、多くの人々が土葬や火葬にされるようになったことは確かであろう。各地に念仏講《ねんぶつこう》が結成されることは金石《きんせき》文《ぶん》からも知られるが、それが葬送互助を担っていた可能性が高いのは前述した。中世後期では村落の全員が加入していたとは断言できないし、葬送互助を直接書き記した史料は目にしていないが、現行民俗にみられる葬送互助の形成期を中世後期とみている。

中世後期の五体不具穢

中世後期の古記録にも五体不具穢の記事はあるが、十三世紀に減少したのち低水準で推移しているようである。もっとも十五世紀中期にはかなり多く、第一章のグラフと同じ基準で数えると一四二一年から一四六〇年までの四十年間に十九件を現段階で検出している。それぞれの事例の詳細は省くが、グラフと同一の基準で数えた十四・十五世紀の五体不具穢などの死体放置の件数は次のようになる。

一三〇一〜一三四〇年	五
一三四一〜一三八〇年	七
一三八一〜一四二〇年	一
一四二一〜一四六〇年	一九

一四六一〜一五〇〇年　一一

一四二一年から一四六〇年までの間には多く、その前後の時期に少ない理由は今のところよくわからない。一つの可能性として、この時代に京中の寺院に墓地が作られるようになったが、そこへの風葬もまだ行われたために死体がいわば京内に「逆流」してきたことも考えられる。この時期の京内の墓地としては文献的には下京の五条坊門猪熊にあった円福寺の墓地（『康富記《やすとみき》』嘉吉二年〈一四四二〉七月十三日条など）が知られており、また烏丸御池西南で発掘された中世墳墓の開始は十五世紀後半と考えられているが、この墳墓の造営に、近くに移転してきた円福寺が関係していた可能性も推測されている（古代学協会『平安京左京三条三坊十一町』）。ただ京内の墓地は文献的には戦国期になってから多く見出されるので（高田陽介「境内墓地の経営と触穢思想」）、十五世紀中期の五体不具穢の増加を京内の墓地形成と結びつけてよいかどうかには問題が残る。

その次の期間である一四六一年から一五〇〇年までの間に十一例というのは多いようにも見えるが、この期間は大量の古記録が残されており、刊行されたものも多い。『お湯殿の上の日記』のように、御所に生じた穢は細大もらさず記載した記録もある。数例しかない他の期間も、もし十五世紀後半と同程度の量の記録が残存していればこのくらいの数になったのではないかと思われる。したがって一四六一年から一五〇〇年の死体放置がその前の期間より減少していることは事実であろう。京都でも葬式互助が本格的に成立してきたといった事情が背後にあるのかもしれないが、裏付けは今後の課題である。

行路死人

行き倒れの死者などはこの時代でも埋葬されないことが多かったらしい。三六頁で紹介したフロイスの『日本史』（西九州篇3、第七八章）には、極貧で身よりのない者は「死後は、死体の両足に縄をかけ、海かどこかの川まで引きずって行って（そこで）投げ捨てられましょう」としているが、これは乞食などの死者をさしているように思われる。十七世紀後半の日蓮宗の書『千代見草《ちよみぐさ》』にも、葬法には水葬・火葬・土葬・林葬の四種があるとして、次のように述べる。

水葬と林葬とは、魚・鳥・獣の飢えを養うので、功徳《くどく》は広大である。とはいうものの、孝子の気持ちとして父母の死骸を（水葬や林葬には）しがたい。出家の死骸は、林葬にするよう遺言すべきである。いかに功徳だとはいえ、師匠の死骸を弟子の一存で林葬してはいけない。もし遺言ならそうすべきである。あさましいことに人はみな死骸にまで貪愛《とんあい》を残し、痩《や》せ狼《おおかみ》の飢えを救うこともせず、屍を焼くのに無駄に薪を費やして、臭い煙をも憚らずに焼きたがるものである。水葬・林葬はいまいましいことだと思っている。過去の業因《ごういん》つたなく飢え死にした乞食を川へ流したり野山へ捨てたりして、惜しげもなく魚・鳥・獣に活計させ、自分では予期しなかった功徳を得る乞食の身の果てだけはうらやましい。

と書いている。近世ともなると家族の死者を葬送するのに野山へ放置することはもうなくなっていたようだが、乞食が死ぬと川や野山へ棄てられるのはこの時代にも続いていた。近世を通してそれも次第に減っていくであろう。

葬具の発達

立派な輿や幡《ばん》・天蓋《てんがい》などの葬具を用いた豪華な葬式が戦国期には発達してきた。有力武士がこのような葬式を行ったが、葬具などの様式は禅宗が発達させたらしい。天正四年（一五七六）に南都興福寺成身院《じょうしんいん》の法印宗慶《しゅうきょう》が死んだときは西大寺《さいだいじ》長老が引導した。筒井順慶《つついじゅんけい》は「輿棺《こしかん》」にして、「幡」などきらびやかに飾るがいいと言ったが、それは禅宗の作法でこちらの先例にはないといって普通の輿をしつらえた。役をする人が余るので三人は造花を持ったという（『多聞院《たもんいん》日記』天正四年九月十七日条）。筒井順慶自身の葬儀では「金銀を尽くし、美麗なる事を尽くす」と書かれ、輿をはじめ位牌《いはい》・天蓋・三具足《みつぐそく》・提灯・行器《ほかい》・幡・花などを連ねた七十余名からなる豪華な葬列が進んだ（同、天正十二年〈一五八四〉十月十六日条）。

慶長二年（一五九七）土佐の長曾我部元親《ちょうそかべもとちか》が侍分の家臣を対象に発布した掟書《おきてがき》（長曾我部元親式目）には、「葬礼については身上の上下を問わず龕《がん》を停止《ちょうじ》し、桶または箱にすべきこと。これ以外についても倹約にすべきこと」という一条がある。龕とはもともと仏像を入れるものだが、葬式では輿の台板の上に乗せる屋根のついた箱状のものをさし、この中に竪棺《たてかん》を入れる。転じてこれを備えた輿自体をさし、室町時代の古辞書では「龕《がん》死人輿」（『和漢通用集《わかんつうようしゅう》』）などと説明されている。本圀寺《ほんこくじ》所蔵の『日蓮聖人註画讃』は天文五年（一五三六）に制作されたもので、そこに描かれている日蓮の葬儀のさまは

写真13　『日蓮聖人註画賛』巻5（本圀寺所蔵）

戦国時代の比較的豪華な葬送の描写と考えられるが、龕の上に天蓋をかざして運んでいる。この絵で龕から前方に布の綱を伸ばしているのは善《ぜん》の綱《つな》である（写真13）。写真に示した部分にはないが、龕のうしろには馬を牽《ひ》いている。

天文元年（一五三二）十一月三十日の摂津尼崎《せっつあまがさき》墓所掟《ぼしょおきて》（大覚寺文書）や慶長十一年（一六〇六）十月二十七日の京都長香寺《ちょうこうじ》の墓所掟（長香寺文書）では、龕を使った葬式がもっとも上等で料金が高い。長香寺の規定は輿などを用いて葬礼を行うごとに清水坂に支払う米を書いたものだが、

定無（墓）所之事

一、ふりさけ　三升
一、板こし　五升
一、はりこし　壱斗
一、かん　五斗

（後略）

とあって四種類の運搬手段が知られる。「ふりさけ」は「振り下げ」で、棺を縛った紐《ひも》を朸《おうご》に通して運ぶ方法であろう。輿の種類については故実書《こじつしょ》の記載も区々《くく》ではっきりしないが、板輿は側面や屋根を板で作った輿、張り輿は畳表を張った輿というが、布を張ったという説もある。その次の「かん」は「棺」ではなく「龕」で、これがもっとも上等であった。

近代の民俗で用いられる龕は共同利用の輿の上部に組み立てるもので、龕の四方やその屋根に貼る紙は葬式ごとに貼り替えるところが多かった。龕の屋根を天蓋という地方もあるし、これとは別に天蓋をさしかけるところも多い。また今日、棺のことをガンという地方が多いが、これも「龕」であろう。長曾我部氏の掟をみると、棺をむき出しで運ぶのではなく龕に入れたいという希望が中世末期にはかなり一般に広まっていたようである。

正保二年（一六四五）、東三河の千両村《ちぎり》（現豊川市《とよかわ》）の茂右衛門という者の子が三人まで死んだ。四人目の子に霊が憑いて、自分は武田信玄に野田城《のだじょう》が落とされたときの城兵で、雨山村《あめやま》（現額田町《ぬかたちょう》）に落ち行く途中に杣坂《そまさか》で討たれたが、修羅《しゅら》の苦患《くげん》が堪えがたいゆえこの屋敷に祟《たた》っている、弔《とむら》ってくれればこの子は助けようと口走った。茂右衛門が望みのようにしようと言うと、霊は「いま死んだ人のように、禅宗の知識を頼んで、棺・幡・天蓋を作り、鐃鈸《にょうはち》や鼓《つづみ》で野送りをし、下火《あこ》や念誦で結縁して懺法《せんぼう》を興行してほしい」と頼んだ。茂右衛門が妙厳寺《みょうごんじ》の牛雪《ぎゅうせつ》和尚に頼んで葬式をしてもらったところ、再び子に霊が憑いて「もはや助かった。わが名は鵜《う》の彦蔵《ひこぞう》という。願わくは屋敷の堺に古塚があり、その墓印の石が取り除けてあるので、元通りにして塚を築いてくれ」と言ったのでそのようにす

写真14　『日蓮聖人註画賛』巻5（本圀寺所蔵）

ると、それ以後霊は収まったという（『片仮名本因果《いんが》物語』巻上第一話）。

幡や天蓋はもともと仏像の荘厳具《しょうごんぐ》で、「平家《へいけ》納経《のうきょう》」法師品の絵にも後世の葬具と同様の形のものが見える。もちろん後世の民俗で葬具として用いられたのはずっと粗末なものだが、十七世紀には幡や天蓋を用いた葬式がかなり普及して、いわば憧れの的になっていたらしい。寛文十一年（一六七二）刊の鈴木《すずき》正三《しょうさん》『反故集』にも、ある人の葬式が粗末だったので霊が浮かばれず、人に憑いてそれを訴えたので「幡・天蓋等」を結構にこしらえて葬送をやり直したところ、霊はおさまった。そこで、天蓋には功徳があるようだから、これがないと地獄に堕ちるのだろうかと心配する人があった。正三は、これは天蓋などを望む心が初めにあったのにそれが叶えられなかったから霊が流転したので、天蓋に念を収める力があるわけではないと答えたという話がある。なお『日蓮聖人註画讃』は幡も描いている（写真14）。

棺を納める箱を「龕」とよび、仏像の荘厳具である幡や天蓋をかざすのは、死者を仏として扱うことである。平安時代の貴族の葬儀では、棺の安置場所を「蓮台《れんだい》」と呼ぶところなどにその萌芽がみられるが、まだ死者を仏とは呼ばなかったし、仏像のような扱いもしていなかった。龕葬はおそらく鎌倉幕府の執権など東国武士が採用した禅宗の葬法で、室町幕府が朝廷との一体化を深める過程でそれが京都においても上層の葬法として採用されたものだろうが、このように死者を仏とみなす葬送も中世後期から発達してきた。近世初期には幡・天蓋などの葬具を用いるのは村の中でも上層だったろうが、近代の民俗では村人が集まって、器用な人が紙や木で幡や天蓋を作っていた。近世を通じて互助組織の発達が葬具を普及させると同時に、葬式はムラの行事のようになってゆく。身よりのない人が平安京の路傍に放置された時代から、思えば長い時間が過ぎ去っていた。

天皇家系図

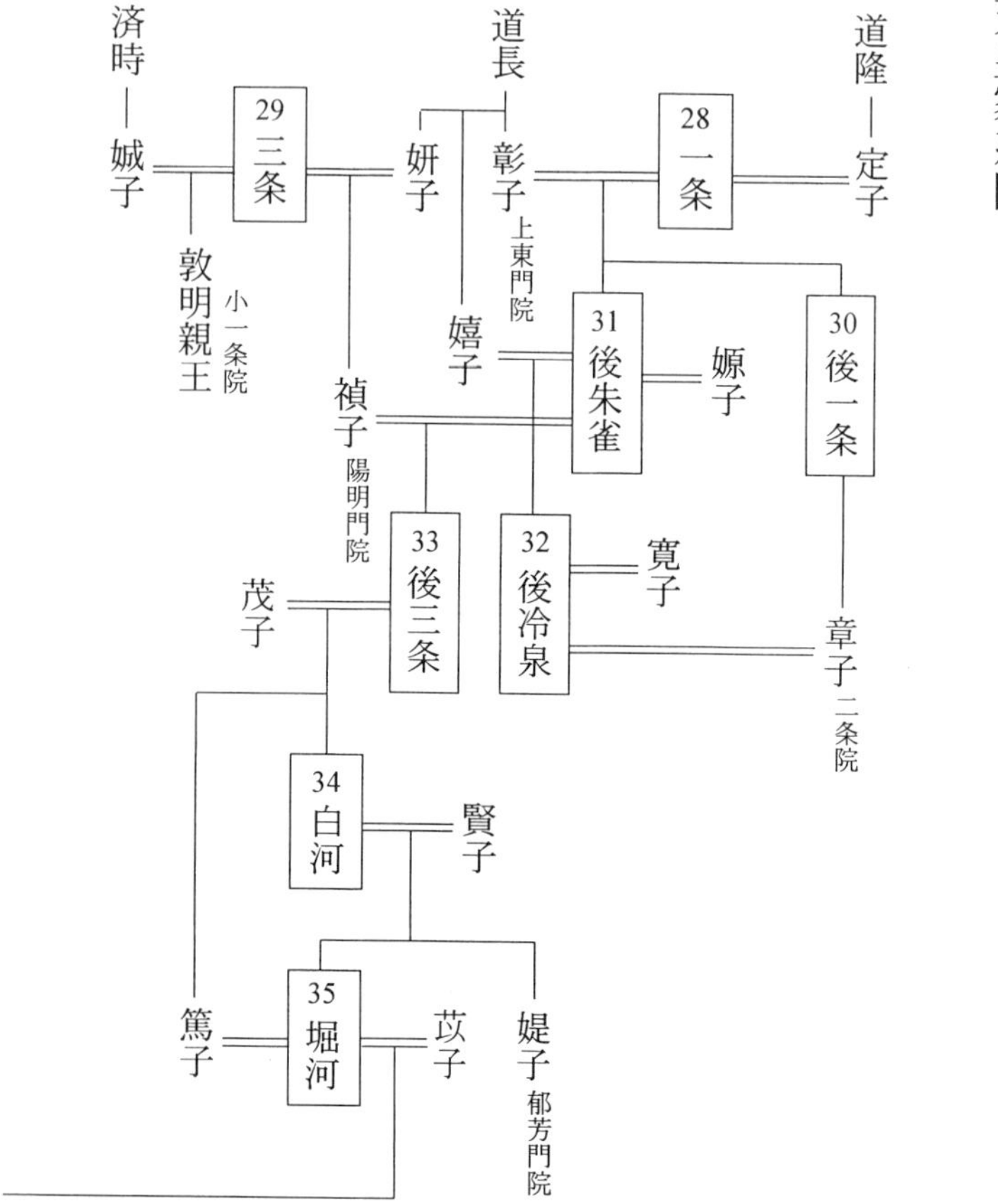
道隆
定子
28 一条
道長
彰子
上東門院
妍子
嬉子
29 三条
済時
娍子
敦明親王
小一条院
30 後一条
31 後朱雀
嫄子
禎子
陽明門院
章子
二条院
32 後冷泉
寛子
33 後三条
茂子
34 白河
賢子
35 堀河
篤子
苡子
媞子
郁芳門院

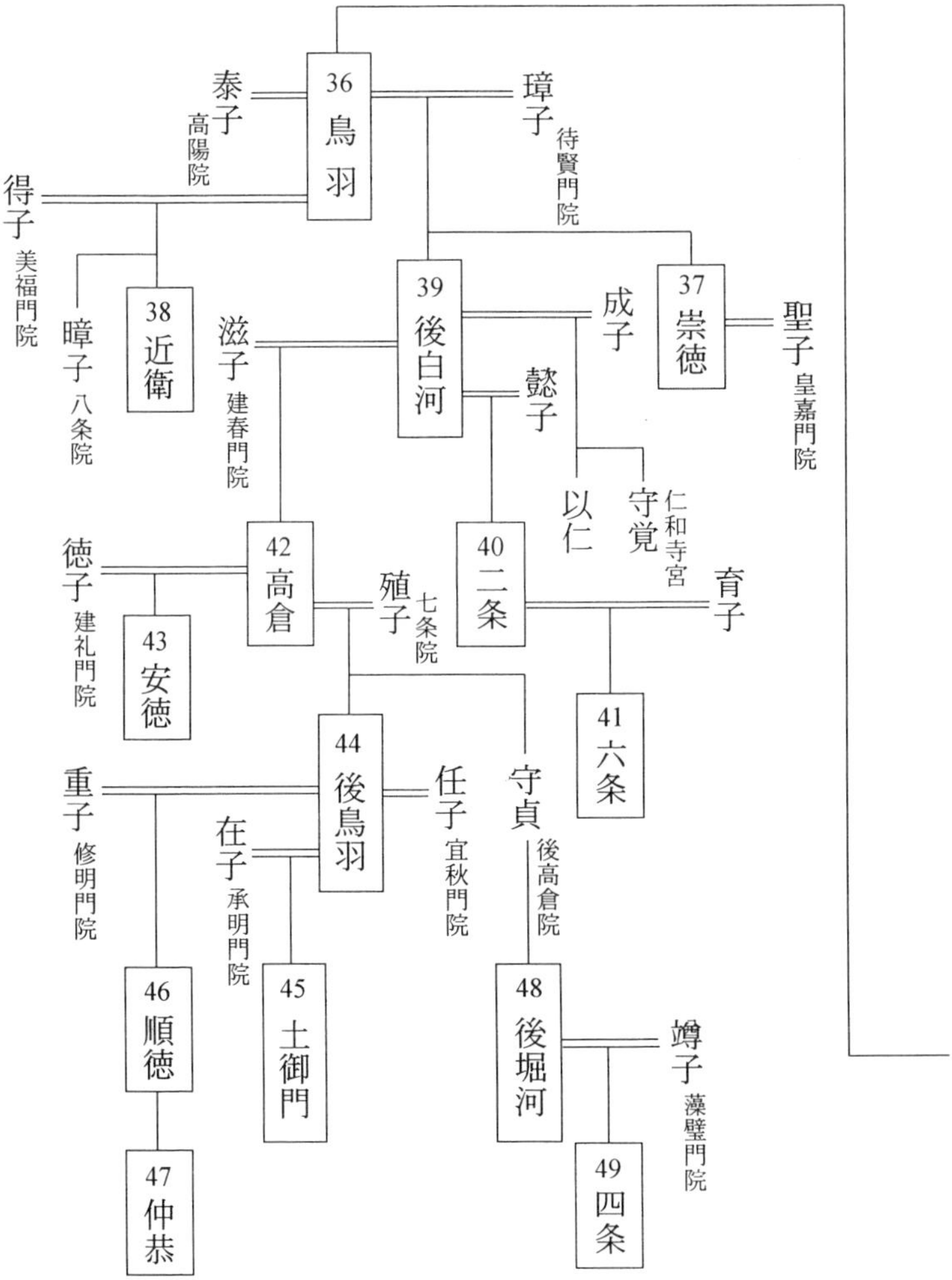
36 鳥羽
泰子 高陽院
璋子 待賢門院
得子 美福門院
暲子 八条院
38 近衛
39 後白河
37 崇徳
聖子 皇嘉門院
成子
懿子
滋子 建春門院
以仁
守覚 仁和寺宮
42 高倉
40 二条
育子
徳子 建礼門院
殖子 七条院
43 安徳
41 六条
44 後鳥羽
重子 修明門院
任子 宜秋門院
守貞 後高倉院
在子 承明門院
46 順徳
45 土御門
48 後堀河
竴子 藻璧門院
47 仲恭
49 四条

藤原氏系図

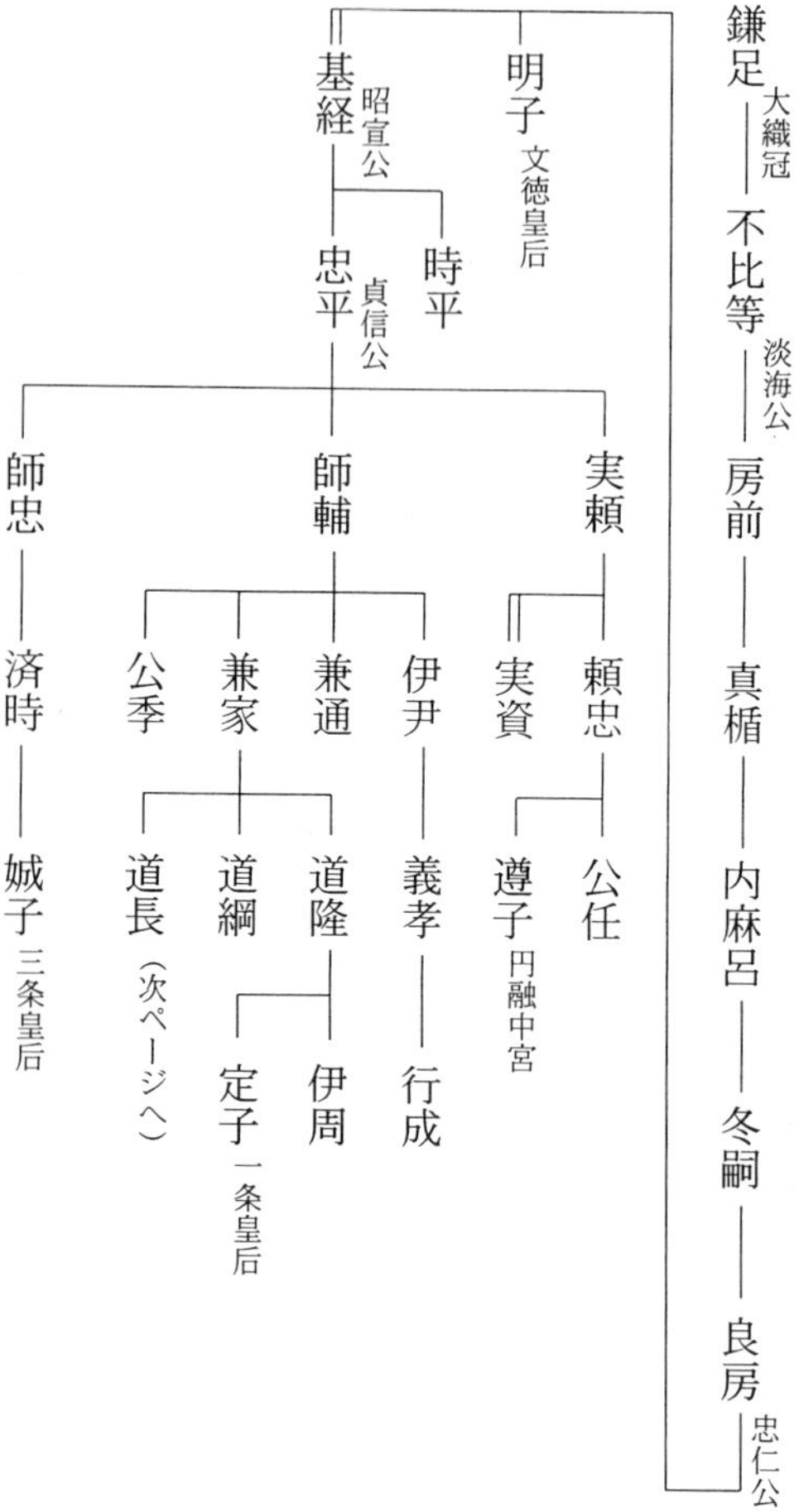
鎌足 大織冠
不比等 淡海公
房前
真楯
内麻呂
冬嗣
良房 忠仁公
明子 文徳皇后
基経 昭宣公
時平
忠平 貞信公
実頼
頼忠
実資
公任
遵子 円融中宮
師輔
伊尹
義孝
行成
兼通
兼家
道隆
伊周
道綱
定子 一条皇后
道長 （次ページへ）
公季
師忠
済時
娍子 三条皇后

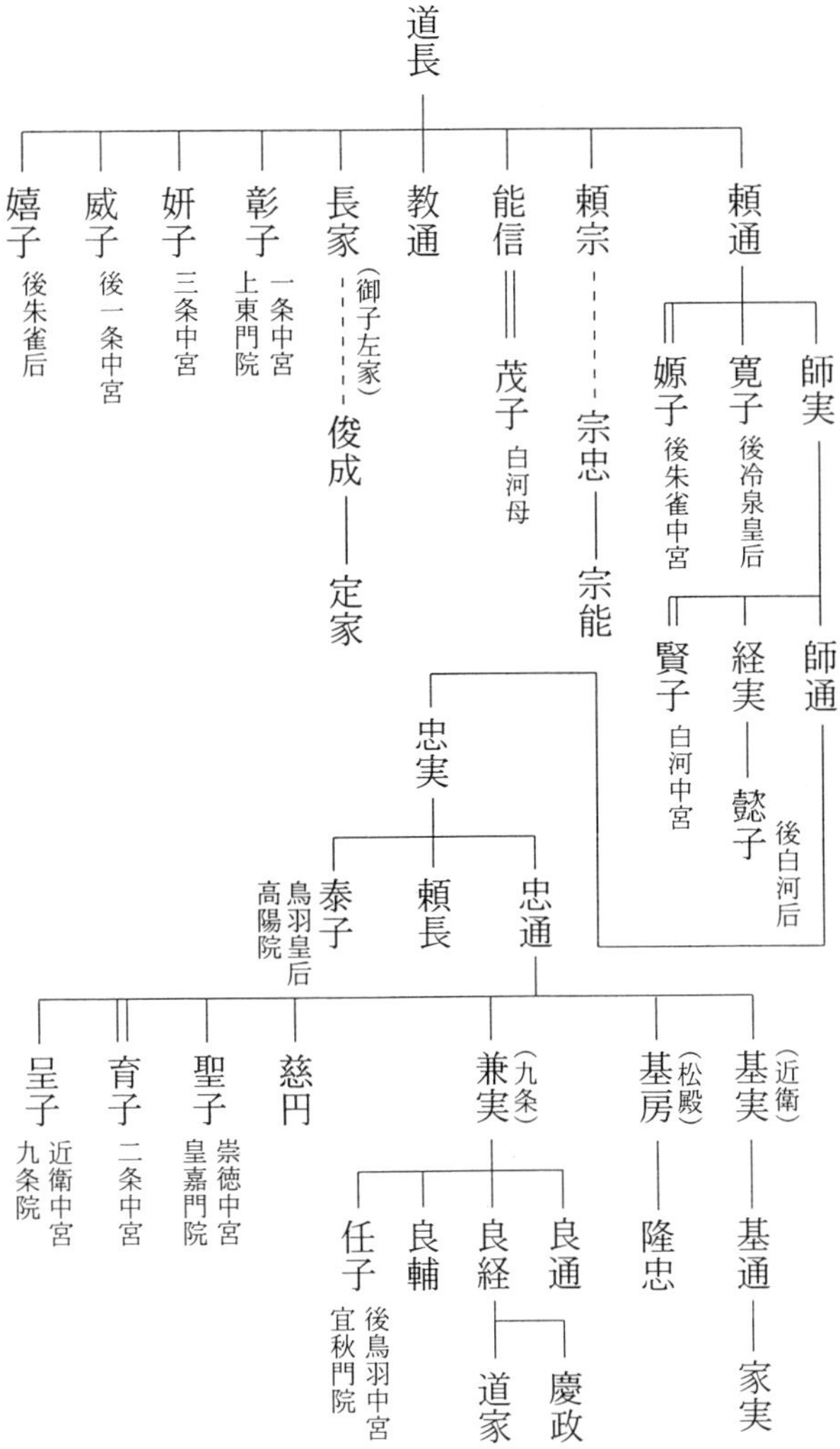
道長
嬉子 後朱雀后
威子 後一条中宮
妍子 三条中宮
彰子 一条中宮 上東門院
長家 (御子左家)
俊成
定家
教通
能信
茂子 白河母
頼宗
宗忠
宗能
頼通
師実
寛子 後冷泉皇后
嫄子 後朱雀中宮
師通
経実
懿子 後白河后
賢子 白河中宮
忠実
忠通
頼長
泰子 鳥羽皇后 高陽院
基実 (近衛)
基通
家実
基房 (松殿)
隆忠
兼実 (九条)
良通
良経
慶政
道家
良輔
任子 後鳥羽中宮 宜秋門院
慈円
聖子 崇徳中宮 皇嘉門院
育子 二条中宮
呈子 近衛中宮 九条院

参考文献

秋山國三・仲村研『京都「町」の研究』法政大学出版局、一九七五年
浅田芳朗「隠岐国中村の葬礼習俗」『日本民俗誌大系』一〇、角川書店、一九七六年
石井　進「都市鎌倉における『地獄』の風景」御家人制研究会編『御家人制の研究』吉川弘文館、一九八一年
五十川伸矢「古代・中世の京都の墓」『国立歴史民俗博物館研究報告』六八集、一九九六年
磐田市教育委員会『一の谷中世墳墓群遺跡』一九九三年
宇治市教育委員会『木幡浄妙寺跡発掘調査報告』一九九二年
馬田綾子「中世京都における寺院と民衆」『日本史研究』二三五号、一九八二年
愛　媛　県『愛媛県史　民俗　下』一九八四年
大庭康時「都市『博多』の葬送」五味文彦・齋木秀雄編『中世都市鎌倉と死の世界』高志書院、二〇〇二年
大石雅章「顕密体制内における禅・律・念仏の位置—王家の葬祭を通じて—」中世寺院史研究会『中世寺院史の研究　上』法蔵館、一九八八年
大山喬平「中世の身分制と国家」『日本中世農村史の研究』岩波書店、一九七八年
「奈良坂・清水坂両宿非人抗争雑考」『日本中世農村史の研究』岩波書店、一九七八年
岡田重精『古代の斎忌（イミ）—日本人の基層信仰—』国書刊行会、一九八二年
柏崎市史編さん委員会『柏崎市史資料集　民俗編　柏崎の民俗』柏崎市、一九八六年

勝田　至「中世民衆の葬制と死穢―特に死体遺棄について―」『史林』七〇巻三号、一九八七年
「中世の屋敷墓」『史林』七一巻三号、一九八八年（のち『日本歴史民俗論集6　家と村の儀礼』吉川弘文館、一九九三年に収録）
「文献から見た中世の共同墓地」　石井進・萩原三雄編『帝京大学山梨文化財研究所シンポジウム報告集　中世社会と墳墓』名著出版、一九九三年
「中世民衆の墓制と死穢」『歴史手帖』二二巻一二号、一九九四年
「『京師五三昧』考」『日本史研究』四〇九号、一九九六年
「鳥辺野考」　大山喬平教授退官記念会編『日本社会の史的構造　古代・中世』思文閣出版、一九九七年
勝俣鎮夫「死骸敵対」　網野善彦・石井進・笠松宏至・勝俣鎮夫『中世の罪と罰』東京大学出版会、一九八三年
河野眞知郎他『シンポジウム日本の考古学5　歴史時代の考古学』学生社、一九九八年
木下密運「中世の念仏講衆」『元興寺仏教民俗資料研究所年報』一九六九年
京　都　市『京都の歴史2　中世の明暗』学芸書林、一九七一年
倉橋真司「藤原実重の信仰―在地霊場の形成と展開―」『地方史研究』二八八号、二〇〇〇年
栗原　弘「平安中期の入墓規定と親族組織―藤原兼家・道長家族を中心として―」　秋山國三先生追悼会『京都地域史の研究』国書刊行会、一九七九年
黒田日出男「『親鸞伝絵』と犬神人」『週刊朝日百科日本の歴史　別冊　絵画史料の読み方』朝日新聞社、一九八八年
河内祥輔『保元の乱・平治の乱』吉川弘文館、二〇〇二年
古代学協会『左京三条三坊十一町　平安京跡研究調査報告　第14輯』一九八四年
五来　重『葬と供養』東方出版、一九九二年
五味文彦・齋木秀雄編『中世都市鎌倉と死の世界』高志書院、二〇〇二年

近藤　滋「日野大谷遺跡」『佛教藝術』一八二号、一九八九年
近藤直也「カリヤの民俗」『葬送墓制研究集成』五巻、名著出版、一九七九年
齋木秀雄「都市鎌倉と死のあつかい―由比ヶ浜南遺跡の調査―」五味文彦・齋木秀雄編『中世都市鎌倉と死の世界』高志書院、二〇〇二年
斎藤たま『死とものの け』新宿書房、一九八六年
桜井徳太郎『沖縄のシャマニズム』弘文堂、一九七三年
桜田勝徳「波の橋立」『桜田勝徳著作集』六巻、名著出版、一九八一年
佐々木創「『神祇服紀令』の創出―吉田兼倶による位置づけを探る―」『武蔵大学人文学会雑誌』三四巻二号、二〇〇二年
佐藤米司「岡山市野殿の墓制―家屋敷に隣接する墓地と死穢の忌みの問題―」『日本民俗学』一三七号、一九八一年
澤田瑞穂『中国の民間信仰』工作舎、一九八二年
柴田　実「雲林院の菩提講」『古代文化』二六巻三号、一九七四年
新谷尚紀『日本人の葬儀』紀伊國屋書店、一九九二年
「死と葬送」『講座日本の民俗学 6 時間の民俗』雄山閣出版、一九九八年
水藤　真『中世の葬送・墓制―石塔を造立すること―』吉川弘文館、一九九一年
杉原和雄「経塚遺構と古墓―京都府北部を中心として―」『京都府埋蔵文化財論集　第一集』京都府埋蔵文化財調査研究センター、一九八七年
須藤　功『葬式―あの世への民俗―』青弓社、一九九六年
高田陽介「境内墓地の経営と触穢思想」『日本歴史』四五六号、一九八六年
「『村の墓・都市の墓』シンポに寄せて」『遥かなる中世』一三号、一九九四年

「中世三昧聖をどうとらえるか」　駒沢女子大学日本文化研究所所報『日本文化研究』三号、二〇〇一年
「葬送のにないて」　鎌倉遺跡調査会・帝京大学山梨文化財研究所『シンポジウム「都市民　その死のあつかい」―鎌倉・由比ヶ浜南遺跡の調査成果を中心に―　資料集』二〇〇二年
高橋秀樹『日本中世の家と親族』吉川弘文館、一九九六年
高橋昌明「鬼と天狗」『岩波講座日本通史　中世2』岩波書店、一九九四年
「中世人の実像」　朝日新聞学芸部編『中世の光景』朝日選書、一九九四年
高谷重夫「祖谷山村の民俗―東祖谷山村深淵を中心として―」『日本民俗誌大系』一〇、角川書店、一九七六年
『明月記』の盆」『盆行事の民俗学的研究』岩田書院、一九九五年
田中喜多美「岩手県雫石地方」『旅と伝説』六巻七号、一九三三年
田中久夫『祖先祭祀の研究』弘文堂、一九七八年
田村裕・丸山浄子『『蓮妙之非人所』考」『新潟大学教育学部紀要』二六巻二号、一九八五年
千々和到「板碑・石塔の立つ風景―坂碑研究の課題―」　石井進編『帝京大学山梨文化財研究所シンポジウム報告集　考古学と中世史研究』名著出版、一九九一年
月輪　泰「骨と火葬場」　網野善彦・石井進・福田豊彦編『よみがえる中世6　実像の戦国城下町　越前一乗谷』平凡社、一九九〇年
角田文衞「紫野斎院の所在地」『王朝文化の諸相　角田文衞著作集4』法蔵館、一九八四年
「鳥部山と鳥部野」『王朝文化の諸相　角田文衞著作集4』法蔵館、一九八四年
「村上源氏の塋域」『王朝文化の諸相　角田文衞著作集4』法蔵館、一九八四年
坪井良平「山城木津惣墓墓標の研究」『考古学』一〇巻六号、一九三九年（のち『歴史考古学の研究』ビジネス教育出版社、一九八四年に収録）

中井一夫「稗田遺跡発掘調査概報」　奈良県立橿原考古学研究所編『奈良県遺跡調査概報　一九七六年度』奈良県教育委員会、一九七七年
中野豈任『忘れられた霊場―中世心性史の試み―』平凡社選書、一九八八年
中間研志「大宰府の奥津城」『九州歴史資料館開館十周年記念　大宰府古文化論叢』下巻、吉川弘文館、一九八三年
西谷地晴美「中世的土地所有をめぐる文書主義と法慣習」『日本史研究』三三〇号、一九八九年
丹生谷哲一『検非違使―中世のけがれと権力―』平凡社選書、一九八六年
「非人・河原者・散所」『岩波講座日本通史　中世2』岩波書店、一九九四年
橋本義彦「里内裏沿革考」『平安貴族』平凡社選書、一九八六年
濱田謙次「亀岡市・西光寺の五輪塔地輪」『丹波』三号、二〇〇一年
播磨定男『中世の板碑文化』東京美術、一九八九年
藤澤典彦「中世の墓地ノート」『佛教藝術』一八二号、一九八九年
「墓地景観の変遷とその背景―石組墓を中心として―」『日本史研究』三三〇号、一九九〇年
深沢　徹『中世神話の煉丹術―大江匡房とその時代―』人文書院、一九九四年
部落問題研究所編『部落史史料選集1　古代・中世編』部落問題研究所出版部、一九八八年
細川涼一『中世の律宗寺院と民衆』吉川弘文館、一九八七年
保立道久「都市の葬送と生業」　五味文彦・齋木秀雄編『中世都市鎌倉と死の世界』高志書院、二〇〇二年
堀　裕「天皇の死の歴史的位置―『如在之儀』を中心に―」『史林』八一巻一号、一九九八年
「死へのまなざし―死体・出家・ただ人―」『日本史研究』四三九号、一九九九年
松本友記「熊本県阿蘇地方」『旅と伝説』六巻七号、一九三三年
三橋　正「臨終出家の成立とその意義」『日本宗教文化史研究』一巻一号、一九九七年

宮田勝功・田阪仁「横尾墳墓群」『佛教藝術』一八二号、一九八九年
百瀬正恒「都市京都における死、浄土とかわら―死の排除から共存する都市への転換―」五味文彦・齋木秀雄編『中世都市鎌倉と死の世界』高志書院、二〇〇二年
山田邦和「京都の都市空間と墓地」『日本史研究』四〇九号、一九九六年
山本幸司『穢と大祓』平凡社選書、一九九二年
山本尚友「上品蓮台寺と墓所聖について」細川涼一編『三昧聖の研究』碩文社、二〇〇一年
横井　清「中世の触穢思想」『中世民衆の生活文化』東京大学出版会、一九七五年
和田　萃「殯の基礎的研究」『日本古代の儀礼と祭祀・信仰』上巻、塙書房、一九九五年

中世京都死体遺棄年表（十二・十三世紀）

一一〇二	康和四	十二月五日、藤原忠実が自邸(高陽院)の修理のため板敷を取り去ると、小人の足が発見される。五体不具穢(殿暦)。※
一一〇三	五	五月四日、この二日前の未時に斎院(七野社付近か)で死人の頭が見つかり、取り棄てたが、申時にまた見つかったという(中右記)。※
一一〇四	長治元	四月七日、先月に六角堂で小児が死んでおり、民部卿家の女房が参詣して帰宅したところに斎院長官が来たので、穢の伝染が問題になる(中右記)。 九月十一日、藤原宗忠は八省院行幸に供奉の予定だったが、自邸(五条東の家)で五体不具穢が生じたので籠居する(中右記)。※ 十一月十日、内裏(平安宮)外郭の桂芳坊で死人の頭が見つかり、翌日の除目が延引される(殿暦／中右記)。※
一一〇五	二	二月十四日、園韓神祭が延引される。七日に斎院でみつかった五体不具の穢気が内裏(堀河院)に伝染したため(殿暦／中右記)。※ 四月二十四日、藤原宗忠が日記に、このごろ疫病で路頭に病人が多く、河原には死人が充満していると記す(中右記)。 八月九日、道路の不浄の清掃を京職・検非違使に命ずる(殿暦)。 十二月八日、高陽院の蔵の前で死人の頭が見つかる。棄てた後で、白骨だったか生の頭だったかで紛糾する(中右記)。※

一一〇六	嘉承元	五月四日、藤原宗忠邸(中御門富小路)の門内に五体不具穢があり、出仕をやめる(中右記)。※ 五月九日、近日疫病で道路に骸骨を積むという(中右記)。 六月五日、疫病による夭亡者は数えきれず、路頭や河原に骸骨を積むという(中右記)。 六月、堀河天皇の大内裏行幸にあたり、路頭に死人があったのを前陣の検非違使が取り棄てなかったのが翌年の天皇崩御の遠因とされる(中右記、嘉承二年七月十九日条)。
一一〇七	二	夏、疫病で死んだ筆結某を櫃に入れて棄てたが、四日後に蘇ったという(続古事談、巻五)。 五月一日、宰相中将藤原忠教邸(左京四条三坊十三町)で五体不具穢があり、三日の奉幣が延引される(殿暦/永昌記)。※ (参考)この春夏に疫病が流行(中右記/永昌記)。
一一〇九	天仁二	四月八日、中宮(篤子内親王、堀河院に居住)の灌仏が五体不具穢のため中止される(殿暦)※。
一一一一	天永二	正月十五日、前年の十二月二十二日より陽明門に死穢があるため藤原宗忠は待賢門から出入りする(中右記)。※ 三月六日、忠実邸(高陽院)で鳶が小児の足を地面に落とし、またくわえて飛び去ったので五体不具穢となる(殿暦/中右記/永昌記/長秋記)。※ 三月十三日、斎院で五体不具穢が生じる(中右記)。※ 六月十一日、大炊殿(白河院御所、左京二条三坊十五町)に三十日の穢が生じ、それが内裏にも伝わる(殿暦)。 十月五日、左近衛府に五体不具穢が生じたので、諸社に献ずる仏舎利壺の製造場所を他の所司に代える(殿暦)。※
一一一二	三	四月二十八日、陽明門に死穢があるため待賢門を用いる(中右記)。※
一一一三	永久元	正月二十八日、播磨守藤原長実邸(八条亭、左京八条三坊十三町)で五体不具穢があり、院御所が丙穢となる(殿暦)。※
一一一四	二	三月二十日、鳥羽南殿に五体不具穢が生じる(中右記)。※

一一一六	四	三月十五日、白河御所の西方に死人があり、白河法皇の法勝寺円堂参籠が中止される(殿暦)。
一一一七	五	二月二十五日、公卿勅使の上卿である左大臣源俊房(三条堀川に居住)が三十日の穢のため参仕できなくなる(殿暦)。
		八月十五日、白河院の御所(白河泉殿＝白河南殿)に三十日の穢が生じる(殿暦)。
一一一八	元永元	八月十三日、八省院の小安殿で死人の頭が発見される(殿暦)。※
		八月十八日、白河院御所(正親町東洞院＝土御門亭)近くの下人小屋に死人があったため、法皇は急遽、白河北殿に移る(中右記)。
		九月二十八日、内裏(土御門烏丸内裏)の中宮方に犬が児の死体をくわえて入る。藤原忠実はその形状から三十日の穢と思ったが、五体不具穢とされる(殿暦／中右記)。※
一一二〇	保安元	三月三十日、藤原宗能宅(中御門北亭)に犬が胎児の上半身をくわえて入る(中右記)。※
一一二六	大治元	二月三日、郁芳門に五体不具穢がある(永昌記)。※
		三月十七日、尊勝寺法華堂の下に僧形の死人があるのが見つかる(永昌記)。
一一二七	二	十一月十五日、宮内省で死人の頭が見つかったので園韓神祭が延引される(中右記)。※
一一三二	長承元	三月十一日、斎院の昼御座上に白骨が置かれるという怪異がある(中右記)。
		(参考)この年疫病が流行(中右記／百練抄)。
一一三三	二	七月七日、これより先に待賢門に小児の穢物があったが、斎院女房の従者がそれを見ながら門を出入りしたのが問題となる(長秋記／中右記／百練抄)。※
一一三六	保延二	正月二十八日、近日天下飢餓のため道路に捨て子が多いと藤原宗忠が記す(中右記)。
		三月一日、天下大飢渇のため道路に餓死者・捨て子・乞食が多いと藤原宗忠が記す(中右記)。
		三月二十九日、禁中(二条殿)に犬が死人の頭をくわえて入る。軒廊御卜を延引する(中右記)。※
一一四三	康治二	九月二十四日、陽明門に死人があり、蔵人業隆がこの門を通って参内宿仕したのを藤原忠通は咎めたが、法家は穢はないとする(台記／本朝世紀)。※
		十月十四日、藤原頼長が門の穢を論じ、門に死人があっても穢ではないが、大路に死人がある場

		合は穢にならなくても普通の人は避けて通る。これと同様にこの門は用いないとする(台記)。
一一四四	天養元	七月一日、陽明門に三十日の穢が生じる(本朝世紀)。※
一一四五	久安元	三月十五日、鳥羽法皇の御所(六条殿)に三十日の穢が生じる(本朝世紀)。
		三月十七日、四条殿(四条宮か)の天井に死人があったという(台記)。※
一一四九	五	十一月十三日、五体不具穢の血が神嘉殿の板敷と柱に染みついたので、新嘗祭では紫宸殿を神殿にあてる(本朝世紀)。※
一一五〇	六	八月二十九日、待賢門に穢物があり、ここを通った権少外記が参陣したので、止雨の奉幣を延引したが、明法家は穢ではないとしたので翌日に奉幣する(本朝世紀)。※
一一五四	久寿元	四月二日、故右少弁有業の堂に住む者が重病になり、妻はここを穢にすることはできないとして、清目に頼んでまだ息のある間に夫を外に出してもらう。その後男は死んだので清目は死体を棄てたが、死体の運搬を目撃した前伊勢守貞正の従者が、男が堂内で死亡したと思い穢だとして関白に報じる(台記/兵範記にも記事あり、清目を河原法師とする)
		八月十日、平信範邸(六条東洞院辺、左京七条三坊十六町か)で五体不具穢が生じたので札を立てて籠居する(兵範記)。※
一一五六	保元元	二月二十三日、近衛院(近衛殿)で五体不具穢が生じる(山槐記)。※
		三月十六日、偉鑒門が焼失したのは、そこにいた病人の失火によるともいわれる(山槐記)。
一一五七	二	十月二十四日、平信範邸で五体不具穢が生じる(兵範記)。※
一一六一	応保元	四月六日、平重盛の郎従が蔵人所(内裏は東三条第)の後屋で死人の手を発見する(山槐記)。※
		四月二十日、二条天皇の八省行幸の直前になって、宣陽門の陣屋で死人の頭がみつかり、また応天門の外、朱雀門の内側にも死人の頭がみつかる(山槐記)。※※
		九月二十五日、内裏(東三条第)南殿北壺で小死人がみつかる。五体不具穢(山槐記)。※
一一六六	仁安元	十二月十一日、前日より内裏(平安宮)で五体不具穢があり、穢の及ばなかった所司を用いて月次・神今食祭を行う(園太暦、観応元年十月三日条)。※

一一六七	二	三月二十四日、後白河院の法住寺御所に宿った乞食法師が餓死しているのが発見される。未曾有の事だという(山槐記/顕広王記)。 四月五日、七条西大宮の松尾神社(櫟谷社)旅所で老人が死んでおり、松尾祭が延引される(山槐記/顕広王記)。 五月七日、女御御所七条殿の女房曹司に死人の片足がある(兵範記)。※
一一六八	三	二月六日、平清盛邸(六波羅泉殿)で五体不具穢が生じる(兵範記)。※
一一六九	嘉応元	十月二十三日、右中弁藤原長方邸(八条北、堀河西か)で手足のない死人(一本に小死人)がみつかる。三十日の穢(兵範記)。※
一一七〇	二	正月二十六日、二十一日より皇嘉門院御所(九条の藤原兼実邸の西南)で五体不具穢があったため兼実は院御所での仏事に欠席する(玉葉)。※ 四月二十日、皇嘉門院御所で五体不具穢がある(玉葉)。※
一一七二	承安二	十一月二十二日、九条の藤原兼実邸北門内に何かの骨がみつかる(玉葉)。※ 十一月二十九日、病者が藻壁門の下で失火を出し、門など焼失(百練抄)。
一一七三	三	二月十八日、平野社で五体不具穢がある(康富記、文安六年三月十六日条)。※
一一七五	安元元	十月二日、藤原兼実邸の文庫で人の脛骨が見つかる(玉葉)。※
一一七六	二	六月八日、法住寺殿の池に小童が落ちて死ぬ。死人を棄てる以前に僧正が御所に参入したので穢が天下に広がる(顕広王記)。
一一七七	治承元	九月十四日、平宗盛邸(八条高倉か)の門の犬防ぎの内側に何者かが死人の首を置いたため、後白河法皇のお供を中止する(玉葉)。※
一一七八	二	正月九日、関白藤原基房邸(松殿)に小死人がある。犬のせいだとされる(山槐記)。※ 正月十七日、後白河院が潔斎して三井寺灌頂に出席するので、御幸までの間、院御所(法住寺殿)近辺の河原の穢物の掃除を検非違使庁に、粟田口の掃除を山城拒捍使に命じる(山槐記)。
一一七九	三	四月八日、平野社仮殿に血肉のない骸骨がみつかる。穢とはされない(山槐記)。※

		十二月二十六日、内裏(閑院)に五体不具穢があるが、誰かが仕組んだものだとの噂も聞かれる(玉葉)。※
一一八〇	四	三月四日、中山忠親邸(三条堀川辺、左京三条二坊五町か)に五体不具穢があり、高倉上皇の譲位後の土御門第御幸の供奉を中止する(山槐記)。※ 十二月二十日、九条の藤原兼実邸に犬が死人の足をくわえて入る(玉葉)。※
一一八一	養和元	二月二十三日、九条の藤原兼実邸の西壺に小児の頭がある。五体不具穢だが、昨今天下どこでも穢気の疑いがあり、人々は神社に参詣しないので、札を立てない(玉葉)。※ 三月二十一日、中宮(平徳子。当時六波羅に居住)に五体不具穢が生じる(吉記)。※ 四月一日、中宮に五体不具穢が生じる(吉記)。※ 四月五日、吉田経房が内裏を退出して三条烏丸を通ろうと思ったが、餓死者八人の死体があると聞いて通るのをやめる。近日死骸が道路に満ちているという(吉記)。 六月十一日、少納言源頼房の家で五体不具穢がある(吉記)。※ 八月二十八日、九条の藤原兼実邸に五体不具穢が生じる(玉葉)。※ 十月二十八日、九条の藤原兼実邸に五体不具穢が生じる(玉葉)。※
一一八二	寿永元	正月二十四日、建礼門院御所(六波羅)で五体不具穢が生じる(吉記)。※ 正月三十日、前日より内裏(閑院)で五体不具穢が生じる(玉葉)。※ 二月三日、院御所の門内で乞食法師が餓死しているのが見つかる(玉葉)。 二月二十二日、五条河原に死人を食う童がいるという噂を吉田経房が聞く。あとで事実ではないという説を聞く(吉記)。 三月十五日、恒例の祇園一切経会の日だが、社内で餓死者があったので延引される(吉記)。 三月二十五日、死骸が道路に充満していると吉田経房が記す(吉記)。 三月三十日、藤原良通邸(父兼実邸の近く)の五体不具穢がこの日で満了する(玉葉)。※ 四月二十六日、九条の藤原兼実邸で五体不具穢が生じる(玉葉)。※

一一八三	二	四月から五月にかけて、仁和寺の隆暁法印が死体の額に阿字を書いて結縁する。一条より南、九条より北、京極より西、朱雀より東で四万二千三百余を数えたという(方丈記)。 二月三日、前夜より九条の藤原兼実邸で五体不具穢が生じる(玉葉)。※ 二月二十九日、内裏(閑院)南殿で五体不具穢があり、新御所にも穢が伝わる(吉記)。※ 同日、この前日より後白河院御所(法住寺殿)で五体不具穢があり、法皇の逆修で参入した公卿二十三人がみな穢れると藤原兼実が記す(玉葉)。※ 十月二十日、藤原良通邸(父兼実邸の近く)に五体のそろった小児の死骸があったが、内臓がないため七日の穢となる(玉葉)。※ 十一月六日、九条の藤原兼実邸に五体不具穢が生じる(玉葉)。※
一一八四	元暦元	四月六日、後白河院御所(白川押小路殿。鴨川の東)で五体不具穢が生じたため、熊野詣の精進が中止される(吉記/玉葉)。※ 十一月二十三日、前日より九条の藤原兼実邸で五体不具穢が生じる(玉葉)。※
一一八五	文治元	正月二十四日、藤原良通邸の穢(五体不具穢?)がこの日で七日間を満了する(玉葉)。※ 二月一日、藤原良通邸で五体不具穢が生じる(玉葉)。※ 二月十三日、昨年松尾社旅所の宝殿の下に死体があり、取り棄てないまま爛壊したので、御旅所を他所へ移動すべきか議論される(玉葉)。 四月二十二日、昨夕より九条の藤原兼実邸で五体不具穢が生じる(玉葉)。※ 十月十三日、九条の藤原兼実邸の南庭に小死人があるのを三月から兼実と同居していた良通が見つける。三十日の穢(玉葉)。※
一一八六	二	十一月一日、蔵人弁藤原親経が五体不具穢に触れたので、諸社祭の奏事を他の弁の担当とする(玉葉)。※
一一八七	三	八月二十九日、左大弁平親宗が五体不具穢のため参陣できないことになる(玉葉)。※
一一八八	四	四月五日、二日より内裏(閑院)で五体不具穢が生じ、諸社祭が延引される(玉葉)。※

一一九一	建久二	六月一日、神祇官西院に小児の死体があり、三十日の穢となる。御体御卜・月次神今食祭が延引される(玉葉)。※ 五月十三日、朝廷が祈雨のため神泉苑で五龍祭を行う方針を決めるが、神泉苑が荒廃しており、死骸が充満し糞尿で穢れていることが問題となる(玉葉)。
一一九三	四	八月三日、太政官庁で五体不具穢があり、釈奠が延期される(百練抄)。※ 十一月十一日、右衛門権佐長方が五体不具穢にふれるが、日吉行幸に供奉する(園太暦、観応元年十月三日条)。※
一一九四	五	八月十七日、藤原兼実の堂(九条堂)で五体不具穢があるが、特に神事もないので中宮を訪問する(玉葉)。※
一一九五	六	三月六日、臨時二十二社奉幣使を行うが、北野社で三十日の穢があり、幣物使を止めて鳥居の外で宣命を読む(康富記、文安六年三月十六日条)。
一一九六	七	六月十三日、藤原定家が良経の一条殿から帰ろうとしたが、家(九条か)で五体不具穢が生じたと聞いて帰宅をやめ三条に宿る(明月記)。※
一一九七	八	正月十四日、前日より内裏(閑院)で五体不具穢が生じる(猪隈関白記)。※
一一九九	正治元	三月二日、晦日より御堂(九条堂)で七日の穢がある(明月記)。※ 八月九日、中宮任子の御所(九条殿の北殿)で穢物を発見。背骨と頭はつながっているが、内臓がないので七日穢とすべきかという(明月記)。※ 九月十六日、藤原定家が御堂(九条堂)で散花番の準備をしているとき、小人の頭が発見されたと聞かされる(明月記)。※
一二〇〇	二	二月十一日、後鳥羽院御所(二条高倉第)で五体不具穢が生じたため、奉幣が延引される(猪隈関白記)。※ 閏二月十三日、藤原定家の嵯峨の家近くで人の頭が発見され、浄目に報酬を払って棄てさせる。京に出て坊門の宅(妻の実家で三条坊門にあったが、位置は不明)に行くが、ここでもこの日犬が

		穢物を食い入れたという(明月記)。※※ 三月十二日、後鳥羽院御所(二条高倉第)で五体不具穢が生じ、春日御幸が延引される(明月記／猪隈関白記／百練抄)。※
一二〇二	建仁二	八月十二日、藤原良輔邸(八条殿)で五体不具穢がある(明月記)。※ 十二月二十九日、近衛基通・家実邸(近衛殿)の北門内に犬が死人の頭をくわえて入る(猪隈関白記)。※
一二〇三	三	正月一日、院の拝礼に内弁の内大臣藤原隆忠(家は中御門油小路)と右大臣近衛家実が五体不具穢と称して欠席したので、藤原兼実は何か思うところがあるのかと訝る(多賀宗隼『玉葉索引』所引玉葉断簡)。※ 二月二日、宣陽門院御所(土御門亭か)の僧坊の下に犬が集まっているので調べると、女の首が発見される(明月記)。※ 二月四日、内裏(閑院)で五体不具穢が生じ、大原野祭・祈年祭などが延引される(猪隈関白記／明月記／業資王記／百練抄)。※
一二〇四	元久元	三月十四日、三条公定邸で五体不具穢が生じる(明月記)。※
一二〇五	二	正月十二日、後鳥羽院御所(京極殿)で死人の頭が発見され、朝覲行幸が延引される(明月記)。※ 三月一日、藤原親実邸(滋野井第、左京一条二坊十三町)で五体不具穢があるが、知らずに院に参上したので神事が延引される(明月記)。※
一二〇六	建永元	二月十五日、近衛家実邸(近衛殿)で五体不具穢が生じる(三長記)。※ 七月二十二日、堀川大納言邸(中山兼宗。父の忠親と同じく三条堀川に居住か)で五体不具穢が生じる(三長記)。※
一二〇七	承元元	七月二十八日、上皇の皇女が死ぬ。七歳以前は仏事をせず袋に入れて山野に棄てる習といい、鳥羽院の時代に四歳の宮が死んだときは袋に入れて東山に棄てたというが、白川仲資は東山の堂に安置する(仲資王記)。

一二〇八	二	九月十一日、郁芳門で血のついた布が見つかり、棄てられた小児の着物だと判明したので穢の期間が議論される（猪隈関白記）。※
一二〇九	三	八月六日、先月十九日に郁芳門内に死穢があったので、伊勢内宮神宝行事所の行事官がこの門を出入りできるかどうか占い、憚りありとされる（猪隈関白記／園太暦、観応元年十月三日条）。※
一二一一	建暦元	九月十四日、後鳥羽院御所（押小路殿＝押小路烏丸）で五体不具穢が生じ、熊野詣の精進が中止される（明月記／仲資王記／業資王記）。※ 十月十九日、大内裏行幸があるが、陽明門は七日の穢のため閉鎖されている（明月記）。※
一二一二	二	三月二十二日、新制が発布され、その中に京職や諸家は道路を清掃すべしという一条がある（玉蘂）。 九月四日、斎院が重い病気になり、最近五体不具穢が続いたことと関係があると藤原定家は記す（明月記）。※
一二一三	建保元	十一月十三日、前斎宮（粛子、承元四年退下）御所で五体不具穢が生じる（仲資王記）。※
一二一四	二	十一月十一日、神祇官東院の南庭の椋の木のもとに頭のない子供の死体がある。東院の穢は西院に交わらないので、西庁で新嘗祭を行う（園太暦、貞和三年六月十三日条）。※
一二二五	嘉禄元	五月二十八日、最近病死者が多く、蓮台野に送る死人が一日六十四人だと藤原定家が記す（明月記）。
一二二六	二	六月二十三日、六条朱雀に首を斬られた男女の死骸がある。侍従源親行が異母姉に通じて悪行を働いたため親行の父雅行が殺させたもので、見物人が市をなす（明月記）。
一二二七	安貞元	四月十一日、去る八日に討手に囲まれ自害した承久の乱張本の尊長法印が、死んだら河原に屍を曝さず円明寺に埋めよと言い残した話を藤原定家が聞く（明月記）。 十一月十二日、藤原定家の邸内に烏が血のついた人骨を落とす。近くの東北院の中は穢物が山をなしているという（明月記）。※ 十一月十四日、疫病にかかる人が多く、河原には死体が雨脚のごとしと勘解由小路経光が記す

		(民経記)。
		六月十三日、祇園社の四足門前に死人がある。鳥居の内だったが路次に準ずるという解釈で穢にはせず、巡行の路を変えて御霊会を行う(社家記録、康永二年十二月七日条／師守記、貞治三年五月十三日条)。
一二三一	三	正月十九日、藤原定家邸の庭の堂の前に小人の頭があり、棄てさせて五体不具穢の札を立てる(明月記)。※
		四月六日、餓死者が道路に充満していると勘解由小路経光が記す(民経記)。
		五月三日、関白九条道家邸で飢饉対策会議が開かれる。条里ごとに死人がある現状では洛中全体が穢であること、捨て子を禁制し、骸骨を片付けるべきことなどを決める(民経記)。
		五月九日、洛中に死骸が充満していると勘解由小路経光が記す(民経記)。
		六月一日、昨今神祇官の北庁に多くの餓死者があるため月次神今食は延引かという(民経記)。
		六月四日、長雨で洪水になったのは、祇園の神輿迎えを前に河原の死体を流すためかと勘解由小路経光が記す(民経記)。
		六月十一日、祇園社に三十日の穢があり、御霊会は延引かという(民経記／経俊卿記／祇園社記第一では、六月十四日に常行堂で非人が死んだとする)。
		六月十七日、召次長秦久清が右近馬場で催した競馬が騒ぎで中止となり、死骸が道路や河原に充満している状態では神慮に叶わないのかと勘解由小路経光が記す(民経記)。
		七月一日、後堀河天皇の方違行幸のさい、大宮大路を通ったところ死骸が道路に満ちている。また駕輿丁が飢えのため輿をかつぐ力がなくなる(民経記)。
		七月二日、藤原定家邸近くの東北院の境内には死骸が数を知らずという(明月記)。
		七月三日、藤原定家邸の西の小路に毎日死骸が増え、死臭が邸内にも漂う(明月記)。
		七月二十二日、兼教朝臣の次男が清水参りの途中何者かに斬殺され、乳母子が河原から死体を捜し出して葬る(明月記)。

一二三三	天福元	四月二十一日、勘解由小路経光邸(勘解由小路万里小路)で五体不具穢が生じる(民経記)。※
一二四三	寛元元	四月十六日、行幸行事所に穢物が見つかり、軒廊の御卜を行う(百練抄)。※ 九月四日、東宮の誕生後百日の祝いに関白二条良実(押小路殿に居住か)は五体不具穢があったため不参(百練抄)。※
一二四五	三	六月四日、先月二十七日に祇園社の机上に竹筒があり、中には荼毘の灰と思われるものが入っていた(平戸記/百練抄)。
一二五三	建長五	この年、詳細不明だが五体不具穢か三十日の穢かの議論のある穢がある(神祇道服紀令秘抄)。※ 十一月三日、内裏(閑院)の弓場殿南方に死人の頭があったので軒廊御卜を延期する(百練抄)。※
一二五九	正元元	五月五日、一条壬生に死人を食う尼が出現する(百練抄/経俊卿記)。 (参考)この年疫病流行(百練抄)。
一二六四	文永元	この年、詳細不明だが五体不具穢か三十日の穢かの議論のある穢がある(神祇道服紀令秘抄)。※
一二六七	四	九月某日、祇園社に小童の死穢があり、後日軒廊御卜を行う(吉続記、十月八日条)。
一二七三	十	十二月二十八日、祇園社の神殿東廊に死人があり、三十日の穢(続史愚抄)。
一二七七	建治三	十二月六日、この秋以来天下に病患が流布し、死人が道路に満ちるという(続史愚抄)。
一二八〇	弘安三	六月十九日、東宮御所(冷泉富小路殿。後深草院の御所だが東宮〈のちの伏見天皇〉も同居)で七日の穢がある(続史愚抄)。※ 十二月十六日、神今食祭が延期になる。一説に内裏(冷泉万里小路殿)の五体不具穢によるという(師守記、貞治二年二月記紙背文書)。※
一二八二	五	三月二十二日、蔵人坊城俊定邸で犬が死人の手を食う(勘仲記)。※
一二八三	六	四月二十八日、内裏(冷泉万里小路殿)で二十六日から七日の穢がある(勘仲記)。※ (参考)正月三十日、昨年夏より疫疾が流行しているので五畿七道社寺で仁王般若経を転読させる(続史愚抄)。
一二八七	十	五月四日、勘解由小路兼仲邸(勘解由小路万里小路)で五体不具穢がある(勘仲記)。※

一二八八	正応元	(参考)四月七日、天下の病により五ヶ寺で金剛般若経を転読させる(続史愚抄)。四月十五日、三条実躬邸(中御門富小路の近く)に犬が小児の死体をくわえて入る。三十日の穢(実躬卿記)。※ 五月十八日、平野社に五体不具穢がある(続史愚抄)。※
一二八九	二	四月十日、祇園の林の中で小童が死に、犬神人に棄てさせて注連を引く(社家記録、康永二年十二月七日条)。 六月十四日、祇園の林中の毘沙門堂の東に死人があり、十五日の法会などを延引する(社家記録、康永二年十二月七日条)。

＊ 検索した古記録一覧(南北朝期以後の古記録に先例としてあげられているものも年表には掲出しているが、それらは左の一覧にはのせていない)。

殿暦／中右記／顕広王記／永昌記／長秋記／台記／兵範記／山槐記／玉葉／吉記／明月記／仲資王記／業資王記／猪隈関白記／玉蘂／民経記／三長記／平戸記／葉黄記／妙槐記／岡屋関白記／深心院関白記／経俊卿記／九条家歴世記録一／吉続記／勘仲記／実躬卿記／公衡公記／本朝世紀／百練抄／続史愚抄。

＊ 一〇頁のグラフに採用した事例には、項目末尾に※印を付した。※が二つついているのは、同一条に二件の穢が記載されていることを示す。

＊ 『顕広王記』『仲資王記』『業資王記』は『史料大成』所収の「伯家五代記」によるが、『仲資王記』承元元年(一二〇七)七月二十九日・八月四日条は『大日本史料』四編ノ九による。

＊ 寛元三年(一二四五)と文永元年(一二六四)に引いた『神祇道服紀令秘抄』は十五世紀の吉田兼倶の書『神祇服紀令』の解説書として江戸時代に編纂されたものだが(佐々木創『「神祇服紀令」の創出」)、五体不具穢について「首や手足を犬などが食い入れることで、腹は五臓があれば三十日の穢である。穢物を発見したときを穢の始まりとする」と述べて「承平五年。延喜十六年。長元四年。寛元三年。文永元年等之記如件」と記す。この年代表示により一応掲出したが、京都での穢ではない可能性もある。

あとがき

この本の執筆を依頼されたのはもう何年前になるだろうか。当初は私のこれまでの論文をリライトするようなつもりでいたのだが、多忙と、研究職からやや離れていたことから意欲を失っていた時期が長かったのである。そのころの職を辞して時間ができたのと合わせて、編集部から督促されるようになった。まだ忘れられていなかったのか、などと思ったものだが、そこで私の方も改めて勉強し直す気持ちになり、図書館に通って史料をめくったが、それによって思いがけない発見をすることもできたように思う。辛抱強く催促された編集部の方々に感謝申しあげたい。

政治史などはまったくの専門外なので、本書中で必要に迫られて触れた人物や制度に関してはいろいろ不十分な点もあるかもしれない。第一章で述べた放置死体の分布図なども、『平安京提要』『平安時代史事典』など、平安建都千二百年記念で出版されたレファレンスブックなしではとうてい不可能なことであった。

本書の評価は読者にゆだねなくてはならないが、昔の論文のリライトではない、書き下ろしの本を書く楽しさを味わうことができたのは幸せなことであった。実のところ私は、昔書いたのと同じことを何度も書くのが嫌いである。書くのなら新しいものを、と思っていたが、主観的にはほぼそれが実現できた。また書き下ろしでは一冊の範囲内で叙述バランスの調節が可能なので、論文という形では発表困難と思われるような葬送儀礼の精細な記述を心ゆくまで行うこともできた。

本書では昔の論文で扱った屋敷墓については簡単な言及にとどめているが、これについては「中世の屋敷墓」を参照されたい。また異常な死に方とその死者の扱いというテーマにもこの本では触れていないが、それはそれで別の著書を必要とするであろう。

十二・十三世紀だけで一冊の本になったので、中世後期については最終章で簡単な展望を行ったのみだが、これについても改めて詳しく書く機会があることを願っている。もっとも、そのときにはまたその時代の人について調べなくてはならないのが難関ではあるのだが。

田舎で暮らす母にとっては私は親不孝な息子であるが、この本を喜んでくれるだろうか。あまり嬉しがられるような主題ではないけれど、やっと本が書けましたと報告したい。

二〇〇三年三月

京都の寓居にて

著　者

著者略歴

一九五七年、新潟県に生まれる
一九八八年、京都大学大学院文学研究科博士後期課程単位取得満期退学
現在、芦屋大学非常勤講師

〔主要編著書〕

『日本中世の墓と葬送』(吉川弘文館、二〇〇六年)
『日本葬制史』(編、吉川弘文館、二〇一二年)

死者たちの中世

二〇〇三年(平成十五)七月二十日 第一刷発行
二〇一七年(平成二十九)五月十日 第五刷発行

著者 勝田《かつだ》至《いたる》
発行者 吉川道郎
発行所 株式会社 吉川弘文館
郵便番号一一三―〇〇三三
東京都文京区本郷七丁目二番八号
電話〇三―三八一三―九一五一〈代表〉
振替口座〇〇一〇〇―五―二四四番
http://www.yoshikawa-k.co.jp/
印刷=株式会社 精興社
製本=ナショナル製本協同組合
装幀=右澤康之

ISBN978-4-642-07920-4

索　　引

〈人　　名〉

あ　行

か　行

さ　行

た　行

な　行

は　行

ま　行

や・ら・わ行

〈寺社・施設・地名〉

あ　行

か　行

さ　行

た　行

な　行

は　行

ま　行

や　行

ら　行